U0520160

# 预见危机
## 透过摩天大楼指数看商业周期

The Skyscraper Curse
And How Austrian Economists
Predicted Every Major Economic Crisis of the Last Century

[美] 马克·桑顿（Mark Thornton）著
朱海就 屠禹潇 童娟 译

中信出版集团 | 北京

图书在版编目（CIP）数据

预见危机：透过摩天大楼指数看商业周期 /（美）马克·桑顿著；朱海就，屠禹潇，童娟译. -- 北京：中信出版社，2022.8
书名原文：The Skyscraper Curse: And How Austrian Economists Predicted Every Major Economic Crisis of the Last Century
ISBN 978-7-5217-4400-2

Ⅰ.①预… Ⅱ.①马… ②朱… ③屠… ④童… Ⅲ.①经济危机-研究-世界 Ⅳ.① F113.7

中国版本图书馆 CIP 数据核字（2022）第 090773 号

The Skyscraper Curse: And How Austrian Economists Predicted Every Major Economic Crisis of the Last Century by Mark Thornton
Copyright © 2018 by Mark Thornton
This translation of The Skyscraper Curse is published by arrangement with the Mises Institute
Simplified Chinese translation copyright © 2022 by CITIC Press Corporation.
ALL RIGHTS RESERVED
本书仅限中国大陆地区发行销售

预见危机：透过摩天大楼指数看商业周期

著者：　　[美]马克·桑顿
译者：　　朱海就　屠禹潇　童娟
出版发行：中信出版集团股份有限公司
　　　　　（北京市朝阳区惠新东街甲 4 号富盛大厦 2 座　邮编　100029）
承印者：　宝蕾元仁浩（天津）印刷有限公司

开本：880mm×1230mm　1/32　　印张：11.25　　字数：266 千字
版次：2022 年 8 月第 1 版　　　　印次：2022 年 8 月第 1 次印刷
京权图字：01-2022-2250　　　　　书号：ISBN 978-7-5217-4400-2
定价：69.00 元

版权所有·侵权必究
如有印刷、装订问题，本公司负责调换。
服务热线：400-600-8099
投稿邮箱：author@citicpub.com

# 目 录

译者序 III
序　言 XI
前　言 XV

## 第一部分
## 摩天大楼的诅咒

第 1 章　摩天大楼的诅咒　003

第 2 章　摩天大楼指数预测史　011

第 3 章　摩天大楼指数的理论基础　027

第 4 章　如何获得牛奶　043

第 5 章　坎蒂隆效应　047

第 6 章　摩天大楼诅咒中的坎蒂隆效应　053

第 7 章　下一个会是亚拉巴马州的奥本市吗　069

第 8 章　下一个摩天大楼诅咒何时到来　075

第 9 章　过错不在摩天大楼　081

第 10 章　是去还是留　093

第 11 章　野猪与狼獾　099

第 12 章　美联储的诅咒　105

## 第二部分

# 经济学家如何预测过去100年的每一次重大经济危机

第13章　谁预测了大萧条　111

第14章　"新经济学家"和20世纪70年代经济萧条　125

第15章　奥地利学派的复兴　139

第16章　日本经济泡沫的破裂　147

第17章　谁预测了泡沫和经济崩溃　159

第18章　"牛"市？　199

第19章　难以置信的房地产繁荣　203

第20章　房地产泡沫经济学　215

第21章　房地产泡沫在破裂吗　245

第22章　重返经济大萧条　249

第23章　摆动模型　255

第24章　奥派商业周期理论错了吗　263

第25章　终结美联储　275

参考书目　291

# 译者序

《预见危机：透过摩天大楼指数看商业周期》是一本有关经济周期的作品。作者从"摩天大楼"这一现象切入，生动地应用了奥地利学派经济学（以下简称"奥派经济学"）的商业周期理论。经济周期是人类面临的重要挑战，也可以说是计划经济的最后堡垒。这本书可以帮助人们思考这一重要的基本问题。

奥派经济学认为货币不是数字概念，而是制度或法律概念，货币政策应该符合其自带的先验法则。货币是在没有干预和强制的情况下，由市场自发产生的一种被普遍接受的交易媒介。货币所具有的购买力也是由市场决定的。这意味着货币不应该被人为操控以实现某个整体目标，或者说，任何人为地操控货币的做法都是"违法"的。而经济危机的出现，正是"货币被中央银行操控"这种行为所产生的后果。当经济体被注入大量人为创造出来的货币之后，企业家的行动被扭曲，而经济危机就是市场受人为创造的货币的冲击而发生的协调失灵。

人为创造大量货币，压低了市场利率，误导了企业家的投资决策，扭曲了生产结构。大量资金流入那些要花很久的时间才会得到回报的项目上，而这些项目事后被证明是错误的，因为市场没有真实的需求。这说明企业家不能获得足够的资金来完成这些项目，或在完成的过程中，原料价格已经上涨。这都使得这些项目被证明是无效的投资项目，这时企业家不得不放弃。这种状况的出现通常被认为是经济危机。

奥派经济学认为，利率是消费者跨期偏好的体现，起着调节消费、储蓄与投资的作用，其中投资可以视为满足未来需求的消费。在正常情况下，市场利率应该与由个体的时间偏好决定的利率一致。但是，如果在市场中注入大量货币，市场利率就会被压到自然利率之下，这会导致储蓄的减少、投资的增加，而这些人为增加的投资并不符合消费者的真实偏好，从而导致跨期调节失灵。当出现大量投资时，市场表现为经济繁荣，而经过一段时间，当这些投资被证伪时，市场就表现为衰退。如果又经过一段时间，这些错误的投资得到清算，经济就开始复苏。经济周期正是这样一个"跨期"的"时间现象"。

人为创造的货币对生产结构的扭曲还在于"坎蒂隆效应"。注入经济体中的货币不是均匀分布的，总是有人先得到货币，有人后得到货币。而货币的获得与否以及获得的多少，必然会改变个体的投资与消费行为。这意味着在货币注入经济体的那一刻，即便企业家还没有开始进行生产，经济结构就已经扭曲了。

所以，在奥派经济学看来，经济周期是一个与"生产结构"

和"时间"相关的现象。这不同于其他学派对经济周期的解释，比如：约瑟夫·熊彼特（Joseph Schumpeter）把经济周期视为因技术变革而产生的现象；也有人把经济周期视为一种心理现象，"非理性繁荣"便是其中最为著名的观点之一。

奥派经济学认为，用于投资的资金只能来自真实的储蓄，而不是人为创造出来的信贷资金。因为只有真实的储蓄才能代表节约下来的可以用于投资的资金，而信贷资金的背后是没有实物支撑的。当企业家被低利率诱惑而去扩大投资时，他们没有意识到自己其实缺乏真实的实物资本来完成投资，或者他们为获得这些实物资本所要付出的代价将超出预期利润，这会迫使他们放弃已经进行了一段时间的投资。

我们可以看到，经济危机的出现不是因为市场自身存在缺陷，而是因为人为干预市场。准确地说，是人为创造的货币扭曲了价格与利率信号，导致企业家做出在正常的价格和利率水平下不会做出的错误判断，使得企业家对资源的配置和消费者的真实需求产生系统性判断偏差。我们从中可以看出，与主流周期理论侧重的总量分析不同，奥派经济学的周期理论包含了"个体行动"的思想，也就是企业家的"经济计算"，这体现了方法论个体主义。价格与利率是企业家进行经济计算必不可少的信号，企业家依据这些信号"想象"利润机会。如果这些信号因为人为干预而被扭曲，企业家就会做出错误的判断，从而导致亏损，也就是资源错配的普遍发生。经济危机就是资源错配的体现与结果。

政府干预市场的形式非常多，在货币银行领域的表现尤为明显。政府利用中央银行垄断货币发行，为部分存放准备金的商业银行提供后盾，使其即便是随意创造信用媒介也能免于破产之忧。正如人们在美国次贷危机中看到的那样，之所以有投资者敢于购买那些缺乏良好信用的次级债券，是因为这些债券有政府背书。这样，在政府担保的作用下，融资杠杆被放大，从而加剧了信用的扩张，产生了严重的通货膨胀与随后出现的经济危机。

  政府之所以要操控货币银行体系，是因为政府和银行部门可以相互利用。一方面，借助银行部门融资是政府实现其宏观目标的一种便捷手段。这种由金融体系制造的信用扩张，可以产生经济增长与充分就业的假象，至少在短期内如此。而政府关心的也是短期目标，因为实现这样的短期目标有助于政府赢得选民的认可。此外，养活一个庞大的机构需要大量资金，如果政府以加税的方式来获取资金，那么这势必会引起民众的反抗。相比之下，政府通过银行体系，借助负债的方式获得资金要容易得多，也隐蔽得多，但事实上没有人对这种负债承担责任。另一方面，对银行来说，当有政府背书后，它就可以在超出偿付能力的情况下进行信用扩张，而不必担心会破产、遭受损失。这样，和市场中其他部门相比，银行相当于拥有"特权"的部门，被普遍采用的商法及优胜劣汰法则对银行来说并不适用。

  政府操控下的货币与银行体系导致财富分配不公平。政府和金融部门最先也最容易从这个体系获得资金，因此成为最大的受益者。而普通大众，尤其是收入相对固定的人士，比如拿养老金的退休人员，成为最大的受害者。财富不知不觉地从后者手中转移到前者手中，哈耶克弟子、华人经济学家蒋硕杰称之为"五鬼搬运"，或者说，这是一种隐性盗窃。

不仅如此，由于政府很容易从这一体系获得资金，这些"容易的钱"会被大量地用于资助低效率的部门或根本没有存在必要的部门，从而导致这些低效率部门得以长久维持，造成资源的严重浪费。政府操控下的货币与银行体系就像一根虹吸管，从创造财富的部门汲取财富，然后去豢养一个不创造财富的部门。长此以往，创造财富的部门会萎缩，而不创造财富的部门却得到扩张，这将导致整个社会的人均财富越来越少。

经济周期或经济危机之所以会出现，是因为通行的货币与银行规则背离了自然正义，这种人为的规则"冲击"了正常的市场秩序，导致市场协调的失败（实证主义者往往看不见这种失败）。我们可以说，经济危机其实是人为制造出来的危机，其解决之道是回到自然正义的规则中去。

但遗憾的是，凯恩斯主义经济学采取的是相反的解决之道。这种学说不是从规则入手，而是从总量入手。它把市场视为宏观调控的对象，追求的是总量或整体上的最优，比如：当经济繁荣时，凯恩斯主义经济学主张采取紧缩政策冷却一下；当经济衰退时，凯恩斯主义经济学主张采取扩张性政策刺激一下。这就是所谓的"相机抉择"。我们说，总体目标的实现不等于个体幸福的增进，这完全是两回事。只有当市场得到有效协调，分工合作得以展开时，个体幸福才会增进，而这样的协调性取决于调节个体行动的"规则"，包括价格与利率，当然还有私有财产权。而凯恩斯主义经济学回避了这一根本性的规则问题。对规则的回避源于凯恩斯主义经济学以瓦尔拉斯均衡方法为基础，这一方法假设完美的规则已经存在，剩下的就是一个通过数量调控来实现最优的问题，这种调控其实就是干预。所以，凯恩斯主义经济学是用一种干预去纠正另一种干预，前者的这种干预不能消除经济危机，相反会累积危机，因为导致失调的原因——偏离自然正义的规则，不仅没有得到纠正，反而被强化。

货币和银行制度都应该回归自然正义的规则。弗里德里希·奥古斯特·冯·哈耶克（Friedrich August von Hayek）提出"货币的非国家化"，路德维希·冯·米塞斯（Ludwig von Mises）则更倾向金本位的货币体系。关于货币与银行制度，奥派经济学家基本上都主张取消中央银行，以及取消商业银行豁免兑现的特权，从而使货币和银行业务与国家脱钩。但在具体的货币与银行制度上，奥派经济学内部存有分歧：有的奥派经济学家认为可以接受部分准备金的自由竞争的银行体系；另外一些奥派经济学家则对银行业提出更严格的要求，比如西班牙经济学家赫苏斯·韦尔塔·德索托（Jesús Huerta de Soto）教授，他和这本书的作者马克·桑顿（Mark Thornton）一样提倡百分之百准备金的银行制度。德索托教授认为，部分准备金的自由银行体系将不可避免地导致中央银行的形成、壮大和巩固。①

---

① 赫苏斯·韦尔塔·德索托.经济学的新探索[M].朱海就，译.上海：上海财经大学出版社，2021：211.

经济危机正是这种扭曲的货币与银行体系产生的一个"后果"。一个社会如果想保持持续的繁荣，就必须对这种扭曲的体系进行改革。大众应该有智慧去认识自然正义的规则，并勇敢地去纠正有悖于这一规则的人为规则，即便暂时性地经历阵痛，比如痛苦的去杠杆化过程。相反，如果人们不能正视这一问题，而是回避它，甚至假装没有看见，或采取进一步的刺激性或管制性政策来实现宏观目标，那么这个社会的活力将日渐丧失，大众的生活水平会普遍下降。这种整个社会陷入全面停滞甚至倒退的状态，是比通常所说的经济危机更为严重的危机。

我们说，"市场化改革"其实就是不断回到自然正义的规则，也就是从"扭曲"回到"正常"。《预见危机：透过摩天大楼指数看商业周期》一书也为我们提供了这样的改革前景，这本书对货币与银行制度如何回归正常状态提出了很好的建议。为了避免经济危机或经济社会的全面停滞或倒退，市场化改革应该尽早在各个领域推进。

朱海就<br>
2022年4月

# 序　言

随着2008年金融危机的到来，经济学家原本不尽如人意的名声再次受到了打击。和这群经济学家不同的是，马克·桑顿是正确的。当美联储疯狂的干预措施让原本明智的个体彻底失去理智时，马克·桑顿一直用理性告诫民众。

我由此发现了一个规律：只要主流思潮认为商业周期可以被驯服，我们距离经济崩溃就不远了。

读罢此书，你会解开许多疑惑。马克·桑顿讨论了欧文·费雪（Irving Fisher）和路德维希·冯·米塞斯在20世纪20年代末的不同判断。前者（在1929年）认为股票价格已经达到了"永久的稳定水平"，而米塞斯则警告说，各国中央银行实行的人为信用创造政策表明经济清算即将来临。

20世纪60年代末，担任美国总统经济顾问的阿瑟·奥肯（Arthur Okun）公开声称，明智的财政政策和货币政策正让经济繁荣与萧条的周期波动成为历史。但就在奥肯撰写的有关这方面的书出版仅一个月后，美国官方宣布美国陷入经济衰退。

20世纪90年代的互联网泡沫再次延续同样的模式。美联储主席艾伦·格林斯潘（Alan Greenspan）甚至推测我们已经进入了一个全新的时代——经济将持续繁荣，并且不会出现衰退。

即便我不说，你也应该猜得到此后发生了什么事情。

最近的一次金融危机与一场极具破坏性的房地产泡沫有关。在房地产泡沫时期，人们发出了同样的评论："为什么？房地产价格永远不会下跌！"

当然，之后的故事你也一定预料得到。

实际上，早在2004年，少数经济学家就对房地产泡沫和不可避免的恶果发出了警告，而马克·桑顿正是其中一位。但在那个时候，持有这种观点的人受到了排挤。当人们购买了好几处住房时，他们并不愿意听到"不可持续"或者"泡沫"之类的词语。在他们看来，这些住房是通向某种富足生活的有效途径。当然，他们如果愿意倾听马克·桑顿的话，就会受益匪浅，因为他们会尽可能地让必然到来的经济萧条对自己产生的影响降至最低。

但当那些所谓可敬的经济学家向每个人保证一切安然有序时，真正的智者反而被人们视为怪人。

现在，人们只知道马克·桑顿是一位潜心研究早期商业周期的历史学家，并准确预测了房地产泡沫和金融危机。仅仅这些，马克·桑顿就值得受到人们的尊敬和重视。

当然，马克·桑顿的贡献绝不止这些。比如，你会在这本书中了解到马克·桑顿关于"摩天大楼的诅咒"（skyscraper curse）

的研究。但我并不想在此处透露有关这个研究的内容。一本书的序言是为了让大家了解作者的地位，在序言中窃取作者的风头可不是一件体面的事情。

就目前的研究而言，一些作家的确注意到不断刷新纪录的摩天大楼和经济衰退之间存在相关性，但人们普遍认为两者之间的联系只不过是一种特殊的巧合而已。但马克·桑顿阐释了为什么破纪录的摩天大楼和经济衰退之间会有关联。当然，这并不是说摩天大楼本身导致商业周期的出现。在奥派商业周期理论中，经济繁荣有很多表现形式，而摩天大楼只是其中一个方面而已。

奥派商业周期理论是最重要的经济学理论之一，也是美国以及世界其他国家目前所需的经济学理论。当然，对奥派商业周期理论进行全面阐述的工作也必须由马克·桑顿来完成。在奥派经济学家看来，经济的繁荣与衰退并不是市场经济的固有特征，它恰恰是货币当局干预经济的产物。当中央银行将利率降低到市场利率以下的水平时，这会引起投资者和消费者的一系列行动。但是，两者之间的行动并不相容，这就会产生经济衰退现象。而经济衰退是经济恢复健康的必然过程：去除不可持续的经济结构，将资源（包括劳动力）重新分配到更有意义的产品生产中，从而更好地满足消费者的需求。

在这本书中，马克·桑顿会对奥派商业周期理论做出解释，并将其运用于各种历史（以及当前）案例的分析中，由此对最为流行的偏见进行反驳。

简而言之，这本书的价值在于捍卫市场经济，对长久以来认为自由已经失败以及我们需要更多控制的观点提出反对意见。在金融危机的前夕，我们深受官僚管制的束缚，这些管制措施真是"帮了我们大忙"。没有任何一位官员预感到问题即将出现，他们所制定的大量规章制度将我们指引到错误的方向。他们以为，私有部门的运作像小说那样魔幻荒诞，而美联储可以不受任何阻碍地实施它的恶作剧。

我在这里提出一个大胆的想法：也许这一次我们将真切地实行自由市场，使用健全的货币，尊重市场利率，彻底消除制造经济泡沫的机构。阅读马克·桑顿的书，你将会赞同这些以及其他被视为禁忌的观点。

小托马斯·E.伍兹（Thomas E. Woods, Jr.）

佛罗里达州

# 前　言

摩天大楼指数揭示了建造世界上最高的建筑物和重大经济危机的爆发之间的关联。1999年，研究分析师安德鲁·劳伦斯（Andrew Lawrence）首次发表了一篇报告。报告指出，创纪录的建筑物和重大经济危机之间存在奇特的关联性。这是摩天大楼指数第一次进入人们的视野。因建造创纪录的摩天大楼而产生的经济危机也被称为"摩天大楼的诅咒"，两者之间的关系可以追溯至一个世纪以前。由于缺乏理论支持，记者对劳伦斯的报告不屑一顾，只当是一个有趣的故事罢了。

但是，当利用奥派商业周期理论重新看待劳伦斯的报告时，你会发现他的报告对理解商业周期具有重要意义。奥派商业周期理论是20世纪初期由奥派经济学家发展而成的，用于研究商业的周期性波动。

19世纪60年代，奥地利财经记者卡尔·门格尔（Carl Menger）以亚当·斯密（Adam Smith）、大卫·李嘉图（David Ricardo）

和约翰·穆勒（John Mill）等古典经济学家的视角对自己所报道的经济活动进行研究。他发现不同经济学家对供给和需求等基本概念的解释存在巨大差异。为了消除概念的差异，门格尔提出了许多现代经济学中的重要概念，例如边际分析、机会成本、边际效用以及主观价值。

门格尔在维也纳大学的学生吸收了他的思想洞见，并以此为基础进行了理论扩展。例如，曾担任过奥匈帝国财政部长的欧根·冯·庞巴维克（Eugen von Böhm-Bawerk）在门格尔理论的基础上解释了生产过程耗费更多的时间意味着生产变得更加迂回。由此我们可以发现，劳动者能够快速获得工资报酬，而资本家必须等到产品出售之后才能因为延迟自己的消费而获得利息。庞巴维克认为利息的产生源于工人和资本家以及储户和借款人的**时间偏好**。利率是一个非常重要的经济要素，因为利率决定了一个经济体中的资本结构的规模和复杂程度。资本结构是环绕在我们身边的一个非自然的结构，包括矿产、农田、工厂、设施、交通、仓库以及与批发或零售等相关的所有商业资产。彼得·G.克莱因（Peter G. Klein）曾将奥派经济学描述为**"世俗经济学"**（mundane economics）。①

比如，当一个市场经济中的个体普遍具有较低的时间偏好时，随着时间的推移，这个经济体能够积累起巨额的储蓄。这些

---

① Peter G. Klein, "The Mundane Economics of the Austrian School," *Quarterly Journal of Austrian Economics* 11, nos. 3–4（2008）: 165–87.

储蓄可以转化为投资资本,从而创造出包含先进技术的生产过程。而当劳动出现高度专业化分工时,人们会变得富有,享受高质量的生活。

米塞斯是庞巴维克的学生。他将奥派经济学理论扩展至货币分析,由此解决了古典经济学家无法解释的问题,即如何将真实的经济活动与货币联系在一起。米塞斯提出的回溯理论(regression theorem)在一定程度上得益于门格尔对货币起源的解释。同时,米塞斯根据利率和资本配置的关系详细阐述了商业周期理论。米塞斯的学生哈耶克进一步扩展并阐述了米塞斯的理论,这一贡献使他于1974年获得诺贝尔经济学奖。米塞斯和哈耶克对商业周期的理论阐述被称为奥派商业周期理论[可参考罗杰·W. 加里森(Roger W. Garrison)对奥派宏观经济学的技术性解释[1]]。

受益于奥派商业周期理论,我终于能将自己对摩天大楼指数的思考撰写成一篇学术研究报告。标题为《摩天大楼与商业周期》(Skyscrapers and Business Cycles)的手稿被多家主流经济学期刊拒稿。这些杂志的编辑通常会给我写一些简短或晦涩的解释文字,例如"这篇文章没有提出可检验的假说"等。这篇文章[2]

---

[1] Roger W. Garrison, "The Austrian School: Capital-Based Macroeconomics," in *Modern Macroeconomics: Its Origins, Development and Current State*, edited by Brian Snowden and Howard R. Vane(Aldershot: Edward Elgar, 2005).

[2] Mark Thornton, "Skyscrapers and Business Cycles," *Quarterly Journal of Austrian Economics* 8, no. 1(2005): 51-74.

最终发表在2005年的《奥派经济学季刊》（*Quarterly Journal of Austrian Economics*）上。它运用奥派商业周期理论解释了为什么创纪录的摩天大楼和商业周期以及经济危机有关联。为了证实摩天大楼与商业周期之间的因果关系，我特别使用了理查德·坎蒂隆（Richard Cantillon）的经济学理论。坎蒂隆是第一位经济理论家，也是奥派经济学诞生以前的一位经济学先驱。

坎蒂隆解释了为什么利率和货币供给会改变和扭曲经济。现在，这种现象也被称为**坎蒂隆效应**。我的文章解释了坎蒂隆效应会出现在三个地方：（1）利率、土地价格和建筑物高度之间存在坎蒂隆效应；（2）利率、公司规模和对办公空间的需求之间存在坎蒂隆效应；（3）建筑物高度与对更先进的建筑设计和建造技术（这种技术比正常情况出现得更早）的需求之间存在坎蒂隆效应。

我对摩天大楼和商业周期的研究恰好帮助我在很早的时候就判断出房地产市场存在泡沫。在2004年2月的一篇题为《"牛"市？》（"Bull" Market？）的文章中，我利用绘制趋势线的技术手段指出当时正值房地产泡沫的初期阶段。而在2004年7月的一篇题为《房地产：繁荣得令人难以置信》（Housing: Too Good to Be True）的文章中，我详细解释了美联储的货币政策将如何引发大规模的房地产泡沫。此外，我还就同样的话题举办了公开演讲。

由于上述公共宣传活动，我于2005年受邀为兰德尔·G.霍尔库姆（Randall G. Holcombe）和本杰明·鲍威尔（Benjamin Powell）的《美国房地产：走出危机》（*Housing America: Building Out of a Crisis*）一书撰写其中的一个章节。2006年6月的第一周，我提交了题为《房地产泡沫经济学》(The Economics of Housing Bubbles)的终稿。

《美国房地产：走出危机》的出版方要求我删减一些文字，原因是我对房地产泡沫破灭后果的描述过于黑暗和阴郁。我同意了出版方的删改要求，毕竟这本书的目标受众是那些对分区法、建筑法规和城市规划感兴趣的读者，他们可不希望读到有关经济末日的内容。不过，这本书迟迟没有出版，该书的编辑后来又要求我把删减的文字重新补充进去。这本书最后于2009年成功出版，而在那个时候，我的阴郁的文字描述和现实似乎更加贴合。在《美国房地产：走出危机》的第一版中，原本要求删减的文字被放到了附录部分。当然，编辑非常贴心地在序言的最开始就提到了我的章节：

可以注意一下时间节点。大部分章节是在2006年完成的。那时候美国大部分地区的房地产市场正值泡沫的顶峰时期。马克·桑顿所写的其中一章尤其值得一提，因为他在许多观察家声称房价可以继续无期限地上涨时，就已经表示房地产市场的泡沫不可避免地会走向破灭。从事后来看，马克·桑顿的文章的确很好地解释了房地产价格的崩塌。虽然我们是在事后看到这篇文章的，但你要知道，马克·桑顿的观点其实具有预见性，因为他在房地产市场泡沫真正破灭之前就已经提出了这个观点。①

---

① Randall G. Holcombe, and Benjamin Powell, eds., *Housing America: Building Out of a Crisis* ( New Brunswick, N.J.: Transactions Publishers, 2009 ), p. vii.

从2004年到2007年，我的听众和读者对我的分析有种讥讽挪揄的态度。因为在那个时候，民众深信不疑的主流经济学以及房地产行业都在鼓吹"房价永不跌落"或者"投资房地产永不亏损"等观点。所谓的**主流经济学**指的是目前在各个知名大学广泛教授的，和新古典综合密切相关的一套理论体系，它融合了新古典微观经济学以及凯恩斯主义宏观经济分析法。

2006年，我在奥本大学举办了一场题为"奢华的比赛日公寓"（Luxury Game Day Condominiums）的公开讲座，这是最具挑衅意味的一次公开讲座。后来我才知道，许多当地的建筑商和银行家也出席了这场讲座。我在讲座中提到的经验性证据来自对民众的采访，这些人在房地产泡沫时期购买了比赛日公寓。比赛日公寓的销售对象是奥本大学的足球队粉丝，他们每年都会来亚拉巴马州的奥本市观看六七次主场比赛。在统计的时候，我发现公寓的买家原本可以用买房子的资金住进最好的酒店，在最奢华的餐厅用餐，同时还能省下一笔钱。于是，我问这些买家为什么还要购买公寓。他们对这个问题保持着一致性的回答："我之后总能转手卖出公寓并获得更多的钱。"

虽然那时候人们还未完全意识到房地产市场的崩溃，但是每个听众都知道公寓的价格正在下跌，很多当地的建设项目已经被取消了。当我转述受访者的回答时，在场的学生哄堂大笑，而建筑商和银行家的脸色却非常难看。当然，不只是奥本市的建筑商和银行家希望房地产泡沫继续下去。现在，就连美联储的官员也公开为房地产泡沫摇旗呐喊，但又否认它的存在。①

他们原本对市场情形有着更明确的了解，或许至少应该重新检验一下自己的模型。毕竟，用于衡量房地产行业的费城房地产行业指数（Philadelphia Housing Sector Index）于2005年6月30日达到了最高值。2005年8月8日，我发表了一篇题为《房地产泡沫在破裂吗？》（Is the Housing Bubble Popping?）的短文。②在这篇短文中，我提供了图表证据，以说明房地产建筑商的股价会下跌至更低的水平，短期和长期利率会变得更高。两种趋势的确和我料想的一样，同时也预示着房地产市场的泡沫最终会走向破灭。

2007年，摩天大楼的诅咒再次袭来。这是自劳伦斯1999年的报告发布以来，第二次出现摩天大楼的诅咒。这一次，诅咒应验的地方是位于中东的迪拜。迪拜是阿拉伯联合酋长国的一个城市，地处沙特阿拉伯和阿曼之间，北邻波斯湾，与伊朗隔海相望。迪拜是一个神奇的城市，它的统治者将丰富的石油矿藏区转变成一个极具活力的都市：有高耸而华美的大楼、酒店以及世界上最大的购物商场，甚至还有波斯湾人工岛屿工程，整个岛屿系统酷似世界地图。

2004年，迪拜开始建造迪拜塔（Burj Dubai）。迪拜塔的建

---

① Mark Thornton, "Transparency or Deception: What the Fed Was Saying in 2007," *Quarterly Journal of Austrian Economics* 19, no. 1（2016）: 65–84.
② Mark Thornton, "Is the Housing Bubble Popping?" Lew Rockwell.com, August 8,（2005）.

设目标是，无论是整体高度还是可居住楼层的高度，抑或楼层数量，都要打破世界纪录。2007年7月，当迪拜塔打破世界纪录时，"摩天大楼诅咒的信号"开始出现。2007年8月，我预测：

> 这是阿拉伯联合酋长国在建的一座破纪录的摩天大楼。根据摩天大楼指数的预测，经济萧条或股市崩盘会在摩天大楼彻底完工之前出现。①

后来，迪拜塔更名为哈利法塔（Burj Khalifa），并于2010年1月初投入使用。哈利法塔的名字取自阿布扎比酋长国的酋长哈利法，他曾用数十亿美元的紧急贷款援助迪拜。显然，摩天大楼的诅咒再次应验。媒体更加严肃地看待摩天大楼的诅咒。2010年1月8日，美国有线电视新闻网（CNN）的凯文·沃伊特（Kevin Voigt）报道称：

> 哈利法塔于本周一正式对外开放。许多新闻媒体都在强调，在这栋世界最高建筑揭开面纱的几周前，阿拉伯联合酋长国刚刚受到债务危机的侵袭，这无不具有讽刺意味。

回看历史上创纪录的摩天大楼和商业周期之间的关系，你会发现每一座"世界最高"建筑的对外开放都和一场经济衰退紧密相连。

---

① Mark Thornton, "New Record Skyscraper ( and Depression? ) in the Making," mises.org blog, August 7, 2007.

只有一个人没有对伴随哈利法塔而来的经济衰退感到惊讶，他就是来自奥本大学的经济学家马克·桑顿。

他在两年前就在名为《新的摩天大楼（经济萧条？）正在形成》[ New Record Skyscraper（and depression？）in the making ]的博客文章中预测阿拉伯联合酋长国将面临经济困难。他提到，经济萧条或股市崩盘总会在哈利法塔之类的摩天大楼完工之前出现。①

在过去一个多世纪的时间内，摩天大楼指数成功预测了所有重要的经济危机。大量主流媒体对摩天大楼指数进行了报道。所以，摩天大楼指数看上去似乎非常精确并且充满活力。

这种状况一直持续到2015年3月28日。《经济学人》（Economist）在文章中宣称摩天大楼指数已经不再有效。在回顾当前的"摩天大楼建设热潮"时，一篇题为《巴别塔》（Towers of Babel）的未署名社论声称：

这场建筑狂潮难道预示着世界经济走向衰退？一直以来，《经济学人》引用了许多学者和权威人士的理论支持这种观点。但是，新的研究对此表示质疑。

尽管大部分报道我的文章或者摩天大楼指数的主流媒体借鉴

---

① Kevin Voigt, "As skyscrapers rise, markets fall," CNN.com.

了我的观点，但并没有明确引用我的内容。所谓的"许多学者和权威人士"其实就是安德鲁·劳伦斯而已。[①]《经济学人》的文章没有直接引用我的内容，但至少在最后提到了我于2005年写的一篇文章。[②] 这真是十分感谢。

《经济学人》的观点立足于一篇题为《摩天大楼高度和商业周期：区分神话与现实》（Skyscraper Height and the Business Cycle: Separating Myth from Reality）的学术文章。这篇文章是由三位来自罗格斯大学的经济学家杰森·巴尔（Jason Barr）、布鲁斯·米兹拉克（Bruce Mizrach）和库桑·蒙德拉（Kusam Mundra）撰写的。2015年，学术期刊《应用经济学》（*Applied Economics*）发表了他们的文章。

他们在文章中阐述了摩天大楼不会（在技术经济学的意义上）引发 [ 以经济活动的整体变化，即GDP（国内生产总值）来衡量的 ] 商业周期。他们的统计数据分析表明，摩天大楼的建设和整个经济的活动会朝着同一个方向变动，两者具有相同的成因或者变化趋势。他们也发现很难在摩天大楼宣告建设的日期、竣工的日期和GDP变动之间找到相关性。

让我们在这里彻底澄清一下。摩天大楼的建设本身并不会引发商业周期。《应用经济学》发表的这篇文章实际上支撑了摩天

---

[①] Andrew Lawrence, "The Skyscraper Index: Faulty Towers!" *Property Report*, January 15, 1999 and "The Curse Bites: Skyscraper Index Strikes," *Property Report*, March 3, 1999.

[②] Mark Thornton, "Skyscrapers and Business Cycles."

大楼指数理论。

从我写的关于"摩天大楼和商业周期"的文章中就能看出,摩天大楼在本质上是一个商业周期的繁荣阶段的组成部分。摩天大楼和商业繁荣的出现都源于人为降低的利率水平和人为制造的宽松信贷环境。这个起因最终使创纪录的摩天大楼出现,促使经济出现繁荣景象,并最终带来摩天大楼的诅咒,从而引发一场严重的经济危机。

我立刻给《经济学人》的编辑写了一封信,向他们说明这篇2015年的文章存在错误,并要求他们将我的学术文章的日期从2004年更改为2005年。这封信随后石沉大海,文章发表日期也没有得到更正。三个月后,我的确收到过《经济学人》的一封邮件,我被告知杂志社将我的信件放错了位置。我和卢卡斯·恩格哈特(Lucas Engelhardt)一同向《应用经济学》提交了有关那篇文章的评述文章。令人震惊的是,《应用经济学》的编辑拒绝了我们的文章。因此,我的这部著作在一定程度上也是为《应用经济学》和《经济学人》两本杂志写的。

讨论摩天大楼指数和随之而来的诅咒的主要目的是,让民众直观明确地了解在一个商业周期中,经济会出现什么样的变化。奥派商业周期理论在某些话题上显得有些含糊不清,而在另一些话题上又不曾做出论述,比如:奥派商业周期理论在讨论资本、生产结构以及高阶和低阶财货的时候并不是那么清晰具体;奥派商业周期理论在讨论利率水平被人为降低到由市场决定的利率水平之下时,并没有为读者提供某种计算机制来判断实际利率是否以及什么时候降到了市场利率之下。

但这并不是说奥派商业周期理论本身是不切实际的、难以理解的或者无法运用的。奥派经济学家一直以来都努力让经济学理论贴合现实情形。但是，这也对我们的分析造成了限制，有时让我们无法得出结论。比如，奥派经济学家无法得到严谨的科学"预测"。我们只能对未来做出推断，同时强调必须保证其他条件不发生改变。奥派经济学家并不认为经济理论能够帮助我们断定未来事件发生的时间节点和程度。不过，我们还是可以根据经济学理论以及事实评估，对未来做出"模式预测"（pattern predictions）。

相反，当主流经济学家面对现实经济活动的复杂性或者数据的稀缺性时，他们会提出一些不切实际的假设，对现实进行可疑的简化，并使用一些不恰当的数据。对于大部分主流经济学家而言，他们存在的意义就是预测未来。但是，诸如实际商业周期理论或者各种版本的凯恩斯主义理论，这些主流的商业周期理论根本不能预测未来。因为在主流经济学家看来，商业周期是由不可预测的经济冲击造成的。他们只能将历史数据放到经济学模型中进行"预测"，比如"回测"股票市场策略。他们所做的与其说是预测，倒不如说是回顾历史。

这本书最大的价值就在于向人们展示奥派经济学家如何利用奥派商业周期理论看待问题。奥派商业周期理论解释了为什么会出现商业周期，商业周期期间会产生什么现象，以及经济繁荣最终不可避免地会变成一场经济衰退或经济危机。如果有价值的资源被任意挥霍，那么人们将因此遭受损失。奥派经济学家也解释了如何更好地应对经济衰退，应该避免哪些行为，如何永久地结束商业周期，以及如何解决由此带来的问题或至少将它的影响降至最低。

在本书第二部分，我将介绍在过去的一个世纪，奥派经济学家几乎准确地预测了每一次严重的经济危机，由此证明奥派商业周期理论能够用于分析现实世界。我还会介绍主流经济学家在预测商业周期方面没有良好的记录，甚至做出过非常糟糕的预测。

平心而论，一部分主流经济学家也对经济危机做出了成功的预测，但和奥派经济学家相比，前者成功的人数太少了。特别是根据理查德·韦德（Richard Vedder）和洛厄尔·加拉维（Lowell Gallaway）[1]的估计，奥派经济学家和主流经济学家的总人数比约为1∶100。当然，包括我在内的奥派经济学家所做的预测并没有全部实现，或者预测的时间和现实有所出入。

在结束第二部分的内容之前，我先澄清一个关键点。早在一个世纪以前的庞巴维克所在的那个时期，奥派经济学家就用奥派商业周期理论预测经济的繁荣与萧条。但是，摩天大楼指数是一个相对较新的概念，所以并没有成为奥派经济学家分析预测经济的工具。摩天大楼指数这个概念出现于1999年，而将其和奥派商业周期理论联系起来，并被证明其在理论上的正确性是在

---

[1] Richard Vedder, and Lowell Gallaway, "The Austrian Market Share in the Marketplace for Ideas, 1871–2025," *Quarterly Journal of Austrian Economics* 3, no. 1 (Spring 2000): 33–42.

2005年左右。

在前言的内容即将结束之前，我们需要解决一个问题：奥派经济学家如何看待当前的经济和政府政策？奥派经济学家一直反对当前的财政和货币政策。许多奥派经济学家认为，即使从主流经济学的标准来衡量，当前的政策也是非常规的、非正统的、极其极端的。奥派经济学家建议对现行政策进行大刀阔斧的改革。他们推测下一次经济危机会造成难以估量的可怕后果。当然，这个问题存在很多分歧，但是奥派经济学家抱着相同的态度，一直反对现行的政策。

摩天大楼的警报已经拉响，因为沙特阿拉伯的吉达塔（Jeddah Tower）已经举行了奠基仪式并开始施工建设。

总之，本书介绍了如何更好地应对下一次经济危机。

我想对许多帮助和支持我的人表示感谢。如果我因为这个漫长的项目而遗忘了一些帮助过我的人，那么我在此一并向他们表示歉意。

首先，我要感谢米塞斯研究院的所有工作人员、成员和捐助者，因为有他们的帮助，这本书才能顺利出版。同时，我还要感谢保罗·科维克（Paul Cwik）、哈利·戴维（Harry David）、戴维·戈登（David Gordon）、卢卡斯·恩格哈特、约尔格·吉多·许尔斯曼（Jörg Guido Hülsmann）、罗杰·W. 加里森、卡尔-弗里德里希·伊瑟雷尔（Karl-Friedrich Israel）、弗洛伊·莉莉（Floy Lilly）、格雷格·卡扎（Greg Kaza）、乔纳森·纽曼（Jonathan Newman）、帕特里克·纽曼（Patrick Newman）、肖恩·里特诺尔（Shawn Ritenour）、路易斯·鲁阿奈（Louis Rouanet）、约瑟夫·T.萨勒诺（Joseph T. Salerno）、苏珊·施罗德（Susan Schroeder）、朱迪·汤姆森（Judy Thommesen）、保罗·威克斯（Paul Wicks）以及这些年对我给予帮助的经济学老师。我还要特别感谢小罗伯特·B.埃克隆（Robert B. Ekelund, Jr.）。

# 第一部分 摩天大楼的诅咒

# 第1章
# 摩天大楼的诅咒

> 摩天大楼是彰显世俗资本主义及其价值的独特庆典，它在各个层面上考验着我们。它为我们以最广博的视角深入分析20世纪的艺术、人文和历史提供了一次独特的机会。
>
> ——《高层办公大楼艺术考量》(The Tall Building Artistically Reconsidered)，
> 埃达·路易莎·赫克斯特布尔（Ada Louisa Huxtable）

自资本主义诞生以来，人类就一直在探寻商业周期的成因，而人类寻找能够预测未来的水晶球的历史则比它更为久远。我将在本书中对人类探索魔法水晶球以及商业周期的活动提供一些分析。

与彻底改变19世纪经济的运河与铁路一样，摩天大楼是现代资本主义在建筑学上所做出的又一巨大贡献。然而，几乎没有人想到将摩天大楼和商业周期这一现代资本主义的典型特征联系起来。直到詹姆斯·格兰特（James Grant）在《繁荣带来的麻烦》(The Troubles With Prosperity)[1]一书中明确指出了房地产、

---

[1] James Grant, The Trouble with Prosperity: The Loss of Fear, the Rise of Speculation, and the Risk to American Savings (New York: Random House, 1996).

摩天大楼和商业周期这三者之间的关联。后来，格兰特的这本书又激发了安德鲁·劳伦斯的灵感。

1999年，劳伦斯发表了由他制定的摩天大楼指数，试图揭示最高的摩天大楼往往是在经济繁荣时期建造的。他特别指出，建造世界最高的摩天大楼预示着即将发生重大的经济危机，这就是摩天大楼的诅咒。但劳伦斯的摩天大楼指数并不适用于推断不规律的经济波动，只适用于推断严重的经济危机。

劳伦斯是一名投资分析师，他的摩天大楼指数记录了那些突破新高的摩天大楼和重要经济危机的历史。根据这一指数，当人们为一座刷新世界纪录的摩天大楼举行奠基仪式时，经济正在蓬勃发展；而在这座创纪录的摩天大楼完工后，一场重大的经济危机很快就会随之而来。"诅咒"指的就是经济危机，它的出现通常在奠基仪式开始的那一刻就已经注定了。可问题在于，破纪录的摩天大楼怎么会和经济危机联系起来呢？

这是否代表了一种因果关系？建造摩天大楼会引起商业周期吗？建筑历史学家卡罗尔·威利斯（Carol Willis）曾经描述过一个类似的经验性难题：

在20世纪20年代狂热的投机浪潮中，随着土地价格的上涨，建筑物也变得越来越高。或者应该是，随着摩天大楼越来越高，土地价格不断上涨？到底是什么变量引起房地产市场的周期性变化的,这个难题甚至比"先有鸡还是先有蛋"还要复杂。①

摩天大楼与商业周期在本质上存在什么关系?显然,建造世界上最高的建筑并不会引发经济崩溃。但同样明显的是,建筑业的繁荣和经济衰退之间存在着广为人知的经济联系。那么,如何在摩天大楼与商业周期之间建立起理论联系呢?

劳伦斯认为,过度投资、货币扩张和投机活动也许能够解释摩天大楼指数所揭示的关系。但他并没有对此进行详细探讨,也没有得出明确的结论。相反,他最后得出的结论是:摩天大楼指数是一个非正常系数。摩天大楼与经济周期之间的联系百年一遇。摩天大楼指数背后并没有一个确定的内在联系或理论,所以它的实用性非常令人怀疑。

例如,随着纽约世贸中心的倒塌和恐怖主义威胁的增加,摩天大楼指数可能已经失去了预测的功能。爱德华·L. 格莱泽(Edward L. Glaeser)和杰西·M. 夏皮罗(Jesse M. Shapiro)②并没有发现恐怖主义和摩天大楼的数量在统计学上所存在的显著联系。他们还认为,由于政府的干预(比如建筑法规)以及心理原因(比如建筑商追求个人名声的欲望),摩天大楼的数量可能不

---

① Carol Willis, *Form Follows Finance*: *Skyscrapers and Skylines in New York and Chicago* ( New York: Princeton Architectural Press, 1995 ), p. 88.

② Edward L. Glaeser, and Jesse M. Shapiro, "Cities and Welfare: The Impact of Terrorism on Urban Form," NBER Working Paper 8696 ( Cambridge, MA: National Bureau of Economic Research, 2001 ), p. 15.

是由市场决定的。

虽然商业媒体报道了劳伦斯的摩天大楼指数，但这并没有引起太大的反响。《投资者商业日报》(Investors' Business Daily)[①]赞许劳伦斯提供了"令人印象深刻"的证据，但也问道："建造世界上最高的摩天大楼怎么会有不好的后果呢？毕竟，越高越好，世界上最高的建筑可以成为民族自豪感的源泉。"

《巴伦周刊》(Barron's)也持积极态度，认为摩天大楼指数是"预测经济和金融失衡的绝佳工具"。[②]《商业周刊》(Business Week)提出了一个问题：如何将摩天大楼指数中所描述的摩天大楼建设与经济危机联系起来？[③]第一份相关报告来自1999年的《远东经济评论》(Far Eastern Economic Review)。该报告指出，中国正计划打破世界最高建筑的纪录，并计划在2010年之前建成三座位列全球前十的最高建筑。[④]

商业媒体对摩天大楼指数反应平淡的主要原因是，大多数经济指标会随着时间的推移而失去自己的作用。人们曾经提出过无数指标，以帮助我们预测商业周期和股票市场，但它们都没有通

---

① *Investors' Business Daily*, "Edifice Complex," May 6, 1999.
② William Pesek, Jr., "Want to Know Where the Next Disaster Will Hit? Look Where the World's Biggest Skyscraper's Going Up," *Barron's*, May 17, 1999, MW11.
③ Gene Koretz, 1999. "Do Towers Rise before a Crash?" *Business Week*, May 17, 1999, p. 26.
④ Alkman Granitsas, "The Height of Hubris: Skyscrapers Mark Economic Bust," *Far Eastern Economic Review* 162, no. 6 (February 11, 1999): 47.

过时间的考验。正如古德哈特定律（Goodhart's Law）所说的：
"如果为了控制目的而施加压力，那么任何在统计学上可观察到
的规律都会趋于崩溃。"[1] 这也许就是摩天大楼指数的命运。

例如，根据超级碗指标（Super Bowl indicator）的预测，如
果在超级碗比赛中，来自国家橄榄球联合会（NFC）的队伍打败
了来自美国橄榄球联合会（AFC）的队伍，这就预示着未来一年
会迎来牛市，那一年的经济也会发展得很好。该指标是一个典型
的"同步指标"（coincidental indicator），但这种没有因果关系的
同步指标应该与传统意义上追踪商业周期变化的经济同步指标区
别开来。例如，在职员工的统计数据显然与长期经济活动有关：
如果在职员工人数增加，经济活动和GDP就会增加。所以，我
们认为这几个统计数据会出现大致同步的变化。

20世纪70年代，当体育作家伦纳德·科佩特（Leonard
Koppett）首次注意到超级碗比赛与经济发展状况之间的联系时，
超级碗指标几乎具有完美的预测能力。[2] 但从那以后，它的可信
度大大降低，总体的预测命中率约为80%，但过去15年里的预
测命中率只有50%左右。正如科佩特自己承认的那样，早期的超级
碗指标能够成功预测经济只不过是一个巧合和统计上的错觉罢了。

类似的还有一些季节性指标，比如"一月效应"（January

---

[1] Charles A.E. Goodhart, "Problems of Monetary Management: The U.K. Experience," in *Inflation, Depression, and Economic Policy in the West*, edited by Anthony S. Courakis (Lanham, MD: Rowman & Littlefield, 1981), p. 116.
[2] Jason Zweig, "Super Bowl Indicator: The Secret History," *Wall Street Journal*, January 28, 2011.

effect）声称：如果股市在一月份呈上涨状态，那么它在随后的一整年都会上涨。竟然还有人用年终奖金和避税策略等各种证据来证明一月效应的可靠性。直到目前我们都不清楚，所谓的"股市在一月份上涨"指的是一月份的第一周的表现还是整个一月份的表现。我们同样不清楚的是，股市指的是小公司的股票市场还是整个股票市场。另外，一月效应还面临着事实的考验，那就是一旦所有人都意识到存在一月效应，它就会变成可预测的现象，因而也就不能再提供可靠的投资建议或经济洞见。因此，我们无法将这类指标当作预测股市或商业周期的可靠工具。

而用来预测经济的政治指标则以政治商业周期理论为基础。这一理论认为，政客会在选举前利用货币政策、财政政策以及其他可供选择的政策措施来刺激经济发展，以使股票市场繁荣并拉动就业增长，从而提高其连任的可能性。大选之后，他们将扭转这些政策，从而造成经济衰退。尽管人们从直觉上赞同政治商业周期理论，但它几乎没有任何实证证据的支撑。究其原因，可能是我们很难了解究竟是哪个执政联盟控制着政府机构，或者不同层级的政府在各自的选举周期中是如何相互作用的。此处提到的以及其他真实存在的问题，使得政治商业周期理论对政治与经济的联系的解释能力十分薄弱。

根据保罗·科维克[①]的观点，反向收益率曲线是一个与经济

---

① Paul Cwik, "The Inverted Yield Curve and the Economic Downturn," *New Perspectives on Political Economy: A Bilingual Interdisciplinary Journal* 1, no. 1 (2005): 1–35.

运行有着良好因果关系的指标。当短期利率高于长期利率时，收益率曲线会**颠倒**，这表明经济问题将随之而来。较高的短期贷款利率可能表明借款人迫切需要资金，而贷款人却因感知到风险增加而不愿提供贷款。领先经济指标指数（The Index of Leading Economic Indicators）曾经是官方用来预测经济的"水晶球"。但近年来，它在预测经济变化方面并不那么成功。我本人用来衡量全球经济的两个指标是石油价格和波罗的海大宗商品海运指数（Baltic Dry Shipping Index），后者是衡量海洋运输成本的一个指标。当两者都处于高位时，这表明全球经济出现扩张、繁荣或泡沫的迹象；反之，当两者都处于低位时，这表明经济出现收缩、破产或危机的迹象。然而，所有指标都很容易出错，通常只能对经济的周期性变化做出有限的预告。因为它们的预警能力有限，所以这些指标不可能为大型资本投资决策"保驾护航"。

经济学家理查德·罗尔（Richard Roll）认为，经济指标对实际投资活动的指导价值值得怀疑，即便有价值也是转瞬即逝的：

> 我不仅是个学者，还是个商人……在资金管理方面，我肯定可以为客户提供越来越好的服务。我曾尝试用客户和我自己的钱来验证其他学者构想出来的每一个预测工具……我还利用所谓的年终异常现象（year-end anomalies）和各种学术研究中记载的策略来进行投资。但我至今都没能从这些市场策略中赚到一

分钱。①

衡量股市和经济的指标存在很多问题。有些指标的预测能力很差，而另一些指标虽然预测能力很好，但没有经济理论的支撑，因此可信度大打折扣，只能被视为统计上的异类。

相比之下，作为领先经济指标之一的摩天大楼指数在预测经济是否会出现衰退方面确实保持着不错的纪录。经济扩张期间往往会出现摩天大楼的建造计划或者奠基仪式，而在这之后，通常会伴随经济危机的爆发。

摩天大楼指数最重要的问题在于：它为什么能保持如此良好的预测纪录？为什么它能预测经济衰退？它是否能向我们揭示商业周期中的经济结构？在回答这些问题之前，我们先看看历史上摩天大楼指数对经济危机的成功预测。

---

① Richard Roll, "Volatility in U.S. and Japanese Stock Markets: A Symposium," *Journal of Applied Corporate Finance* 5, no. 1 ( Spring 1992 ): 29–30.

# 第2章
# 摩天大楼指数预测史

回顾历史,你也许会发现埃及金字塔和中世纪大教堂的建造也符合摩天大楼指数的预测。本章仅回顾现代建筑,但同时我们会将时间扩展,考察摩天大楼指数在它最初的预测范围(1907—1999年)之外是否仍然具有效力。此外,我们还会将目光聚焦在一栋同样打破纪录的建筑大楼上——伍尔沃斯大厦(Woolworth Building)。由于它的出现并没有预示经济危机的到来,所以安德鲁·劳伦斯认为这是摩天大楼指数的一次失败预测。在重新审视伍尔沃斯大厦之后,你会发现摩天大楼指数比你之前所认为的更加可靠。

本章只讨论那些采用钢架结构的现代建筑。衡量摩天大楼是否打破纪录的标准主要是可居住楼层的数量以及扣除天线和尖顶之后整栋大楼的高度。因为天线和尖顶这类装饰并不昂贵,也没有太大的技术难度。相比而言,让建筑物本身变得更高并且更具有可居住性则困难得多,这对电梯、管道和温度控制都有着极高的要求。

电梯和钢架技术这两项发明的出现使摩天大楼的建造变得现实可行。在19世纪50年代尚未出现电梯之前,建筑物的高度仅限于4层。由于爬楼梯需要耗费更多的时间与精力,所以较低楼层的价值更高，较高楼层则不具备太多价值，这限制了建造更高楼层的需求。然而，随着电梯的出现，高楼层变得越来越有价值。当然，大楼一层的零售店面的价值也在提高。过去的砖石结构要求人们搭建一个庞大的地基来承载高层建筑的重量。相较而言，出现于19世纪末的钢架结构的承载能力更强。因此，钢架结构的发明既在一定程度上加快了施工速度，也使得建造更高建筑物的成本有所降低。

纽约市的公平人寿保险大楼（The Equitable Life Assurance Building）被许多人认为是第一座摩天大楼。该大楼于1870年年初完工，并于同年5月1日投入使用。它是公平人寿保险协会（Equitable Life Assurance Society）的总部所在地，也是第一个配备液压客用电梯的办公楼。该大楼共有7层，高度约为40米，创下了当时的建筑纪录。

1869年9月24日是黑色星期五，当时正值公平人寿保险大楼投入使用并刷新历史新纪录的前夕。杰伊·古尔德（Jay Gould）和詹姆斯·菲斯克（James Fisk）试图垄断纽约市的黄金市场，但美国财政部官员通过出售大量黄金打破了他们的阴谋。然而，由于黄金价格先飙升后暴跌，美国经济受到了不利的影响。在那之后，美国股市下跌了20%，作为美国外贸核心的农产品出口缩减了50%。根据罗伯特·C. 肯尼迪（Robert C. Kennedy）[①]的描述，许多经纪公司纷纷破产，几个月来，美国经

---

① Robert C. Kennedy, "Gold at 160, Gold at 130," *Harper's Weekly*, October 16, 1869.

济遭到严重破坏。随后则出现了经济恐慌和经济萧条，虽然其程度并不是特别严重。

芝加哥的家庭保险大楼（The Home Insurance Building）于1884年完工，它共有10层，高度约为42米。有趣的是，它在1890年又增加了两层。伴随这栋大楼的是1884年的金融恐慌和1882—1885年的经济萧条。金融恐慌确实存在，而所谓的经济萧条主要表现为通货紧缩和铁路业泡沫。从维克多·扎诺维茨（Victor Zarnowitz）[①]对经济活动的衡量标准来看，此次经济萧条并没有1873年和1893年以及1920—1921年的经济萧条那样严重。

芝加哥会堂大厦（The Auditorium Building）在1889年年末创下了17层楼、约68米高的新纪录。外号为普利策大厦（Pulitzer Building）的纽约世界大楼（New York World Building）于1890年完工，高度约为94米，有16~20层楼那么高（取决于如何测量），创造了新的纪录。

这些摩天大楼和1890年的经济恐慌存在紧密联系。由于伦敦巴林银行（Barings Bank）在该次恐慌中濒临破产，因而这次危机也被称为巴林危机（Baring crisis）。尽管这场危机是国际性的，但它所带来的最恶劣的影响并没有波及美国经济。当时的美国正逐渐发展成世界经济强国，从一个以农业为主的经济体转变

---

① Victor Zarnowitz, *Business Cycles*: *Theory*, *History*, *Indicators*, *and Forecasting*（Chicago: University of Chicago Press, 1992）, pp. 221-16.

为一个以制造业和服务业为主的经济体。当农民进入城市后，他们通常会在制造业以及保险和缝纫机销售等服务业寻找工作。服务业对办公空间有着非常大的需求，因而造就了对摩天大楼的需求。

曼哈顿人寿保险大楼（The Manhattan Life Insurance Building）于1894年完工，以18层楼、约106米的高度创下了新纪录。同时期完工的还有20层楼、约92米高的美国担保公司大厦（American Surety Building，1895年）和19层楼、约92米高的芝加哥共济会教堂（Masonic Temple，1892年）。尽管这两栋建筑并不是公认的打破纪录的摩天大楼，但它们的兴建正值美国历史上最严重的经济萎缩时期。该次经济萎缩最终造成美国实际国民生产总值（GNP）出现最大的季度性下滑，并带来1893年的经济恐慌。尽管经济史学家还需对相关统计数据进行讨论，但人们普遍认为此次经济恐慌带来了连续6年的两位数的失业率。

公园街大楼（The Park Row Building）于1899年竣工，它共有26层，至少有94米高。如果再算上相当于三层楼高的穹顶，那么它的整体高度将达到119米，这使得它成为当时世界上最高的摩天大楼。在这座大楼正式开放之前，美国的实际国民生产总值经历了1875—1918年以来的第四大季度性下滑。

之后一次集中建造摩天大楼的时间是1904—1909年，这也是劳伦斯开始记录摩天大楼指数的第一个周期。这些大楼包括完工于1908年，以47层楼、约187米的高度位列当时世界第一摩天大楼的辛格大楼（Singer Building），也包括完工于1909年，以50层楼、约213米的高度刷新纪录的大都会人寿保险大楼（The Metropolitan Life Insurance Company Tower）。这两个项目都是在1907年的经济恐慌发生之前动工的。而当1907年的经济恐慌发生时，它们恰巧达到创纪录的高度。此外，当经济恐慌发生时，与秋季收成有关的季节性因素同信贷市场的周期性因素正巧吻合。经济恐慌的导火索是1907年10月一家受《国家银行法》（National Banking Act）监管的银行拒绝为不受监管的尼克博克信托公司（Knickerbocker Trust Company）清算资金，结果导致银行普遍遭遇挤兑，引发当时美国历史上最严重的经济衰退。由于人们普遍认为1907年的经济恐慌是导致1913年通过《联邦储备法》（Federal Reserve Act）的关键事件，所以此次恐慌不仅具有历史意义，甚至对今天仍然有很大的影响。

值得注意的是，现在人们普遍认为，和19世纪其他经济恐慌一样，1907年的经济恐慌也是由《国家银行法》（1863年和1864年）施加的监管结构造成的。戴维·霍登（David Howden）[1]认为，这一时期的金融不稳定不是因为缺乏监管或资本主义不受约束。根据迈克尔·D.博尔多（Michael D. Bordo）、彼得·拉波波特（Peter Rappoport）和安娜·J.施瓦茨（Anna J.

---

[1] David Howden, "A Pre-History of the Federal Reserve," in *The Fed at One Hundred: A Critical Review on the Federal Reserve System*, edited by David Howden and Joseph T. Salerno（New York: Springer, 2014）.

Schwartz)①的观点,《国家银行法》创造了一个"以货币周期性不稳定、四次银行恐慌、频繁股市崩溃和其他金融动荡为特征的系统"。随后,美联储糟糕的表现让许多经济学家对中央银行能否解决《国家银行法》引发的问题产生了怀疑。

1913年,伍尔沃斯大厦成为下一个打破纪录的世界级摩天大楼。它共有57层,高度约为241米。但劳伦斯把伍尔沃斯大厦视为摩天大楼指数中的一个例外或错误。因为同时期并没有发生重大的经济危机,因而也就不存在摩天大楼的诅咒。此外,历史教科书上也没有记载其他著名的恐慌或萧条。因此,摩天大楼指数似乎并没有在伍尔沃斯大厦上发挥效果。

然而,把伍尔沃斯大厦作为反对摩天大楼指数的证据其实是错误的。伍尔沃斯大厦的建造计划是在1910年3月宣布的,最初的计划只是建造一个中等高度的建筑。1910年11月,它的实际建设高度虽然有所增加,但仍然只能位居当时的世界第三。到了1911年1月,人们重新规划,预计它将以约229米的高度成为当时世界上最高的建筑之一。最终,它又被提高到241米以上。②尽管伍尔沃斯大厦的落成仪式早在1913年4月24日就举行了,

---

① Michael D. Bordo, Peter Rappoport, and Anna J. Schwartz, "Money versus Credit Rationing: Evidence for the National Banking Era, 1880-1914," in *Strategic Factors in Nineteenth-Century American Economic Growth*, edited by Claudia Goldin and Hugh Rockoff (Chicago: University of Chicago Press, 1992), p. 189.

② Sara Bradford Landau, and Carl W. Condit, *Rise of the New York Skyscraper: 1865-1913* (New Haven, CT: Yale University Press, 1996), pp. 382-84.

但它之后才正式完工。①

事实上，美国经济在1913年第一季度（在伍尔沃斯大厦的落成仪式之前）就达到了顶峰并开始衰退。美国经济持续萎缩到1914年第四季度。在这场经济萎缩中，美国实际国民生产总值出现了1875—1918年期间第三严重的季度性下降，这比1946—1983年的任何季度性表现都要糟糕。根据格雷格·卡扎②的记载，该建筑的落成仪式正好处于1913年1月至1914年12月这一为期23个月的经济萎缩时期。这一时期显然出现了一场严重的经济衰退。

美国历史教科书之所以没有提到1913年的经济萧条以及相关事件，唯一的原因在于，此时的欧洲正在酝酿着第一次世界大战。敌对与冲突最终于1914年中期爆发。第一次世界大战是人类历史上最大的一场灾难之一，累计伤亡人数超过2 000万人。然而，战争导致欧洲对美国的农产品、金属制品、武器和劳动力等的需求急剧增加。这一事件促使美国经济保持稳定并进入扩张而不是普通的经济复苏之路。经济史学家现在知道，第二次世界大战并没有帮助美国走出经济大萧条。③但是，第一次世界大战与之不同，它似乎阻止了美国陷入经济萧条。

---

① Sara Bradford Landau, and Carl W. Condit, *Rise of the New York Skyscraper*: 1865-1913 ( New Haven, CT: Yale University Press, 1996 ), p.390.

② Greg Kaza, "Note: Wolverines, Razorbacks, and Skyscrapers," *Quarterly Journal of Austrian Economics* 13, no.4 ( Winter 2010 ): 74-79.

③ Robert Higgs, "Wartime Prosperity? A Reassessment of the U.S. Economy in the 1940s," *Journal of Economy History* 52, no.1 ( March 1992 ): 41-60.

因此，伍尔沃斯大厦不应该被视为摩天大楼指数中的一个例外或错误。原因很简单，第一次世界大战让美国经济脱离了长时间的衰退与恶化，使它有幸避免被贴上"1913年经济大萧条"的标签。

重新审视摩天大楼指数诞生之前的历史，我们发现它在这一历史时期的预测能力要比劳伦斯首次提出这个预测工具时更好。首先，我们找到了历史证据，说明19世纪末的确发生了摩天大楼诅咒。其次，对于唯一一次没有发生摩天大楼诅咒的失败案例，我们也给出了解释。我们对这一早期阶段的研究也清楚地表明，摩天大楼不断刷新高度和经济危机的出现，都与政府对信贷市场的干预有关。

下一批世界最高的建筑出现在大萧条（Great Depression）时期。20世纪20年代末，有三栋破纪录的摩天大楼被宣布落成。当时，伴随着股市的繁荣，民用和商用房屋建设以及制造业也出现了繁荣。1930年5月，华尔街40号大厦[40 Wall Street，即现在的特朗普大厦（Trump Building）]建成，共有70层，高度约为283米。紧随其后的是建成于1930年的克莱斯勒大厦（Chrysler Building），共有77层，高度约为274米（含屋顶高度约为282米，含塔尖高度约为319米）。一年后，也就是1931年5月，帝国大厦（Empire State Building）竣工，共有102层，高度约为373米。显然，在大萧条之前，曾出现过一股资本导向型的建筑热潮，这一时期建造的摩天大楼一栋比一栋高。

经济学家对大萧条的成因给出了许多不同的解释，小罗伯特·E. 卢卡斯（Robert E. Lucas, Jr.）①甚至认为无法解释大萧条。可以确定的是，从美联储成立至股市崩盘期间，美国货币存量显著增加，银行业不断经历重组与政府监管。而在经济崩溃之后，美国货币存量显著下降。尽管美联储尽其所能阻止经济萧条②，但是仍有一大批银行倒闭，一系列重要因素不断催化大萧条，并将其拖延成一场旷日持久的灾难，其中就包括《斯姆特－霍利关税法》（The Smoot-Hawley Tariff Act）以及胡佛和罗斯福新政。③

同样值得注意的是，尽管本·伯南克（Ben Bernanke）④、米尔顿·弗里德曼（Milton Friedman）、安娜·J. 施瓦茨⑤及穆雷·N. 罗斯巴德（Murray N. Rothbard）⑥对大萧条的解释各不相同，但他们都将大萧条归咎于美联储。伯南克认为，问题在于20世纪30年代美联储未能救助对整个系统具有重要意义的银行。弗里德曼和施瓦茨认为，问题在于20世纪30年代美联储未能阻

---

① Robert E. Lucas, Jr., *Models of Business Cycles*（New York: Basil Blackwell, 1987）.
② Joseph T. Salerno, "Money and Gold in the 1920s and 1930s: An Austrian View," *Freeman*（October 1999）: 31–40. Reprinted in Joseph T. Salerno, *Money Sound and Unsound*（Auburn, AL: Mises Institute, 2010）, pp. 431-49.
③ Murray N. Rothbard, *America's Great Depression*, 5th ed.（1963; Auburn, AL: Mises Institute, 2000）.
④ Ben Bernanke, *Essays on the Great Depression*（Princeton, NJ: Princeton University Press, 2004）.
⑤ Milton Friedman, and Anna J. Schwartz, *The Great Contraction*, 1929-1933（Princeton, NJ: Princeton University Press, 1965）.
⑥ 同本页脚注③。

止货币存量的下降。罗斯巴德利用奥派商业周期理论发现，问题在于20世纪30年代美联储实行了扩张性的货币政策。我们将在本书后半部分对这三种观点重新进行检验。

之后一次集中出现摩天大楼的时间是20世纪70年代初。20世纪60年代，经济再一次偏离强劲持久的繁荣时期。在20世纪60年代的经济鼎盛时期，纽约和芝加哥的建筑工人正忙着建造下一批世界最高的建筑，这些建筑的高度将打破大萧条初期的纪录。世贸中心双子塔（Twin Towers）竣工于1972年，并于1973年4月投入使用。该建筑的两栋楼都是110层，其中一栋的高度约为417米，另一栋的高度约为415米。1974年，芝加哥的西尔斯大厦（Sears Tower）竣工，虽然同样是110层，但西尔斯大厦的高度约为442米。

1970年年初的经济下行开启了美国长达10多年的经济衰退，同时伴随着相当罕见的高通货膨胀率和高失业率。1970—1982年，布雷顿森林货币体系崩溃，美国抛弃了残余的金本位制度。同时，美国政府对工资和商品价格进行控制，汽油出现短缺，美国爆发了数次经济衰退。20世纪80年代初，美国的失业率连续几个月达到两位数，利率超过15%。考虑到通货膨胀因素，美国股市在1970—1982年下跌了50%。20世纪70年代的美国经济危机被称为滞胀，这表明美国经济在1970—1982出现了萧条。这场危机彻底败坏了当时占主导地位的凯恩斯经济学派的声誉，至少当时是如此。

下一轮的摩天大楼诅咒带来了1997年的亚洲金融危机和互

联网泡沫。中国香港、马来西亚、新加坡、越南和韩国等太平洋沿岸的国家或地区在20世纪80年代和90年代经历了显著的经济增长。日本也曾是该地区的主要经济体,但在20世纪90年代的大部分时间里,日本经济都处于衰退之中。尽管这些国家或地区的疆域狭小,但它们的经济实力强大并保持持续增长,这种增长被认为是经济奇迹。东亚的经济泡沫开始于技术和出口制造行业,它是因货币和信贷扩张的刺激而产生的,其中大部分是为"无国界投资者"寻求高回报的外国投资资金。外国投资资金的涌入导致货币供应和银行贷款大幅增加。

位于马来西亚首都吉隆坡的石油双塔(The Petronas Towers)的完工,刷新了世界最高建筑的新纪录。它虽然只有88层,但高度约为452米,高出上一纪录10米。就在1997年经济危机爆发的前几个月,石油双塔竣工。此后,马来西亚和周边地区的股市大幅下跌,当地货币迅速贬值,该地甚至出现大规模的社会动荡。金融和经济问题蔓延开来,最终导致"亚洲金融瘟疫",或用更常见的词语来说是"亚洲金融危机"。紧随其后的信用紧缩加剧了企业破产,造成了类似经济恐慌的局面。

与此同时,随着美国利率上升和美元走强,美国成为一个相对于东亚而言更具吸引力的投资场所。1996年年初,这种情况开始损害亚洲对美国的出口贸易。这一系列事件从根本上把高科技泡沫从亚洲转移到了美国,并在一定程度上转移到了新加坡和中国台湾,后两个经济体最初并没有受到经济危机的影响。

下一个破纪录的台北101大厦的建设计划始于1997年,实际上它到1999年才开始建设。这栋101层的建筑创造了一项新的世界纪录，如果以高度为509米的可居住空间来衡量，那么这个高度超过了吉隆坡的石油双塔。台北101大厦成为第一座高度超过500米的摩天大楼。台北101大厦顶部于2003年6月完工，所以我们不确定它具体哪一天创下了新纪录。然而，它的建成与互联网和高科技行业泡沫的破裂有着紧密联系。这是第一个出现在发展中国家并记录在册的摩天大楼。在互联网和高科技行业泡沫开始时，吉隆坡石油双塔打破纪录；而在泡沫快结束时，台北101大厦竣工。这里的一个不确定因素是高科技行业泡沫，因为它从发生亚洲金融危机的国家开始蔓延，进而转移到美国、中国台湾和韩国等其他原本不受经济危机影响的国家或地区。台北101大厦是继劳伦斯之后第一个被纳入摩天大楼指数的建筑。[1]

  另一座打破世界纪录的摩天大楼是迪拜塔，它于2004年在阿拉伯联合酋长国的迪拜开始建造。我记得很清楚，当时的美国正经历着房地产泡沫。2007年夏天，就在房地产泡沫结束金融危机开始显现之际，迪拜塔最终完工并创下纪录。这栋建筑于2010年1月投入使用，当时正值金融危机最严重的时期。迪拜经济破产，需要邻国提供数十亿美元的救助。救助计划导致该建筑的名字从迪拜塔改为哈利法塔。这是继劳伦斯之后又一座被纳入摩天大楼指数的建筑。[2]

---

[1] Andrew Lawrence, "The Skyscraper Index: Faulty Towers!" *Property Report*, January 15, 1999.

[2] 同上。

这些摩天大楼周期确实具有一些共同特征。一个周期往往始于长期宽松的货币和信贷政策，这些政策导致经济扩张和股票市场繁荣。特别是当信贷的获取变得相对容易时，资本支出大幅增加。而资本支出会开始向新技术行业流动，这反过来又创造了新的产业并对现有产业结构进行了改造。世界上最高的建筑就是在这个时期开始建造的。然而，在之后的某个时刻，情况必然会出现逆转，很多事件都可能引发这种逆转。情况的逆转往往表现为经济恐慌和群众心理的紊乱。人们被眼前的事实吓坏了——他们的预期利润和预期规划难以实现，利率上升，销售预期落空，人们无法控制成本，也无法收回应收账款，最后失业率上升。这种情况在资本和技术密集型行业尤为严重。虽然这些分析主要针对的是美国经济，但经济危机往往具有国际影响力。

摩天大楼具有许多代表性的特征，因而常常被各种研究商业周期的理论提及。这些特征使摩天大楼成为20世纪商业周期的一个重要标志。也就是说在经济繁荣时期，企业家屡屡犯错，但直至经济进入萧条时期，人们才会发现这些错误其实都是不当投资。

人们很容易忽视摩天大楼指数预测商业周期的能力，仅仅把运河、铁路和工厂数量等视为衡量大型企业家投资的指标和指数。但恰如信息业和服务业取代重工业和制造业成为当今美国经济的主要部门一样，20世纪的摩天大楼也已经取代了工厂和铁路等的指标地位。

当然，摩天大楼作为20世纪商业周期的见证者以及现代资本主义与商业的衡量指标，将会在未来以同样的方式被某种未知的新型资本或技术密集型投资取代，这也没有什么好奇怪的。

本章主要说明劳伦斯的摩天大楼指数可以在时间上前后延伸（见表2-1）。而原本被视为摩天大楼诅咒的一个失败案例其实也有非常完美、合乎逻辑的解释。接下来，我们将解释为什么摩天大楼指数能够发挥预测作用。

表2-1 重新审视摩天大楼诅咒的历史

| 建筑名称 | 宣布建造时间 | 完工时间 | 投入使用时间 | 经济危机 |
| --- | --- | --- | --- | --- |
| 芝加哥会堂大厦 | — | 1889年 | — | 1890年巴林危机 |
| 普利策大厦 | 1889年6月 | 1890年 | 1890年12月 | 1890年巴林危机 |
| 芝加哥共济会教堂 | — | 1892年 | — | 1893年经济恐慌 |
| 曼哈顿人寿保险大楼 | 1892年2月 | 1894年 | 1894年5月 | 1893年经济恐慌 |
| 公园街大楼 | 1896年3月 | 1899年 | 1899年4月 | 没有发生危机 |
| 辛格大楼 | 1906年2月 | 1908年 | 1908年5月 | 1907年经济恐慌 |
| 大都会人寿保险大楼 | 1907年1月 | 1909年 | 1910年1月 | 1907年经济恐慌 |
| 伍尔沃斯大厦 | 1910年7月 | 1913年 | 1913年4月 | 1914年第一次世界大战 |
| 华尔街40号大厦 | 1929年3月 | 1930年 | 1930年5月 | 大萧条 |
| 克莱斯勒大厦 | 1928年10月 | 1930年 | 1930年4月 | 大萧条 |
| 帝国大厦 | 1929年8月 | 1931年 | 1931年4月 | 大萧条 |
| 世贸中心双子塔 | 1964年1月 | 1972年 | 1973年4月 | 布雷顿森林体系崩溃，经济滞胀 |
| 西尔斯大厦 | 1970年7月 | 1973年 | 1973年9月 | 布雷顿森林体系崩溃，经济滞胀 |
| 吉隆坡石油双塔 | 1991年8月 | 1996年3月 | 1999年9月 | 亚洲金融危机 |

（续表）

| 建筑名称 | 宣布建造时间 | 完工时间 | 投入使用时间 | 经济危机 |
|---|---|---|---|---|
| 台北101大厦 | 1997年10月 | 2003年 | 2004年12月 | 亚洲金融危机——高科技泡沫 |
| 哈利法塔 | 2003年2月 | 2007年7月 | 2010年1月 | 大衰退 |

# 第 3 章
# 摩天大楼指数的理论基础

我们真的没有弄懂是什么引发了投机性泡沫。

——《都市房价泡沫》(Bubbles in Metropolitan Housing Prices)，杰西·亚伯拉罕（Jesse Abraham）、帕特里克·H. 亨德肖特（Patric H. Hendershott）

劳伦斯根据20世纪几次重大的商业周期得到了摩天大楼指数，而摩天大楼指数本身是可以用奥派商业周期理论来解释的。相比之下，主流经济学内部并没有在商业周期理论上达成共识，仅是凯恩斯主义学者就对商业周期理论有多种不同的看法。不过，这些不同的看法都把民众心理和总需求变化视为商业周期的驱动力。其中的代表人物包括行为金融学家罗伯特·希勒（Robert Shiller），他认为股票市场是非理性的。其他理论包括欧文·费雪、海曼·明斯基（Hyman Minsky）和约瑟夫·熊彼特提出的债务周期理论，与芝加哥学派联系密切且主要关注技术变革等外部性冲击的实际商业周期理论，以及根据选举周期而得到的政治商业周期理论，甚至还包括马克思主义理论。

大多数商业周期理论的问题在于：它们并没有为商业周期提

供经济学理论，而仅仅是对商业周期本身进行描述。每一种描述都强调特定的特征，然后将其提升到因果关系的地位。商业周期的每个阶段都有若干特征，例如投机活动、不稳定的货币供应、总需求的变化，以及社会情绪、外部实际因素或冲击的变化。因此，商业周期理论就变成了一种研究视角，不同的经济学家对特定的经济特征进行批评，然后提出自己偏爱的补救方法。

商业周期是在诸如生产、就业、收入、销售、新房开工量、货币、信贷和价格等多种经济活动中不断重复出现的不同规模的扩张、衰退、萎缩和复苏过程。由于利率、存货、固定资本和未偿还贷款往往是顺周期的，所以凯恩斯主义强调政府必须通过赤字支出、紧急援助、公共工程项目和货币刺激等积极的政策来对抗商业周期。然而，实际商业周期理论的观点则相反，它建议采取被动政策，让政府和经济吸收外部冲击的影响。

相对于主流理论而言，奥派商业周期理论有如下几点显著优势。

第一，奥派商业周期理论从经济学本身出发，找到了商业周期出现的原因，即人为降低利率，进而引发了一系列事件，这些事件可以用供给和需求等简单的经济学工具来理解。而主流经济学则把商业周期的产生归咎于民众心理或者技术的变化。

第二，奥派商业周期理论对应的是复杂的现实世界，而主流经济学却将现实世界的复杂性排除在理论之外。

第三，奥派商业周期理论涵盖了主流经济学所讨论的心理和技术特征，并说明这些都是可预测的，而不是随机的和不可预知的冲击。

第四，由于奥派商业周期理论从经济学角度确定了商业周期产生的原因，所以该理论提出了应对心理和技术冲击、资源浪费以及跳出无限循环的商业周期的方法。

对于奥派商业周期理论来说，经济繁荣以及随后的萧条之所以产生，是因为中央银行通过增加货币和信贷的供给以使市场利率低于自然利率。自然利率是指在没有中央银行干预的情况下，由储蓄人和借款人共同决定的市场利率，它能够根据风险和价格通胀进行调整。因此，自然利率代表了社会的一般时间偏好。但由于我们无法知道自然利率是多少，所以人为压低的市场利率是不可计算的，除非根据美联储的公开市场操作数量，也就是它购买政府债券的净额进行间接估算。但是，我们仍然可以通过以租金管制法设定价格上限这一政府价格控制的例子来更加直接地理解人为压低利率的影响。这些法规人为地压低了公寓的租金，从而导致公寓短缺、公寓的有形损耗增加以及公寓的不合理分配。比如，由于租金管制法的存在，你可能会发现一个家庭因公寓短缺而挤在仅有一间卧室的公寓里，而一些独居者却住在一套含有三间卧室的公寓里。在可贷资金市场中，关键性的差异就在于美联储可以通过凭空印钞来弥补任何可能的资金短缺（见图3-1）。

在美联储介入之前，由市场决定的利率能够平衡储蓄和贷款的数量，实际贷款利率会因基础利率、风险溢价、通胀溢价和处理成本的不同而发生变化。当美联储人为地将利率降至低水平后，可贷资金就会出现短缺，然后美联储又通过从银行购买政府债券以换取现金的方式来纠正这种短缺。此时，银行拥有了更多的现金，可以对外发放贷款。这一政策的直接后果是储蓄减少而贷款和债务增加。由于贷款的门槛被降低，信用评级较低的个人也可以获得贷款，信用评级较高的个人则可以获得更多贷款。

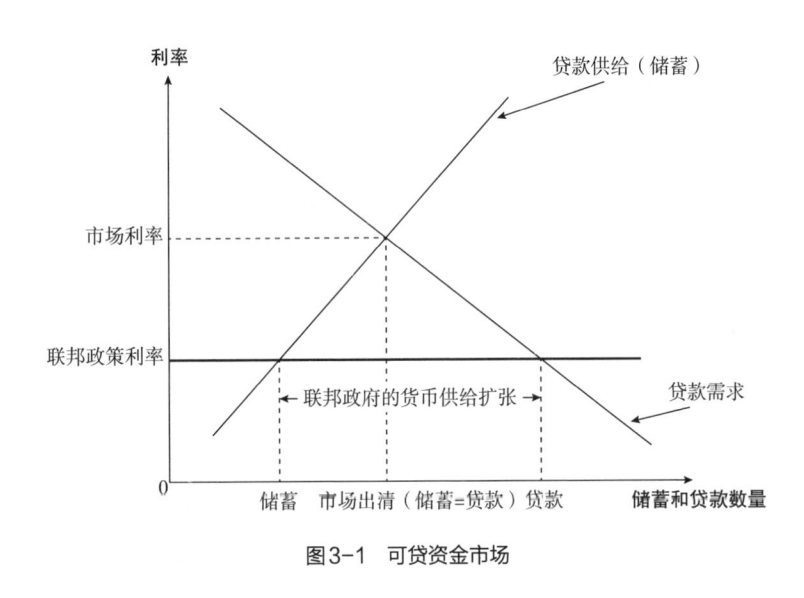

图3-1 可贷资金市场

对消费者来说，这意味着他们的负债会增加，由于储蓄和利息收入的下降，其未来收入也将减少。对企业家来说，这意味着他们可以得到更多的借款，而且较低的利率也使长期投资看起来比短期投资更有利可图。例如，低利率可能会驱使农民从种植玉米等一年生作物转向种植数年后才能收获的苹果。较低的利率使得林业工作者等待树木长得更高，使得酿酒师等待葡萄酒酿得更久，也使得出版商增加了印刷量。低利率诱使企业家进入更加迂回的生产结构中。

关于迂回生产，我可以举一个最简单的例子来说明。假设存在一个鲁滨孙世界的人，他如果用手捕鱼，则每天能得到一条鱼。但他如果某一天不去捕鱼，而是花一天时间织网，那么用网捕鱼时，每天能收获三到四条鱼。手工捕鱼是直接生产，而制作渔网捕鱼则比较迂回。

举一个更为现代的例子，我们先回想一下人们相互交流的一些方式。与人交流最直接的方式是走到他们身边开始交谈。一种更迂回的方法是，为两方安装电话，使用电话进行交流。使用电话进行交流意味着交谈前就要准备好大量用于生产电线、电话、电线杆的资本品。为了实现使用手机交流而需要准备的资本品，无论从数量还是复杂性来说都更加令人震惊。因此，用电话或手机交流比面对面交流更迂回，但效率更高。奥派经济学家关注的就是这种技术变革的过程。投资于更迂回的生产过程意味着投资者正在使用新的方法去做以往因不可行或可行性不高而被搁置的事情。投资研发是投资未来的新技术，这些新技术通常也会涉及更迂回的生产过程。通过这种方式，奥派商业周期理论能够解释利率如何对实际商业周期理论所讨论的技术冲击产生直接影响。

奥派商业周期理论还试图解释经济的复杂性，而不是对它进行简化假设。主流经济学理论一般都会创建一个数学模型，并使用消费、投资和政府支出等总量型的统计数据。在主流经济学理论看来，资本是一种同质的生产要素，只要挥一挥魔杖，不同资本就可以被重组或重新配置。

相比之下，奥派商业周期理论研究的是生产结构——从发现原材料到最后变成产成品并在零售商店进行销售。每一种生产结构都有许多生产阶段，每个阶段都使用特定的和非专用的劳动力及资本财货。例如，一个炼油厂会使用许多仅用于炼油的特定资本品，也会使用管道、油罐车等非专用的资本品（因为管道和车辆还可以用来运输其他东西）。企业家只有雇用特定的劳动力（比如石油工程师）和非专用的劳动力（比如卡车司机），并在较早的生产阶段使用其他投入品（比如原油），才能最终生产出汽油。因此，奥派商业周期理论表明，如果汽油市场条件恶化，那么非专用的资本和劳动力更容易被重新配置，但特定的资本和劳动力则很难被重新配置。除非石油的市场价格和石油工程师的薪水大幅下降，否则这些劳动力就会处于闲置和失业状态。

所有商品和服务的生产结构都非常复杂，因此主流经济学只能假设这种复杂性不存在。不过即便很复杂，我们还是能了解它以及影响它的一些因素。新产品的生产结构一开始十分简单、直接。例如，在刚发明出汽车的时候，数以百计的小公司开始制造自己的手工打磨零件，并以一次一辆的方式组装汽车。

我的第一台笔记本电脑是由一个电脑技术人员用自行购买的零件为我定制的，这也是我们镇上的第一台笔记本电脑。该电脑的尺寸与勉强塞进飞机上方行李舱的行李箱差不多，但它的重量几乎是装得满满当当的行李箱的两倍。随着时间的推移，生产结构会趋于延长，销售最终消费品的公司的数量也会减少。

再比如，大规模生产的可替换零件以及汽车流水线生产技术在出现之后迅速得到广泛使用。这些技术提高了生产效率，促进了劳动专业化，也使生产结构变得更加迂回：由于必须发明机器来制造可替换零件和流水线，所以企业也必须提高技术才能复刻这些机器。我们发现，如今的汽车产业结构复杂得令人难以置信，数以百计的公司遍布全球并供应各种产品。从设计新汽车的计算机绘图软件到制作轮胎气阀的盖子，所有的零部件被运往装配厂，然后组装好的汽车被运往汽车经销商。对于主流经济学家来说，完全竞争是指无数家汽车公司最初的混乱状态；而对于奥派经济学家来说，竞争指的是随着时间的推移，最初的混乱演变为少数几家大型汽车制造商的过程。主流经济学家的理想市场形态需要大量的买卖双方、完备的信息、同质化的产品等多种条件；而对于奥派经济学家来说，竞争的唯一要求就是政府不限制企业家进入或退出某个行业。

奥地利经济学和主流经济学之间的一个区别在于它们对货币的作用抱有不同的观点。对于主流经济学家来说，货币是中性的，这与他们对资本的看法相似。货币可以被注入经济体的任何地方，并且不会造成破坏、扭曲或财富的重新分配。换句话说，新货币不会影响实体经济或相对价格。对他们来说，新货币只会提高所谓的价格水平，降低货币的购买力。在主流经济学家的观念中，新货币能够无缝渗透到整个经济中，不会造成需求、相对价格或生产的任何变化。

相较而言，奥地利经济学分析的是货币对经济的实际影响。

让我们像理查德·坎蒂隆在1730年所做的那样，设想经济中的货币供应量翻倍。他通过分析新货币如何扰乱经济并造成财富再分配的例子，得出了货币非中性的结论。在他的例子中，货币增加的原因包括银矿的发现以及大量富有移民带着他们的财产移居到某地。他的分析指出，新货币会改变价格和产量，以满足富有的矿主、矿工和外来移民的新需求。

我们所举的例子是一家用新印的钞票进行试验的中央银行。在仔细调查并获取所有皮卡和纳斯卡赛车爱好者的名字后，中央银行给他们每个人的银行账户增加了1 000万美元。奥派经济学家预计，这个措施会让德通纳500（Daytona 500）汽车大赛的票价大幅上涨。但主流经济学家预计，一切都不会发生变化。同时，奥派经济学家预计，市场上最昂贵的皮卡——福特F-450的价格将会上涨，而且福特公司将生产更多的这类皮卡，或者建立一个新的装配厂，甚至可能设计更昂贵的皮卡。

因此，相对于其他人而言，皮卡和纳斯卡赛车爱好者、德通纳500汽车大赛以及皮卡生产商都将受益。当所有钱都花完后，德通纳500汽车大赛和福特公司投资的新资本会发生什么变化？主流经济学家告诉我们，这不会对收入、财富、生产和新产品产生影响，或者说任何的干扰都只是短暂的、不重要的。

近年来，美联储的零利率政策和量化宽松政策使对冲基金经理、华尔街银行家和债券交易商变得格外富有。随着这笔巨大财富流入他们的口袋，曼哈顿的房地产价格大幅上涨，许多新的豪华公寓和摩天大楼被建造起来。艺术品拍卖行业也在诉说着类似的故事。当代流行艺术流派的艺术家，比如让-米歇尔·巴斯奎特（Jean-Michel Basquiat）、克里斯托弗·伍尔（Christopher Wool）以及杰夫·昆斯（Jeff Koons），其单件作品的价格已经攀升到数百万美元；然而，对于印象派艺术家来说，像皮埃尔-奥古斯特·雷诺阿（Pierre-Auguste Renoir）这样著名的印象派画家，其作品可能仅需要不到10万美元就能买到。

事实上，传统的货币政策通过人为降低利率对经济造成了直接的扭曲。贷款和投资增多，企业家倾向于更长期、更迂回的生产方式，这种情况在大公司尤为突出。例如，在当前极低利率的环境下，亚马逊发现，尽管聘用员工的工资很低，但相对于使用人工来说，利用机器人来完成客户的订单是有利可图的。完成订单最直接的方式是让员工阅读订单、检索产品并打包产品以便交付。而更迂回的方法则是，设计并制造机器人来取代员工，为机器人设计处理订单的软件，重新配置可供机器人操作的仓库和订单处理中心，培训一部分员工以维护机器人并与之互动。

看着机器人在亚马逊的工厂周围移动，人们可能会觉得该公司在某种程度上利用作弊的手段与各种对手竞争。此外，当看到亚马逊的股票价格时，人们可能会猜测该公司正在赚取巨额利润，并登上了类似于全球垄断的宝座。亚马逊2015年的销售额达到了357亿美元，比2014年增长了22%；而其2015年的利润比2014年增长了125%，达到了4.82亿美元。这意味着亚马逊仅仅从销售中赚取了1%左右的利润。2016年，亚马逊的市值为

3 000亿美元，价格收益率超过500。①换句话说，投资者无法想象这家公司会产生什么问题。根据一位分析师的预测，亚马逊的市值将会在10年之内达到3万亿美元。②

货币供应量增加所造成的一些常规变化包括将财富从储蓄人手中转移到借款人手中。因为借款人能够以较低的利率获得贷款，而储蓄人不得不接受低储蓄回报的现实。储蓄和债务的价值因物价的上涨而下降。这种财富再分配的最大受益者是联邦政府，因为它背负着数万亿美元的债务。此外，货币供应量增加还会造成另一种再分配：将财富从依赖工资或固定收入的人的手中转移到拥有灵活收入的人的手中，后者不完全局限于金融部门。

凯恩斯主义的商业周期理论以民众心理为分析基础，实际商业周期理论则以技术变化等外部冲击为基础。而奥派商业周期理论既考虑了民众心理，又分析了技术变化等外部冲击。在人为压低利率的情况下，经济体中将出现更多的投资和消费活动。资产价格会上涨，失业率会下降，甚至会低于所谓的自然失业率，工资、收入和利润都会增加。在经济繁荣期间，奥派经济学家认为，投资者和企业家具有非常乐观的心理状态，大量退休账户中的资金将被用于股票投资，服务员和按摩师等领取可变薪酬的服务业劳动者将获得更高的收入，一窍不通的新手也会通过炒房和

---

① David Goldman, "Amazon Shares Plummet as Profit Disappoints," CNN.com, January 28, 2016.
② David Wilson, "Cisco, Apple Fail to Reach \$1 Trillion. Is Amazon Next?" Bloomberg.com, May 9, 2016.

日间股票交易活动来获得意外之财。奥派经济学家并不会对出现大量新技术的股市感到惊讶，事实上，他们可以通过奥派商业周期理论预见这一点。使经济更加迂回在本质上意味着引入新的生产方法和技术手段，因此，在经济繁荣时期出现技术冲击是有内在原因的。

每一次繁荣最终都会达到顶峰，之后经济会进入纠正阶段，或者说衰退阶段。从繁荣到衰退的转变原因是一个很重要的话题，我们将在后面的章节对此进行讨论，现在我们先将研究重心放在衰退阶段。根据主流商业周期理论的观点，衰退在很大程度上只是繁荣的对立面：资产价格下降，失业率高于自然失业率，工资、收入和利润下跌，服务业劳动者的收入减少，炒房的人面临破产。当然，繁荣时期的乐观心理会消失殆尽，民众转为悲观情绪。奥地利学派认为，这种情况必然会发生，没有发生才是不正常的。

就技术变革而言，新技术一旦引入就很难被撤销。所以，奥派经济学家预测，大量投资新技术的投资者、与新技术相关的房地产行业从业者，以及为新技术筹资的人会在危机中蒙受巨大损失。一些信奉实际商业周期理论的学者认为，房地产泡沫中使用的金融技术是泡沫形成与破灭的原因所在。他们将过错归咎于债务抵押债券、抵押贷款支持证券和资产支持证券等新型金融工具。在实际商业周期理论看来，新型金融技术在2007年之前对经济起到了积极作用，但后来又变成一种消极的冲击。的确，金融技术是造成房地产泡沫的主要原因，但不是唯一原因。如果没有这些新的金融工具，没有房利美、房地美、《社区再投资法》（Community Reinvestment Act）和住房所有权的税收优惠政策，房地产泡沫将变成影响整个经济体的一般性泡沫，而不是仅集中在房地产市场。

现在我们先看看经济增长的过程，然后将经济增长与奥地利学派视角下的商业周期进行对比。首先我们必须知道，真正的经济增长取决于储蓄的增加。当人们把更小一部分收入花在消费品上，然后把钱存起来时，他们就把更多的资源留在了经济体中以供他人使用。作为补偿，他们将获得更多的储蓄和利息收入，这样他们的未来消费额可以超过收入水平，他们甚至完全可以放弃工作。

企业家需要储蓄，无论是通过银行贷款、出售股票或债券来获得积蓄，还是通过公司留存收益来获得积蓄，他们都需要钱来购买资本财货、雇用劳动力并支付其他费用。公司可以利用节省下来的资金来维护资本，对抗折旧，并将其投资于因技术优势而拥有更多获利机会的新资本财货。这将使生产结构更加迂回、高效和多产。更多的储蓄能够让企业家维持费用支付，比如在消费者为最终产品支付货款之前，企业能够为更多的员工发放工资，以及储备更多的库存。换句话说，从原材料的获得到消费品的最终组装和销售，这个过程所涉及的所有资源租借和使用都会花费资金。因此，更多的储蓄能产生更强的生产力和更高的产量。

现在我们将经济增长与商业周期进行对比。中央银行的货币政策不仅没有让人们对储蓄和未来消费产生更强烈的偏好，反而降低了利率，增加了大量可贷资金。当利率水平较低时，一方面，人们会减少储蓄，增加消费；另一方面，投资活动会增加，特别是对更加迂回的长期生产技术的投资。当然，这些投资的最终目的也是满足消费者的需求。

储蓄的减少，即消费和债务的增加，不仅让消费者变得不那么富有，还使他们处于更不稳定的经济地位。投资于更迂回的生产过程也会让企业家身处危险之中。例如，两位企业家原本设立了两家工厂以生产新型电脑芯片，现在这两位企业家凭借人为降低的利率获得了资金，投资设立了四家芯片厂。两位企业家都为自己的工厂开设考虑了各种问题，虽有差异但大致雷同，不外乎在何处选址，从哪里招聘最合适的建筑工人、工程师、科学家和普通员工，以及需要哪些合适的专用资本品，比如制造芯片的机器以及打扫车间的技术。因为消费需求的增加，现有的电脑芯片的销量比预期的好。受到低利率的支持，企业家获得了更多的资金，因而新研发的高端电脑芯片也将投入使用，两家公司的股价因此大幅上涨。随着各个行业对类似活动的复制，整个经济都会蓬勃发展。

现在我们把注意力转向供给和需求问题。企业家开始遇到一些不可预见的情况：由于在建工厂的数量是正常数量的两倍，最适合建造这些工厂的土地的价格便高于预期；同时，可获得的劳动力数量（首先是建筑工人，然后是工程师、科学家和普通员工）也低于预期，因此工资和福利比预想的要高；对高端电脑芯片制造设备和车间清洁技术的需求也远远高于预期，因此它们的价格也高于预期。又由于设立了四家而不是两家工厂，所以四个项目的总成本远远高于预期。尽管这些项目的某些组成部分可以通过提前订购来规避成本的增加，但也无济于事。

随着工厂投产，其他问题也出现了。整个行业的高端电脑芯片的供应量远远超过了企业家最初的预期，因此这类芯片的价格下降，低于项目启动时的预期。设立四家而不是两家工厂的结果是价格和收入都低于预期。当然，企业家可以提前预售新型芯片，但这种对冲机制只能提供短暂的保护。

对高端电脑芯片的整体需求也可能受到人为低利率的不利影响。回想一下，人为降低的利率增加了消费，减少了储蓄，这意味着消费者当时正忙于购买上一代智能手机和其他芯片产品。等到高端电脑芯片问世后，他们的储蓄变得更少而其债务更多。如果你的目标消费群体中有一半的人现在只有100美元的存款，却拥有1万美元的信用卡债务，那么他们对新型芯片的需求必然会减少。这意味着可售出的芯片量会减少，价格会更低。中央银行确实可以人为地增加更多的货币，但它不能复印出真实的资源，只会造成更多的错误投资和更多的消费债务。如果一个经济体的产能普遍过剩，那么其结果极可能是价格通缩。而对于主流经济学家来说，价格通缩简直是一场噩梦。

如果利率由市场决定，那么芯片制造公司和企业家的贷款需求的增加通常会导致利率上升。而当利率由中央银行决定时，贷款供应几乎是完全弹性的。

你可以看看当今的经济繁荣时期，人为降低的利率对高阶资本财货的影响：不断刷新纪录的股票市场，普遍疲软的低阶资本财货和消费品需求。中央银行的官员们狂热地使用他们唯一的工具——印钞机，但这只会造成资产泡沫、不当投资以及消费者价格指数的相对疲软，这恰好符合奥派商业周期理论的预测。一旦中央银行放弃印钞，资产价格就会崩溃，不当投资将被揭露，而消费者价格指数将相对保持坚挺。

有些人可能想知道奥派经济学家对企业家的看法：那些能够想出用如此神奇的方法来改善经济以及生产结构的人，怎么可能一再被美联储愚弄呢？的确，奥派经济学家确实认为企业家是经济中的关键角色，但企业家并不是全知全能的，他们也会失败，也会受到竞争、盈亏机制和资金支持者的约束与控制。比如，卢卡斯·恩格哈特[①]就曾说明宽松的信贷环境如何让低质量的企业家获得在信贷紧缩的情况下无法获得的信贷。

简而言之，奥派商业周期理论一再警告，人为的低利率会造成不当投资、经济虚假繁荣或泡沫。一旦企业家的错误暴露出来，这就为经济衰退、破产或危机埋下祸患。尽管奥派商业周期理论预见并融合了主流经济学理论中至今仍争论不休的技术冲击和心理不稳定性等因素，但它仍然是一种经济学意义上的商业周期理论。它向我们揭示了中央银行最大的政策错误如何导致各种经济危机，如何让摩天大楼指数频频应验。

---

① Lucas Engelhardt, "Expansionary Monetary Policy and Decreasing Entrepreneurial Quality," *Quarterly Journal of Austrian Economics* 15 no.2 ( Summer 2012 ): 172-94.

# 第 4 章
# 如何获得牛奶

经济学家对技术进步的产生知之甚少。

——艾伦·格林斯潘

在结束讨论迂回生产结构的劣势和优势之前,我们可以看一个现成的具体案例,它能帮助我们更好地理解不当投资以及摩天大楼的诅咒。

让生产结构变得更加迂回会使产量增加,从而使单位生产成本降低,但这需要更漫长的时间、更烦琐的步骤和更细致的劳动分工,甚至还需要使用新技术。因此,除非企业家认为这样可以创造更多的利润,否则他们不会让生产结构变得更加迂回。

当然,企业家也会犯错误。他们唯一会犯的系统性错误就是相信人为低利率和宽松信贷政策,进而重新安排生产活动。当中央银行降低目标利率时,信贷环境将变得更宽松,这同时也意味着各家商业银行会降低贷款标准,以方便发放更多贷款。

相对于更迂回的生产结构而言,我们可以举一个直接生产的例子：一个农民去牲口棚挤完牛奶，然后回到家里，把牛奶喂给他的家人。

再举一个我童年时期的有关直接生产的例子。当然，它会比上面的例子更迂回一点。当时，我们住在一个小镇的边缘，我们的房子后面是田野和牲口棚。奶牛在吃完田野里的草后，就会回到牲口棚里产奶。之后，这些牛奶会被装进货车，运输到距离我家短短几英里的一家小型工厂。这是我家乡三家牛奶厂中的一家。在那里，工人加工和打包牛奶。第二天一早，一个穿白色套装的送奶工人就会来到我们家，将用玻璃瓶装好的牛奶放在后门的隔热奶箱里，并拿走我们放在那里的空瓶子。但我们如果想吃冰激凌圣代，就得赶在牛奶店的营业时间内去购买。

到我高中毕业的时候，这个生产系统改变了。小牛奶厂基本上被大牛奶厂取代，小型的四轮货车也被大型的十八轮油罐车取代。其中一辆十八轮货车把生牛奶从农场运到距离我们家30英里远的牛奶工厂，而另一辆十八轮冷藏卡车把一盒盒牛奶、冰激凌以及黄油运到超市。最后，我家乡的这三家小牛奶厂都倒闭了。它们被离家很远、规模更大的牛奶厂取代。牛奶不再被直接送到家里，我们需要去当地的超市购买。这也是一个比较新的现象。

乳品工厂系统是一个更加迂回的生产结构，需要花费更长的时间。在这种生产结构中，牛奶的往返路程超过60英里而不是过去的不到4英里。生产每单位牛奶需要更多的资本财货和更先进的技术，而耗用的劳动力则更少。由于牛奶的整体成本较低，加上大型乳制品批发商和超市之间的激烈竞争，乳制品价格也随之降低。

要想实现更迂回的生产结构,企业家需达到以下几点要求:首先,企业家必须具备远见,从各种可能的行动中发现最具获利机会的行动;其次,企业家要有较多的资本财货和领先的新技术。当然,对生产过程的重新安排需要花费大量的时间,如果你想从中获得利润,那么你耗费的时间可能会更多。

因此,企业家需要获得储蓄,他们只有凭借自己或别人的长期储蓄才能继续前进。一个经济体必须拥有足够的储蓄,才能实现更迂回的生产结构并享受它所带来的所有好处。所以,储蓄者必须具备较低的时间偏好,愿意推迟当前的一些消费,以便在未来获得利息收入。有了利息收入,他们也有能力在未来以较低的价格购买更多的商品,因为那时候的商品生产数量也在增加。整个过程是由利率、价格和盈亏机制来调节的。

这个过程有时被称为创造规模经济。需要注意的是,尽管这个例子中存在规模经济,但生产结构的一切都已经发生了改变,整个生产方式或生产技术都发生了变化,挤奶机、卡车和牛奶厂内的机器等所有资本财货都是不同的。更值得注意的是,乳制品行业的变化将引起其他行业的变化。比如,它会促进机械挤奶机行业的技术发展和投资。这一切都需要小心翼翼地同步运行,显然超出了中央计划的能力范围。这个过程是由利率驱动的。所以,让我们看看为什么利率会发出错误的信号,并导致经济衰退或者更严重的经济萧条吧。

# 第 5 章
# 坎蒂隆效应

新货币如何注入经济其实并无区别。

——《货币幻觉》(*The Money Illusion*)，
斯科特·萨姆纳（Scott Sumner）

在前几章中，我把经济增长和发展描述为一个过程。在这个过程中，不断降低的时间偏好会让储蓄得到积累。这些储蓄被投资于更迂回的生产结构，这反过来又提高了未来消费的可能性、劳动生产效率、工资以及收入水平。

在分析了储蓄增加所带来的影响之后，我们把注意力放在货币供给的增加上，这一点是非常重要的。几个世纪前，理查德·坎蒂隆[①]就已经揭露了重商主义"增加货币供给会促进经济繁荣"的错误观点。然而，现代主流经济学，包括货币主义、各

---

① Richard Cantillon, *Essai sur la Nature du Commerce en Général*, translated and edited by Henry Higgs（1755; London: Cass, 1931）, chap. 1.

种版本的凯恩斯主义以及当前非常流行的市场货币主义,竟完全接受了印钞是经济繁荣的必要条件这一观点。

事实上,在2008年金融危机前后,世界各大央行就开始了一项前所未有的货币扩张政策。各大央行的领导者都拥有高等"经济学"学位,他们的下属则大都获得了主流经济学博士学位。最终的结果竟然是引发了一场世界性的货币战争。在这场战争中,大部分国家都抱着以邻为壑的观念,通过增发货币来实现经济扩张。然而,这种思想早就受到了批判。

以邻为壑的政策包括增发货币以降低本国货币相对于外国货币的价值。降低本国货币的相对价值会降低本国出口产品的相对价格,所以本国就能增加出口量和国内生产总量,从而减少进口。问题是,这种政策既提高了进口产品的价格,又降低了生产效率。最终,这一政策不会奏效,人们的境况会变得更糟。

当货币供给增加时,什么会发生呢?理查德·坎蒂隆是最早研究该问题的学者之一。他在18世纪的密西西比泡沫和南海泡沫发生之后撰写了相关文章。穆雷·N. 罗斯巴德曾写道:

> 理查德·坎蒂隆是社会或经济思想史上最迷人的人物之一。他在《国富论》(*The Wealth of Nations*)出版的40多年前就写出了第一篇经济学论文,他是一名带点法式腔调的爱尔兰商人、银行家和冒险家。"现代经济学之父"的荣誉不应属于人们通常所

认为的亚当·斯密，而应该属于坎蒂隆。①

我在其他地方也写过以现代视角来看待坎蒂隆贡献的文章。②
在1734年被谋杀前不久，坎蒂隆刚完成《商业性质概论》（*Essay on the Nature of Commerce in General*）。但由于法国的审查制度，这本书直到1755年才万般曲折地在法国出版。这本书最初极具影响力，坎蒂隆以随笔的形式解释了密西西比泡沫和南海泡沫，并最终建立了一个完整的理论体系，也就是我们现在所说的"坎蒂隆效应"。

坎蒂隆调查了国内货币供给增加的几个可能原因，包括国外货币流入、新的金矿或银矿被发掘等。他的重要见解是，这些新货币所产生的具体影响取决于谁控制了这些新货币以及它们从什么地方注入经济体中。新货币会对经济产生破坏性影响，并可能导致我们现在所说的商业周期。

主流经济学家对"坎蒂隆效应"的讨论往往局限于货币供给增加所导致的财富再分配问题。③第一批获得新货币的人能够实质性地增加自己的财富，而那些没有获得新货币的人的财富实际

---

① Murray N. Rothbard, *Economic Thought before Adam Smith*: *An Austrian Perspective on the History of Economic Thought*（Brookfield, VT: Edward Elgar, 1995）, vol. 1, p. 345.

② Mark Thornton, "Richard Cantillon and the Origins of Economic Theory," *Journal of Economics and Humane Studies* 8, no. 1（March 1998）: 61–74.

③ Andreas Marquart, and Philipp Bagus, *Blind Robbery! How the Fed, Banks, and Government Steal Our Money*（Munich: FinanzBuch Verlag, 2016）.

上在减少。①路易斯·鲁阿奈提供了大量的经验证据，证明"坎蒂隆效应"如何改变收入分配方式。②然而，财富再分配只是坎蒂隆深入探究货币供给增加所带来的影响的第一步而已。

例如，如果增加的货币来自新开发的银矿，那么这些新货币将掌握在矿主和矿工自己的手中。坎蒂隆推测，这些现在变得富有的人会消费更多的肉和葡萄酒，而不是原来的面包和啤酒。这会提高肉和葡萄酒的价格，降低粮食的价格。因此，这些价格变化将促使农民增加用于养牛或种植葡萄的土地，而不是增加种粮食的土地。这就是经济的结构性变化。显然，矿主和矿工的境况变得更好了，而以卖面包和啤酒为生的人的境况变得更糟。坎蒂隆进一步推断，货币流动、价格以及以此为基础的生产结构的变化可能会发生逆转，从而导致各种企业破产。

主流经济学家不愿意承认这些发生在经济体中的真实变化只是货币供给增加所带来的第一轮效应。他们认为，货币供给增加不会对经济体产生实质性的重要影响。即使真的发生了一些细微的变化，这些变化也只会暂时对生产和收入分配结构产生无关紧要的影响。

新货币从什么地方注入经济体是十分重要的问题。坎蒂隆强调，如果新货币通过企业家之手进入经济体，那么利率将下降；

---

① Mark Thornton, "Cantillon on the Cause of the Business Cycle," *Quarterly Journal of Austrian Economics* 9, no. 3 ( Fall 2006 ): 45–60.

② Louis Rouanet, "Monetary Policy, Asset Price Inflation and Inequality." Master's Thesis, School of Public Affairs, Institut d'Etudes Politiques de Paris, 2017.

但如果新货币通过消费者之手进入经济体，那么利率会上升。如果企业家发现自己拥有的钱是以前的两倍，那么他们为了购买原材料和支付工人工资而进行的贷款活动便会减少，因此利率会降低。相反，如果新货币进入消费者的手中，使他们拥有的货币数量变为原来的两倍，那么他们会增加商品购买量。这将导致企业家借更多的钱，以满足增加的商品需求，从而产生更高的利率。这两种货币增加方式都会给价格带来上行推动力。在这两种情况下，最先得到新货币的那群人受益，而后来得到新货币或根本得不到的人则会因为价格变高而受损。

此外，坎蒂隆是第一个发展了价格-铸币流动机制（the price-specie-flow mechanism）理论的人。该理论表明，一个获得大量新货币的国家最终将出现价格大幅上涨现象。有些商品既可以在国内生产，也可以从其他国家进口。随着新货币导致国内价格上涨，人们对进口商品的需求增加，因此货币流入其他国家。坎蒂隆通过这种方式表明，受益于货币供应增加并不断扩张的国内产业最终会破产。因为面对低价的国外竞争，它们扩大的产能将不再有利可图。

"坎蒂隆效应"的一般形式是：如果一笔新增货币从某个地方注入经济体，那么第一批得到新货币的人将受益；接着，他们根据自己的喜好增加消费，从而导致这些特定商品的价格上涨；这些特定商品的卖家也能从中获益，而那些只能眼看着价格不断上涨的人则会受到损害；面对不断上涨的商品价格，企业家通过购买特定的资本品、原材料和劳动力来扩大自己的产能；随着经济体中的货币走向平衡，特定行业的资本品就会变得无利可图；如果无法及时将它们重新用于其他用途，这些企业家就会面临破产的危险。"坎蒂隆效应"更为广义的形式是：货币的变化会导致相对价格发生变化，这将改变生产计划和固定投资模式。正因为如此，新增加的货币能够改变实体经济，产生新的赢家和失败者。

  米塞斯和哈耶克吸收并扩展了坎蒂隆关于新货币注入经济体的分析，进而将其发展为奥派商业周期理论的基础。在现代主流经济学理论中，货币供给的增加通常被误以为只会使中央银行扩大银行储备或增加银行贷款量。而在奥派商业周期理论中，这将使利率低于自然利率，并引发资本品、公司股票和房地产价格的上涨，企业家开始投入特定的资本品。不久之后，这些企业家的活动会被证明是不当投资，进而引起企业破产，甚至引发经济危机。

# 第6章
# 摩天大楼诅咒中的坎蒂隆效应

货币让生活中许多美好的事物成为可能：我们拥有了相互贸易的能力，能够为了实现有益的目的而组建团队，能够进行储蓄和投资以实现经济增长和经济发展。如果没有某种形式的货币，先进的社会就不可能产生。然而，正如我们在前几章中所看到的，被主流经济学家视为必不可少的货币供应增加，实际上是经济生活中许多罪恶的根源。

货币供应增加会导致更高的商品价格，现代人把这个过程称为**通货膨胀**。通货膨胀意味着随着时间的推移，工人的工资购买力会不断下降。长期以来，经济史学家一直认为，通货膨胀是劳动者的敌人。黄金和白银等自由市场的货币通常会随着时间的推移而获得增值，这对依靠工资过活的劳动者来说是一件好事。它能鼓励人们劳动和储蓄，因为工资的购买力往往会随着时间的推移而增加。

货币供应增加会产生一种非自然的财富再分配。最先得到新货币的人变得更富有，因为他们在价格上涨之前就花掉了钱。而那些后来得到新货币或者根本得不到的人会因为不得不支付更高的价格而变得贫穷。如果新增加的货币来自美联储，那么最大的受益者便是美国政府以及服务于美国政府的武器制造商、大银行和华尔街。结果就是，自1971年美国完全脱离金本位制度以来，美国经济体中的金融部门出现了急剧增长。若以收入和财富为衡量标准，则美国的经济不平衡也在剧烈地扩大。金融服务业的财富已经从当时美国的4%增长到现在的8%以上。托马斯·皮凯蒂（Thomas Piketty）①的著名研究表明，美国及其他地区的收入和财富不平等在大幅加剧。然而，不平等的加剧基本出现在1970年和废除布雷顿森林体系下的金本位制度之后。在此之前的金本位制度时期，我们经历的是一个日益平等的时期。

最大的输家是那些在价格普遍上涨后才获得货币的人。他们包括私营部门的工人和以领取养老金或固定收入为生的人。换句话说，最大的输家就是劳动阶层。通货膨胀不仅伤害了储户和债券投资者，同时也伤害了纳税人。当一成不变的工资碰到飞涨的物价时，纳税人会发现自己进入更高的纳税等级。用得克萨斯州参议员菲尔·格拉姆（Phil Gramm）的话来说就是：拉马车的人受到了伤害，其损失越来越大；而坐马车的人受益，其收益越来越多。

最后，货币扩张引发了商业周期。这也是美联储增加货币供应所带来的最不为人知的一个影响。商业周期不是经济的自然波动，而是造成资源浪费、生活破灭的人为灾难。摩天大楼就是反

---

① Thomas Piketty, *Capital in the Twenty-First Century* (Cambridge, MA: Harvard University Press, 2014).

映商业周期的一面镜子。

货币供应增加与利率操纵直接相关。当美联储从银行购买政府债券时，它支付美元，而银行可以购买更多的政府债券，并且发放更多的抵押贷款、商业贷款和消费者贷款。这一过程不仅会人为地降低利率，还会使政府债券从美国财政部流动到大银行，再流动到美联储的资产负债表中。政府债券可以一直放在那里，直至到期。到那时，美联储可以购买更多的政府债券，但必须将这些债券的所有剩余利息收益返还给美国财政部，因此这一过程相当于完成了一笔无息贷款。此外，由于货币扩张会导致价格通胀、美元价值降低，这实际上降低了国债的价值，这一过程被称为**国债货币化**。这是一个复杂的过程，但你可以明白为什么那些受益者不愿意对它进行改革。对于政客、大银行以及受聘于美联储的高薪规划师来说，这是一场大型的非法盈利勾当。这个过程引起了利率波动，造成了坎蒂隆效应和商业周期。

我们在刷新纪录的摩天大楼上看到的坎蒂隆效应就是当前经济的症结所在。但我们不可能指着某些特定的项目或新技术说，这些就是美联储人为压低利率所引起的不当投资。请记住，是美联储而非摩天大楼本身引发了商业周期。

许多人认为，摩天大楼是一种艺术形式。但摩天大楼的建造，本质上是一项对激励和约束做出反应的活动。因此，即便相对价格出现微小的变化，这也会对摩天大楼的建设产生影响。在重新评估早期摩天大楼的艺术价值时，埃达·路易莎·赫克斯特

布尔[①]指出:

> 从本质上讲,早期的摩天大楼是一种经济现象。商业是推动创新的引擎,赞助人是投资银行家,提供灵感的是成本效益,大楼设计与商业公式紧密相连。相对于投资和实用性这些主要因素来说,风格是次要的……建造这些建筑物的人优先考虑的是经济、效率、规模和速度。

这并不是说早期的摩天大楼没有艺术价值,也不是说后来的建筑物没有在艺术上得到改善。事实恰恰相反。第一次世界大战后的摩天大楼在建设中还是继续强调利润和技术的。早期的摩天大楼借鉴了当时的技术,被认为是创新的引擎。到了现代,摩天大楼的设计仍在不断成长和发展,但对赫尔穆特·扬(Helmut Jahn)[②]来说,高建筑的结构必须同时符合技术和经济要求。而在赫克斯特布尔[③]看来,建筑学根本不是最重要的,除了过去少得可怜的几次例外,纽约的摩天大楼除了钱,什么都没有考虑。艺术、技术、政府法规,甚至建筑师的自我感觉,都是建造摩天大楼的因素。但从本质上讲,摩天大楼的建造是由经济力量与经济动机驱动的。因此,当人们问建筑师为什么建造这栋摩天大楼

---

① Ada Louisa Huxtable, *The Tall Building Artistically Reconsidered: The Search for a Skyscraper Style* ( Berkeley: University of California Press, 1992 ).
② 同上, p. 117。
③ 同上, p. 105。

时，建筑师肯定认为经济是最主要的因素。而在信贷扩张造就的经济繁荣中，建筑师的自我感觉等心理因素也滋生了。

在这种情况下，我们必须记住，土地价格、建材价格和利率的变化将对摩天大楼的建设产生重要影响。利率的变化会对摩天大楼产生三种不同的坎蒂隆效应。这三种效应都在不断增强，并在相互影响的过程中让经济体朝着更加迂回的生产结构前进。当人为地降低利率时，这三种效应都会驱使人们建造更高的建筑物。世界上最高的建筑物通常是在利率大幅低于自然利率的那段时间建造的。相反，当利率被提升至自然利率之上时，这三种效应会降低现有建筑物的价值并减少人们对高楼大厦的需求，人们甚至可能会完全停止施工。

第一种坎蒂隆效应是利率对土地价格的影响。造成这一结果的最明显的原因是，较低的利率降低了贷款购买土地以修建大楼的机会成本。因此，土地或房地产所有者的财富增加了。杰里米·阿塔克（Jeremy Atack）和罗伯特·A. 马戈（Robert A. Margo）通过研究19世纪纽约市的土地市场证实了这一关联。[1]他们的证据表明，在利率出现下降趋势的通货紧缩时期，土地价值趋于上升；但在通货膨胀时期，由于通货膨胀溢价，利率总体趋于上升，因此土地价值不会上升得这么快。保罗·科维克[2]证

---

[1] Jeremy Atack, and Robert A. Margo, "'Location, Location, Location!' The Market for Vacant Urban Land: New York 1835-1900." NBER Historical Paper 91, National Bureau of Economic Research (Cambridge, MA, August, 1996).

[2] Paul Cwik, "Austrian Business Cycle Theory: Corporate Finance Point of View," *Quarterly Journal of Austrian Economics* 11, no. 1 (2008): 60-68.

明了利率对运营资本和长期固定资本的净现值有影响。有时你会在无意中发现，当利率被人为压低时，路边或高速公路上会出现更多"土地待售"的标志，这是因为此时的土地价格一般都比较高。

由于利率被企业家视为贴现率的指标，较低的利率往往也会增加土地的价值。企业家会在很长一段时间内观察投资所产生的预期收入，并根据利息支付情况来估计投资项目的净现值。第一年的收入不会打很多折扣，因为企业家只需要支付一年的利息费用就可以了。但相同的收入在25年后需要考虑25年的利息费用，其净现值可能一文不值。投资项目收入的净现值必须超过根据风险进行调整后的成本。高利率导致收入被大量贴现，而低利率导致贴现减少，从而使得长期项目看起来相对更有利可图。

假设有一个投资项目，预计在10年内每年得到超过运营成本100万美元的收入。在经营的第10年，如果贴现率是4%，那么这100万美元的净现值约为67.6万美元。然而，如果贴现率是8%，那么其净现值只有约46.3万美元。

由此我们可以看到，较低的利率降低了拥有土地的机会成本或总体价格，并提高了使用土地的收入的净现值，最终导致土地价值上升。将利率作为起因，利率的降低会增加人们对土地的需求，从而导致土地价格上涨。而低贴现率又会让人们更倾向于利用土地来投资长期项目，比如建造摩天大楼。

人们常说，房地产最重要的三件事是：位置！位置！还是位置！当利率下降时，相对于那些更直接的、处于短期生产中的土地而言，资本密集型且处于更加迂回的长期生产中的土地会出现更迅速的价格增长。随着土地价格的上涨，任何一块被占有的土地都有利可图，土地所带来的收益也必须提高。再加上较低的利率让资本成本下降，土地所有者将倾向于建造更加资本密集型的建筑物。渐渐地，土地的用途逐渐发生转变。

在中心商务区，土地的使用更集约化，这意味着建筑物会更高。因为土地价格很高，所以相对于低层建筑而言，高层建筑降低了大楼每层的成本。所以，人们有动力修建更高的建筑物，用更多的楼层数量和可租用空间来分摊土地成本。因此，土地价格上升会让建筑物变得更高。在我的家乡，人们拆除了很多一两层的低矮建筑，从而为高层建筑腾出位置。人为的低利率以及追求更高的投资收益催生了这些高楼。土地价格正是以这种方式让各种大楼变得越来越高。

第二种坎蒂隆效应是利率对公司规模的影响。较低的资本成本会鼓励企业家扩大规模并发挥规模经济的优势。这些因人为低利率而扩张的公司以牺牲非本行业的公司为代价，暂时获得了收益。为了迎合更大的规模和更迂回的生产结构，企业为自己的会计部门、管理部门、营销部门、人力资源部门以及产品开发部门建立中心办公室或总部机构，这就增加了人们对中心商务区办公空间的需求。这一需求反过来又助长了租金的上升，并激励人们在中心商务区建造更高的写字楼。

我们可以从企业并购浪潮的历史中看到企业通过改变规模和经营范围来对人为的低利率做出反应。当两家企业都认为它们可以从业务合并中获利时，企业合并就会发生。当一家企业认为它能够以更有利可图的方式来管理合并后的资产时，企业收购和接管就会发生。较低的利率降低了驱逐其他投资者、购买企业全部股份的资本成本。在低利率和宽松的信贷环境（经济繁荣时期）下，一连串并购行为频繁发生。但由于这些企业往往在破产时期作为一个联合公司开始经营，所以企业并购的成功率并不高。

吉米·A.萨拉维亚（Jimmy A. Saravia）[1]表示，过去经历的并购浪潮与奥派商业周期理论相契合。低利率不仅驱使企业进行合并与收购，并且和上文所举的高端电脑芯片行业的例子一样，奥派商业周期理论认为这些商业并购活动同时反映了"资源紧缺"的状况。罗伯特·B.埃克隆（Robert B. Ekelund）、乔治·福特（George Ford）和马克·桑顿[2]表明，如果企业合并被政府的"繁文缛节"推迟，那么最终的收购和合并往往是无利可图的，因为它们往往是在经济低迷时期完成的。桑顿[3]则进一步讨论了为什么如此多的并购行为最终被证明是错误的。

第三种坎蒂隆效应是利率对摩天大楼建造技术的影响。不断打破纪录的摩天大楼需要依靠创新和新技术才能赢利。过高的

---

[1] Jimmy A. Saravia, "Merger Waves and the Austrian Business Cycle Theory," *Quarterly Journal of Austrian Economics* 17, no. 2 ( Summer 2014 ): 179-196.

[2] Robert B. Ekelund, George Ford, and Mark Thornton, "The Measurement of Merger Delay in Regulated and Restructuring Industries," *Applied Economics Letters* 8, no. 8 ( 2001 ): 535-537.

[3] Mark Thornton, "Review of The Synergy Trap: How Companies Lose the Acquisition Game, by Mark L. Sirower," *Quarterly Journal of Austrian Economics* 2, no. 1 ( Spring 1999 ): 85-86.

建筑物会带来许多工程和经济问题，例如，建造一个足够坚固的地基，配置通风、供暖、制冷、照明、交通（电梯、楼梯和停车场）和通信等设备，排布电力、管道、消防和安全系统，同时还要考虑大楼的抗风性、结构完整性，甚至窗户的清洁。此外，高层建筑带来的就业密度增加也会引发一系列公共问题，比如交通拥堵和环境污染。金素库（Sukkoo Kim）[1]就曾论述摩天大楼的增加，尤其是摩天大楼建造技术的改进如何导致就业密度的增加。这时，高端科技公司会在现有技术手段的基础上获得收益。

除了让建筑物变得更高的技术，建筑物中的垂直梁、电缆、管道或轴承需要避开每一层的可租赁空间，建筑物的楼层越多，其对建筑物内的管道、通风设备和电梯等的需求量就越大。因此，设计师、建筑师和建筑承包商不能简单地增加每个系统的数量来应对需求。他们必须想出新的、更有效的系统来满足摩天大楼的高度要求。因此，人们迫切希望依靠技术创新来保证摩天大楼能够达到更高的高度，或者提高摩天大楼内部各个系统的供应能力。因此，每当建筑物的高度上升，投资商必须拿起绘图板，重新修改自己的产品以及生产过程。

M.阿里（M. Ali）和景善文（Kyoung Sun Moon）[2]分析了为

---

[1] Sukkoo Kim, "The Reconstruction of the American Urban Landscape in the Twentieth Century," NBER Working Paper 8857, National Bureau of Economic Research（Cambridge, MA, April 2002）.

[2] M. Ali, and Kyoung Sun Moon, "Structural Developments in Tall Building: Current Trends and Future Prospects," *Architectural Science Review* 50, no. 3（September 2007）: 205-223.

什么设计师和工程师希望在建筑系统方面做出创新。例如，一个面积为4平方米的电梯井所占的空间相当于一栋百层建筑物中10间设备齐全的套房的面积。按标准速度计算，并考虑电梯在各个楼层停留的时间，电梯从一楼到达哈利法塔顶层大约需要10分钟。根据尼克·埃姆斯（Nick Ames）[①]的调查，一栋400米高的大楼所使用的传统钢缆达20多吨，而通力集团（KONE Corporation）的工程师发明了一种新的电梯缆绳，它的重量不到传统钢缆的7%。显然，20吨重的钢缆需要巨大的电力才能运行。因此，随着建筑物高度的上升，建筑商必须提高技术水平以节约建筑物内部各个系统的占地面积。

这种技术效应的另一个例子是摩天大楼的供暖和制冷系统。不断刷新纪录的摩天大楼需要有强大的供暖和制冷能力。传统上，冷热空气或水必须长距离输送，这不仅效率低下，而且需要大量空间来安装所有的管道系统。之后出现了一种叫作可变制冷剂流动分区和无分流管道的系统。它不需要大量空气或水在整个建筑中运输，而只让氟利昂等制冷剂移动到每个区域。此外，它不再依靠笨重的管道，而是利用安装在每层楼之间的小铜管进行运输。每个区域可以有自己的温度，制冷剂不再只有开和关两种选择，它的流量能够根据需要进行改变。设备的总量越少，维护起来越容易。据说这种新技术使能源使用效率提高了25%。这无

---

① Nick Ames, "Elevator Installation Prep Begins at Kingdom Tower," Construction Week-Online.com, May 10, 2015.

疑是一项伟大的发明,但如果不是巨型摩天大楼的需要,那么它不会这么早出现。换句话说,由于建造摩天大楼所需要的东西很多,大量的资源被用于获取微小的效率收益。当下一次经济危机到来时,人们对这些先进技术的需求可能会急剧下降。因为到那时,可能没有人想建造这样的摩天大楼。

大楼的修建系统也必须重新改良,这样才能让摩天大楼的高度刷新纪录。例如,建造更高的建筑物需要创新混凝土泵送技术,这样才能把混凝土运送到高空。起重机和在建筑工地来回进出的工人也需要得到改进。同样地,在随后的经济危机中,这些系统和所有支持它们的资本组合要么被闲置,要么使用频率极低。

由低利率导致的这三种坎蒂隆效应是相互关联的。它们已被建筑师、银行家、承包商、设计师、工程师、企业家、政府监管机构(通常充当承租人)以及金融专家(如债券交易商)等参与大型写字楼建设的人普遍承认。

较高的利率通常会阻碍高楼大厦的建设。由于资本稀缺,人们对土地的需求不高,从而土地价格也变得很低。因为人们对办公空间和公寓的需求降低,所以较高的利率也给现有的建筑所有者带来了财务困难。从事建筑行业的公司及其供应商面临着业务需求量的减少,这对那些专门从事超高建筑生产的公司以及专业建筑系统和超高层建筑系统供应商的影响更大。

换句话说,因人为的低利率诱导而产生的技术和工业生产能力会面临严重的需求下跌状况,大多处于闲置状态。由于租户太少，租赁费率低于预期，这些建筑本身很可能存在产能过剩的问题。

利率在一定程度上使建筑行业变成了一个投机性行业。建筑商在建造房屋时，面临着是否能够以有利可图的价格找到买家的风险。开发商建造写字楼也是投机行为。与许多企业总部不同，写字楼是依赖不确定的租金收入的投资项目。赢家和输家之间的区别与其说是贪婪的问题，不如说是时间和计算的问题。摩天大楼专家卡罗尔·威利斯解释了正常时期和繁荣时期的区别：

> 在正常情况下，当土地、材料和建筑成本可预测时，开发商会使用经过充分测试的公式来估算项目的经济效益。这些估算依靠的是净收入的资本化，开发商会考虑三四十年的净收入……传统的市场公式和经济上限概念被业界广泛了解和遵循。大多数投机性建筑都没有风险，但开发商仍然在计算中反映市场需求变化。[1]

然而，这些有助于确保利润、避免损失的正常计算方法，在商业周期的繁荣阶段并不可靠。

在繁荣时期，人们会忽视土地价值的理性基础。"土地价值是什么"这个问题的答案变成了"只要有人愿意出钱，多少都可

---

[1] Carol Willis, *Form Follows Finance*: *Skyscrapers and Skylines in New York and Chicago*( New York: Princeton Architectural Press, 1995 ), p. 157.

以"。一些投机者根据新假设下的更高租金来估算土地价值，另一些人只是简单地计划通过房地产快速获利……但由于房地产行业的周期性，时机至关重要。项目所获得的租金或销售额等收益取决于它何时完成或何时进入市场。[①]

企业家总是在最不合适的时间建造世界最高的建筑物，他们能够成功地从剩余的租户池中挖走足够多的租户。社会面临的经济问题是，建造不该被投资的、未被充分利用的建筑物耗费了大量有价值的资源。帕特里克·H. 亨德肖特和爱德华·J. 凯恩（Edward J. Kane）[②]估计，20世纪80年代的商业建设热潮至少浪费了1 300亿美元。帝国大厦被戏称为"空国大厦"，因为它在第二次世界大战后的空置率很高。

然而，错的不是企业家的计算公式，而是整个20世纪以及之前周期性发生的系统性失灵，人们称它为商业周期。荷马·霍伊特（Homer Hoyt）[③]发现，建筑周期是一种"定序运动"，它从一个峰值到另一个峰值的平均持续时间为18年。据此，威利斯

---

[①] Carol Willis, *Form Follows Finance: Skyscrapers and Skylines in New York and Chicago* ( New York: Princeton Architectural Press, 1995 ), pp. 157–158.

[②] Patric H. Hendershott, and Edward J. Kane, "Causes and Consequences of the 1980s Commercial Construction Boom," *Journal of Applied Corporate Finance* 5, no. 1 ( Spring 1992 ): 68.

[③] Homer Hoyt, *One Hundred Years of Land Values in Chicago: The Relationship of the Growth of Chicago to the Rise in Its Land Values*, 1830–1933 ( Chicago: University of Chicago Press, 1933 ).

提出了与摩天大楼有关的核心问题：

事实上，有关商业周期的一个关键问题是，如果其模式是可预测的，那么人们为什么不能预见不可避免的经济萧条？我们或许可以通过更加仔细地观察投机活动的动态以及某一项摩天大楼项目的发展来解决这个问题。①

霍伊特认为，建筑周期太长了，因此人们忘记了上一个周期的教训，从而无法将其应用到下一个周期中。然而，建筑周期远比18年的平均水平不稳定和不可预测。加上当地经济状况和政府干预的影响，这些因素结合在一起，人们根本无法用简单的知识来判断商业周期是否存在以及商业周期的平均持续时间。事实上，经历上一个商业周期的人往往与经历下一个商业周期的人并不是同一批人。威利斯表示：

当一个通货膨胀市场崩溃后，人们很容易发现崩溃前的许多严重的错误判断。但20世纪20年代的基本经济指标似乎预示着经济的增长将不受阻碍。第一次世界大战后，人们对办公空间的需求增加，白领劳动力的数量增加，人均办公空间增加，这些都推动了建筑行业的发展。美国年度建设数据显示，美国每年都在

---

① Carol Willis, *Form Follows Finance: Skyscrapers and Skylines in New York and Chicago* ( New York: Princeton Architectural Press, 1995 ), p.159.

打破建筑纪录。①

威利斯正确地指出，宽松的融资环境是所有繁荣的基础，但这并没有解决问题。因为真正的经济增长也需要宽松的融资和低利率环境。企业家的问题在于，对利润的计算无法表明是低利率让项目成功（经济增长），还是利率上升使项目失败（商业周期）。此外，应该明确的是，奥派商业周期理论不根据规模来定义低利率和宽松的融资，而是基于它们与自然利率的关系。但是，在一个非自由的市场中，自然利率当然是不可计算的。

---

① Carol Willis, *Form Follows Finance: Skyscrapers and Skylines in New York and Chicago* ( New York: Princeton Architectural Press, 1995 ), p. 164.

# 第7章
# 下一个会是亚拉巴马州的奥本市吗

根据美国官方消息，截至2013年11月，纽约市赢得了拥有全美最高建筑的称号。总部位于芝加哥的高层建筑和城市住区委员会（Council of Tall Buildings and Urban Habitat）认为，世界贸易中心一号楼（One World Trade Center）上方的尖顶（约124米）可以计入建筑物总高度，至此，纽约和芝加哥之间关于最高建筑的激烈争论才得到解决。

于是，世界贸易中心一号楼成为当时美国最高的建筑。在宣传中，世界贸易中心一号楼不仅是一座大楼，还是对《独立宣言》（The Declaration of Independence）的致敬，也是缅怀"9·11"事件遇难者的纪念碑。我并不是要冒犯那些死去的人，但这个高度确实掺了水分。因为这座建筑可投入使用的高度只有约417米，剩下的122米都是不适合居住的门面装饰。

这个纪录虽然存疑，但仍然是对我们的一个警告。这种警告常常出现在经济危机之前，也就是说摩天大楼诅咒正悄悄逼近。

伦敦的碎片大厦（The Shard Building）于2009年破土动工，2012年竣工，并因此成为当时欧洲最高的建筑。这是欧洲爆发经济危机、"欧猪五国"（PIIGS，包括葡萄牙、意大利、爱尔兰、希腊和西班牙）出现财政危机以及欧元将面临长久而严重的挑战的明显信号。

不久，日本的东京晴空塔（Tokyo Skytree）完工，成为日本最高的建筑。2014年，中国凭借上海中心大厦创下了新的本国摩天大楼纪录。之后，中国又开始建造天空之城大厦。也许是忌惮摩天大楼的诅咒，该项目后来被搁置。

打破世界纪录的摩天大楼是经济危机爆发的信号，与刷新世界纪录的艺术品价格一样，它们都是经济过剩的迹象。例如，2013年，卢西恩·弗洛伊德（Lucian Freud）的一幅画在纽约佳士得拍卖行以1.42亿美元的价格拍出。但要搞清楚的是，此类过剩现象通常发生在由中央银行操纵的市场中。

这些都是与摩天大楼诅咒相关的壮观景象。当然，你也可以在美国的小镇上看到摩天大楼诅咒的迹象。例如，奥本大学和米塞斯研究院所在的亚拉巴马州奥本市并没有真正的摩天大楼。但是，这个位于亚拉巴马州东部的小城市已经建起了许多气势恢宏的建筑。

首先是豪华的学生公寓大楼，其次是高端餐厅和零售商铺。为了给更大的建筑腾出空间，人们拆除了两座学生公寓楼，市中心的许多老旧单层建筑也都被拆除了。

人们到底在想什么？他们难道没有意识到自己正处于有史以来最疲软的经济复苏之中，并且正在走向另一场衰退吗？奥本大学的人难道都没有意识到当前存在大量的学生债务，并且大学生就业市场很不景气吗？是贪婪的银行家和建筑公司肆意妄为吗？

是失控的建筑师和厨师长的问题吗？还是那些要求住豪华公寓，光顾高档餐厅，只吃本地蔬菜的娇生惯养的有钱大学生应该负责任呢？

急于建造更大、更高、更豪华的建筑实际上与这些群体没有什么关系，但这已经把这个城市弄得四分五裂了。一方面，许多人感到沮丧，因为这些建设项目把"平原上最可爱的村庄"变得面目全非。"让可爱的奥本市恢复原样"之类的标语随处可见。这说明许多人反对这场建设狂欢。

另一方面，建筑工人、水泥经销商、建筑供应公司和重型设备操作员肯定喜欢快节奏的业务量和需要加班的全职工作。当重型自卸卡车和水泥卡车载着货物穿过城镇时，他们开心极了。

这个问题实际上源于一座位于华盛顿特区第二十街和宪法大道西北处的不起眼的建筑，那里有联邦储备委员会（The Board of Governors of the Federal Reserve）。由该委员会委员、纽约联邦储备银行行长以及各个区域的联邦储备银行行长轮流选举产生的成员共同组成了联邦公开市场委员会（The Federal Open Market Committee），它负责规定银行同业拆借利率，也就是联邦基金利率。

当联邦公开市场委员会将联邦基金利率设定得很低时，整个经济中的利率就会出现下降趋势；当其提高联邦基金利率时，整个经济中的利率往往都会上升。在过去超过七年（2011—2018年）的时间里，该委员会一直将联邦基金利率控制在0.25%以下。这是一种史无前例的政策，这就是为什么你的储蓄利率和住房抵押贷款利率在过去几年都非常低。

当然，我们也能明白为什么人们对豪华建筑充满狂热。当美联储降低利率时，那些在房地产泡沫破灭后被不良抵押贷款吞噬的银行家和奢华公寓的建筑商是不会上钩的。但是最后，利率低得太过诱人，特别是新的银行家和建筑公司出现，人们实在难以抗拒这份诱惑。

低利率会产生许多影响，包括减少储蓄，增加支出，提高股票市场价格。因为低利率增加了公司的价值，降低了借贷成本，从而促使个人将资金从银行转移到股票市场，充分地进行股票投资。当低利率政策成功提高股价时，人们会进一步减少储蓄，花更多的钱购买奢侈品。同时，低利率也增加了借贷和投资活动。

如果你认为减少储蓄和增加奢侈品消费听起来既矛盾又危险，那么你的感觉是对的。

低利率也往往会提高地价，这在中央商务区尤为明显。反之，高利率会刺激土地和房地产所有者以更低的价格卖掉他们的资产。更高的土地价格使得土地开发项目更难产生利润，而解决方案就是建造更高、更密集的建筑物。一块价值100万美元的土地，你只要建一层楼就可以赢利，但如果这块土地价值200万美元，那么你可能要建三层楼才能赢利。与需要楼梯、电梯和更高的施工技术的三层建筑相比，一层建筑相对便宜。然而，这座三层建筑的可出租空间增加了2.5倍。

一味地生产和创造就更好吗？即使生产的是错误的东西也在所不惜？即便利率可以永远保持在低水平，我们的资源也无法摆脱被错误配置的现实。我们正在建设的项目不会像最初预计的那样有利可图，而产能过剩意味着长期项目也将无法获得利润。换句话说，它们的最终经济价值将小于其投资金额，个人也会更难偿还贷款，特别是在减少储蓄、增加借贷和奢侈品支出的情况下。

　　这种情况不会给任何人带来长远的好处。但显然，以我们目前的能力，联邦储备委员会这个源头并不能被彻底消除。

# 第8章
# 下一个摩天大楼诅咒何时到来

2014年,中国原本会出现摩天大楼诅咒的预警。人们为一座名为天空之城的高楼举行了奠基仪式。值得注意的是,这个项目不仅试图建造一座约838米高的打破世界纪录的摩天大楼,而且根据建筑公司预先制订的施工计划,天空之城的修建时间非常短。一开始,现场施工时间被推迟到2014年4月。后来,由于该项目可能会对附近的湿地环境造成影响,政府取消了该项目,从而阻止了一次拉响摩天大楼诅咒警报的可能。

欧洲、北美和中国等地纷纷修建摩天大楼,并且这些摩天大楼不断刷新高度纪录,这清楚地暗示了一场全球性的经济危机很可能爆发。这种模式跟以前的记录非常相似,比如1907年的经济恐慌、美国大萧条、20世纪70年代的滞胀经济、亚洲互联网泡沫以及房地产泡沫。除了这些根据摩天大楼所做出的预测,还有一个根本现象表明我们即将迎来全球经济危机(包括美国、欧洲、俄罗斯、巴西和日本在内的大多数重要经济体都面临着迫切的经济困难)。自房地产泡沫产生以来,各国央行一直参与着一场"旷古烁今"的全球货币战争。那么,当看到超高层建筑以惊人的速度拔地而起的时候,我们也就无须感到太过惊讶。

世界上充斥着房地产投机和摩天大楼狂热的地区不仅包括美国、英国，还包括中东。沙特阿拉伯的吉达市从2013年开始建造一座即将刷新世界纪录的摩天大楼——吉达王国塔。吉达王国塔的设计高度超过1 000米，可能比11个相连的足球场还高。按照设计，吉达王国塔将比哈利法塔高出约152米，但前者的可居住空间寥寥无几。如果事态如摩天大楼诅咒所预测的那样发展，那么在这座破纪录的摩天大楼举行完竣工仪式之后，危机的警报就会拉响。

　　有时，摩天大楼可以告诉我们世界经济泡沫的地理位置。上一次经济泡沫发生在石油资源丰富的中东，下一次经济泡沫也将发生在中东。两次泡沫都是在油价超过每桶100美元时开始的。

　　有趣的是，据《电视邮报》(Television Post)① 报道，吉达王国塔项目的所有者瓦利德王子（Alwaleed）最近出人意料地出售了许多新闻集团[News Corp.，新闻集团的股东之 和首席执行官为鲁珀特·默多克（Rupert Murdoch）]的股票，筹得将近2亿美元。据说，此举是对瓦利德王子的200亿美元资产组合进行全面审查以及调整整合的一部分。考虑到石油价格暴跌以及吉达王国塔高达12亿美元的建造天价，此举可能是一个明智的决定。

　　随着更多融资资金到位，下一个世界最高摩天大楼项目正在推进。预计耗资12亿美元，即将打破世界纪录的沙特阿拉伯吉

---

① *Television Post*, "Prince Alwaleed Sells 5.6% Stake in News Corp for $188 Million," March 2, 2015.

达王国塔项目已经筹到了一笔融资。媒体的报道显示，尽管对项目的可行性仍有许多担忧，但大楼的修建已经超过了75米（截至2018年），并且施工仍在不间断地进行（受新冠肺炎疫情影响，该项目已基本处于停工状态）。

吉达王国塔后来更名为吉达塔，其地面建设于2014年9月开始。但考虑到沙特阿拉伯不稳定的财政状况，这座预计高达1 000米的大厦能否持续获得融资仍存在相当大的疑问。

但吉达塔只是这场经济繁荣的最新表现而已。正如我在2015年2月所报道的：

> 人们正在以惊人的速度建造超高层建筑或摩天大楼。2014年，高度超过200米的建筑共有97座，创造了新的纪录。之前的纪录是2011年完成的81座建筑。现存的摩天大楼总数是935座，比2000年增长了350%。[1]

如果按计划完工，那么吉达塔将成为世界上最高的建筑。杰基·萨洛（Jackie Salo）在《国际商业时报》（*International Business Times*）上写道：

> 如果吉达塔能够达到3 280英尺的计划高度，届时它将超过

---

[1] Mark Thornton, "Where Is the Skyscraper Curse Today," *Mises Daily*, February 24, 2015.

高达2 716英尺的哈利法塔，成为世界上最高的摩天大楼……据报道，这座200层的吉达塔将是吉达市84亿美元建设项目的一部分。这座摩天大楼的建造将动用570万平方英尺的土地和8万吨钢材。[①]

换句话说，吉达塔有可能成为下一个破纪录的摩天大楼，而这只是一个更大规模项目的一部分。这意味着是时候发布新的摩天大楼预警了（自2016年1月1日起）。

我们必须记住，摩天大楼预警是一个指示工具，它表明即使目前的经济状况不错，但严重的经济危机会在不久的将来发生。此次预警的发布时间原本可以更早，因为一座破纪录的摩天大楼的奠基仪式（不是宣布建设项目的公告）标志着警报的拉响。所以，早在2011年8月我们就应该提出预警。但当时我们仍然存有很大的疑虑，不确定这项工程是否会按照计划完成。

摩天大楼预警表明经济存在潜在的危险，但这种危险并没有达到迫在眉睫的程度。对于吉达塔而言，下一个关键的日期是它打破原有的高度纪录的那天。由于施工的不确定性，目前很难对其进行估计。

所以，2018年以来的这波建筑热潮会不会给我们带来下一次泡沫破裂的预兆呢？摩天大楼指数并没有为我们提供预测时间

---

① Jackie Salo, "World's Tallest Skyscraper Is Saudi Arabia's Kingdom Tower? Jeddah Building Projected to Break Height Records," *International Business Times*, December 1, 2015.

的方法,所以我们只能猜测摩天大楼诅咒何时才会出现。在摩天大楼打破纪录时,经济繁荣近乎达到了顶峰,而这正是摩天大楼诅咒应该发出信号的时候。这个信号表明经济危机正在逼近。在大多数情况下,经济危机通常在刷新纪录的摩天大楼竣工并举行开幕典礼时出现。

很重要的一点是,摩天大楼本身不会造成经济危机。相反,摩天大楼只是在央行人为压低利率,并且让整个经济发生扭曲之际出现的一个非常值得关注的扭曲现象。我们将在下一章详细阐述这一点。

# 第9章
# 过错不在摩天大楼

破纪录的摩天大楼会引发经济危机的观点听起来非常荒谬,也非常可笑。这是因为摩天大楼的建设与摩天大楼诅咒之间根本就不存在因果关系。

但人为压低的利率会诱导人们建设破纪录的摩天大楼,并且引发经济危机。这中间确实存在因果关系。人为的低利率会引起经济的扭曲。长期维持极低的利率才是摩天大楼和经济危机出现的共同根源,而摩天大楼本身只是整体经济正在发生改变的一种可识别的表现而已。

与摩天大楼直接相关的扭曲,比如新型轻质电梯缆绳行业所发生的变化,也被称为坎蒂隆效应。为了生产有利可图的电缆,公司就必须抢占那些可能用于其他投资领域的资源,以设计全新的生产设备和生产工艺。此时,尽管公司可以利用现有的设施进行产品供给,但产品的营销肯定要从头开始。当经济危机来临时,所有资源的价值都变得很低。虽然经济中的所有领域并不会遭受相同的创伤,但它们和电梯缆绳公司一样遇到了麻烦。

由于受到人为低利率的诱惑,企业家对更迂回和更先进的生产技术进行投资,扭曲现象就在经济体中蔓延开了。但人们后来会发现这些投资行为是错误的。我们用英国经济学家莱昂内尔·罗宾斯（Lionel Robbins）[①]在描述20世纪30年代大萧条时所说的"群体性的企业家失误"（a cluster of entrepreneurial errors）来形容这种现象就再恰当不过了。

人们对摩天大楼指数的兴趣在很大程度上与它预测商业周期的能力有关。但在我看来，它的首要及最佳用途不是预测未来，而是描述人为低利率条件下所发生的真实的经济变化。这些变化和随后出现在经济危机中的困境存在关联。因此，它有助于我们理解商业周期。不幸的是，许多经济学家选择忽视商业周期，或者不相信造成商业周期的经济原因。我担心，如果不尽快纠正这种错误倾向，卡尔·马克思（Karl Marx）关于商业周期的看法可能就会被证明是正确的了。他认为，随着时间的推移，商业周期将会加剧，资本主义最终将走向灭亡。

接下来，我将回顾一篇2015年3月28日发表于《经济学人》[②]，标题为《巴别塔》（Towers of Babel）的社论。该文章评论的是罗格斯大学三位经济学家发表的一篇学术文章。不幸的是，当谈及摩天大楼时，《经济学人》的编辑对它的成因和影响表现出非常粗浅、错误的理解。他们在社论中并没有提及我的名字，但又确实引用了我在2005年发表的一篇文章，以此作为他们所认为的反面观点的依据。

这篇社论在开篇就指出，当下正处于建造摩天大楼的繁荣时

---

[①] Lionel Robbins, *The Great Depression*（London：Macmillan, 1934）.

[②] "Towers of Babel: Is There Such a Thing as the Skyscraper Curse?" March 28, 2015.

期,而这种繁荣现象往往是未来经济危机的不祥信号,这是摩天大楼诅咒。《经济学人》一直以来都在报道并赞同摩天大楼指数,但此刻他们又动摇了:

这种"建设热潮"真的是世界经济的不祥预兆吗?许多学者和专家(其中很多人的观点曾被《经济学人》引用)长期以来对该问题争论不休,但新的研究对此提出了质疑。①

然后,该社论试图解释摩天大楼指数的经济学原理,并提出更高的建筑意味着更多的潜在收入这一观点。然而,他们又正确地指出,建筑的边际成本会随着建筑高度的增加而增加。尽管他们在文中没有介绍利率的作用,但这一点倒是对我在2005年发表的那篇论文进行了很好的概括。随后他们提到了杰森·巴尔发表于2010年的一篇文章。②这似乎又为摩天大楼指数的真实性提供了一些支撑。

紧接着,他们转向另一篇论文《摩天大楼高度与商业周期:区分神话与现实》(Skyscraper Height and the Business Cycle: Separating Myth from Reality)③。该论文提出了两组证据。第一组

---

① "Towers of Babel: Is There Such a Thing as the Skyscraper Curse?" March 28, 2015.
② Jason Barr, "Skyscrapers and the Skyline: Manhattan, 1865–2004," *Real Estate Economics* 38, no. 3 (2010): 567–597.
③ Jason Barr, Bruce Mizrach, and Kusam Mundra, "Skyscraper Height and the Business Cycle: Separating Myth from Reality," *Applied Economics* 47, no. 2 (January 2015): 148–160.

证据研究了为什么最高的大楼总是建造于商业周期临近顶峰的时期，以及这种联系是否有助于预测GDP的变化。他们发现，从建设破纪录的摩天大楼的宣告日期到商业周期达到顶峰之间的时间跨度非常大，只有一半的摩天大楼的对外开放日期处于商业周期的下行阶段。换句话说，你不能通过世界最高建筑的宣告日期或完工日期来准确预测经济衰退或金融恐慌。

问题是，了解摩天大楼指数的人根本不会把宣告日期和完工日期当作一个稳定的预测工具。世贸中心于20世纪60年代初宣告开始建设，当时距离一号大楼的开放还有近10年的时间。此外，许多宣布破纪录的建筑根本就是纸上谈兵，或者完全不按计划行事。要确定泡沫的存在和未来的麻烦，最好还是看大楼的奠基仪式。摩天大楼的奠基仪式表明：建设计划已经得到批准，资金和许可证已经取得，土地已经购买得当，任何必要的测试已经开始或早已完成。

如果要发现问题，也就是摩天大楼诅咒的迹象，那么最好的时间点应该是该项目实际上已经打破原有的旧纪录，或者即将打破纪录的时刻。2007年夏天，当时经济状况看起来不错，哈利法塔打破了旧纪录，但它在两年半之后才完工并向公众开放。需要注意的是，这些日期都不是精准预测的标准或神奇之物，它们只是经验法则。然而，巴尔、米兹拉克和蒙德拉是对摩天大楼的宣告日期和完工日期进行的研究，最终夸大了实际存在的错误规模。此外，正如《经济学人》所指出的，该研究的样本量仅为14个，数量非常少。不过，我们也不应该忽视不断打破纪录的摩天大楼群的作用。

为了纠正样本量太小的问题，该研究转向了第二组数据，将样本量扩大到311个，其中包括四个国家每年完工的最高建筑。他们比较了摩天大楼（不限于破纪录的摩天大楼）的相关记录数据以及当地人均GDP的变化情况（而不是严重的经济危机）。结果发现，摩天大楼的建设和人均GDP的变化情况是协整的。两组时间序列数据的协整意味着它们通常具有相同的变化趋势，并能够被认为是相同原因导致的结果。例如，除了细微差别，国民收入和国民消费往往向同一方向移动。你可以把狗主人牵着绳遛狗这一场景想象成协整。狗可能走在主人前面，也可能走在主人后面，但二者遵循相同的基本路径。事实上，巴尔、米兹拉克和蒙德拉认为，摩天大楼的建设和人均GDP协整意味着两组数据将朝着相同的方向变化，也意味着建设摩天大楼不会导致商业周期，二者是由一些共同的因素导致的。

这些数据存在一个主要问题，摩天大楼指数并不是基于一般的摩天大楼，而是基于破纪录的摩天大楼。正如我们之前所提到的，由于技术要求和经济限制，建造两层或100层高的建筑物与建造200层高的建筑物是不一样的。另一个问题是，摩天大楼诅咒涉及的是一场经济危机，而不是普通的商业周期性波动。

让我们暂时忽略他们提供的证据所存在的根本缺陷。我们注意到，在巴尔等人的证据中，摩天大楼的建设和人均GDP是协整的，并出于相同的原因而共同发生波动，那么这个相同的原因就是摩天大楼指数预测的内容，即这两组统计数据受到人为低利率的影响而出现一致性的波动。摩天大楼指数告诉我们，人为的低利率制造了破纪录的（通常是成群的）摩天大楼和经济泡沫，并最终引发经济危机，也就是摩天大楼诅咒。换句话说，他们的证据不但没能起到反对摩天大楼指数的作用，反而都在支持它。

我被这篇社论震惊到了，于是我给《经济学人》的编辑写了一封信，试图澄清摩天大楼指数的含义和地位。以下是2015年3月30日的那封信：

尊敬的《经济学人》编辑：

感谢您［3月28日的《所谓的摩天大楼诅咒真实存在吗？》（Is there such a thing as a skyscraper curse?）一文］讨论我的研究，并引用我发表在《奥派经济学季刊》上的文章。我想指出的是，巴尔、布鲁斯·米兹拉克和库桑·蒙德拉的研究实际上支持了我的论点，即失调的利率会导致破纪录的摩天大楼和经济危机出现。摩天大楼的高度和GDP是协整的这一事实并不令人惊讶，实际上它支持了摩天大楼诅咒的说法。此外，我认为关于事件的时间节点，特别是使用"宣告时间"和"完工时间"并不准确，甚至使用奠基日期和破纪录日期等更相关的数据仍显得不精确。人们常说，百"言"不如一"图"。我认为你们所描绘的摩天大楼和经济危机的时间记录图，已经说明一切。

马克·桑顿博士

高级研究员（经济学家）

路德维希·冯·米塞斯研究院

奥本市，AL 36830（美国）

不幸的是，他们没有刊登我的信。三个多月后，他们又联系到我，解释说我的信被放错了地方。

在与卢卡斯·恩格哈特讨论后，我们决定回到他们最初的学术期刊文章，重新审视他们的发现。根据我们对该文章的重新审视，我们认为应该就这篇文章写一篇评论。学术评论曾是一种常见的做法，现在已经不常见了，但它仍然存在于包括《应用经济学》在内的许多经济学学术期刊上（巴尔、米兹拉克和蒙德拉的文章最初就是在《应用经济学》上发表的）。一开始，我们认为评论的标题应该是《摩天大楼高度和商业周期：区分数据与现实》（Skyscraper Height and the Business Cycle: Separating Data from Reality），但我们最终选择了传统的起标题的方法。我们的评论如下：

**对《摩天大楼高度与商业周期：区分神话与现实》一文的商榷**

在《应用经济学》近期的一篇论文中，杰森·巴尔、布鲁斯·米兹拉克和库桑·蒙德拉检验了"摩天大楼诅咒"［劳伦斯（1999）所认为的建造破纪录的摩天大楼和经济危机之间存在"可怕的相关性"]是否存在。①尽管桑顿（2005）早已证明破纪录的摩天大楼和经济危机之间的理论联系。然而，巴尔等人（2015）展示的证据让人们对摩天大楼诅咒的存在产生了怀疑。而《经济学人》则根据他们的证据宣称："我们不能通过查看世界最高建筑的宣告或完工日期来准确地预测经济衰退或金融恐慌。"

在此，我们重新审阅了巴尔等人（2015）的研究，并得出了一个完全不同的结论。这些证据并不能反驳摩天大楼诅咒。事实上，大多数更严格的证据都在支持摩天大楼诅咒。根据摩天大楼诅咒，经济产出和摩天大楼高度应该是协整的，而经济产出是摩天大楼高度的格兰杰原因。他们的证据不仅有力，而且广泛适用于破纪录的摩天大楼和百年难遇的经济危机。

巴尔等人（2015）使用格兰杰因果检验和协整检验来分析摩天大楼高度和经济产出之间的关系。他们使用每年完工的最高建筑物高度的时间序列数据，并使用美国、加拿大、中国的实际人均GDP衡量经济产出水平。他们的研究表明，摩天大楼高度和经济产出具有相同的变动趋势，存在协整关系；经济产出是摩天大楼高度的格兰杰原因，但摩天大楼高度不是经济产出的格兰杰原因。

事实上，格兰杰因果检验与协整检验的结果支持摩天大楼诅咒理论。没有人相信仅仅是建造一座破纪录的摩天大楼就会引发经济危机。破纪录的摩天大楼主要是在说明整体生产结构在微观

---

① Barr, Mizrach, and Mundra, "Skyscraper Height and the Business Cycle."

经济及技术上的变化。这些变化是对人为低利率的反应，它们发生在整个经济中。

桑顿（2005）清晰地描述了摩天大楼诅咒理论，即人为低利率导致破纪录的摩天大楼及不可持续的经济繁荣出现，并最终导致了经济危机。巴尔等人（2012）进行的几项研究表明，导致破纪录的摩天大楼出现的三个因素是建造者的竞争、社会地位及其自我意识。然而，与这些心理因素相比，人为低利率为刷新世界纪录的摩天大楼、商业周期、社会心理变化提供了一个经济解释。其解释范围更广，更具可信度。因此，格兰杰因果检验和协整检验的结果完全符合桑顿（2005）提出的模型的预期。

与他们的格兰杰因果检验和协整检验的结果相对比，巴尔等人（2015）在表1中使用的证据确实对摩天大楼诅咒的存在提出了强烈的质疑。他们使用的是破纪录的摩天大楼宣告建设的日期以及对外开放日期，并发现这些日期和商业周期之间没有什么关联。

然而，他们的证据存在许多问题。首先，除非存在特定的原因，否则这两个日期预计都不会与商业周期，特别是与重大的经济危机产生密切关联。他们确实发现，14个宣告日期中有10个处于经济扩张期间，1个处于经济顶峰时期。由于人们武断地使用"最贴近现实的美国经济峰值"（nearest US peak）一词，因此，另外3个宣告日期被放在了经济峰值日期之后。此外，使用美国国家经济研究局（NBER）所衡量的经济峰值与谷值日期并不能真正检验摩天大楼诅咒，因为摩天大楼诅咒仅仅针对重大的经济危机。

桑顿（2014）建议忽略摩天大楼的宣告日期，而应该将奠基日期视为"摩天大楼预警"，即当存在与经济泡沫相关的投资机会时，危险即将来临。此外，打破纪录的日期从某种意义上说，是一种"摩天大楼信号"，表明经济危险迫在眉睫。而开放日期可能是未来几个月或几年之后，此时往往已处于经济危机中。

巴尔等人（2015）还淡化了摩天大楼诅咒。他们指出："从宣布日期到经济顶峰之间的月份跨度巨大，从0到45个月不等。"然而，这种变化是他们使用宣布日期的结果。例如，世贸中心双子塔在1964年1月宣布建设，但奠基日期在1968年8月。他们还使用美国的商业周期来衡量吉隆坡石油双塔和台北101大厦的破纪录时间。这些破纪录的建筑物通常与1997—1998年的亚洲金融危机、1997—2001年的科技泡沫有联系，但这些事件与破纪录建筑物的宣布建设日期或开放日期没有什么关系。

他们的表1中还存在一些异常。伍尔沃斯大厦于1910年7月宣布建立，于1913年4月开放，但这时没有与其相关的经济危机发生。然而，美国经济在1913年第一季度确实达到了顶峰并开始收缩，此次收缩一直持续到1914年第四季度。这场收缩包括了1875—1918年第三严重的实际国民生产总值季度性下降，比1946—1983年的任何季度表现都要糟糕。然而，1913年联邦储备系统的建立和1914年第一次世界大战的爆发促进了美国对欧洲的出口，扭转了美国不断加深的经济衰退，并阻止了一个个历史标签（如"1913—1915年大萧条"）被创造出来。这两个外生因素妨碍了人们将伍尔沃斯大厦与摩天大楼诅咒联系在一起。

此外，表1还列出了普利策大厦（1890）和曼哈顿人寿保险大楼（1894）、芝加哥共济会教堂（1892）、芝加哥会堂大厦（1889），它们代表了美国历史上最大收缩期之前的一群破纪录的摩天大楼。最终，美国出现了最大的季度性国民生产总值的下降，紧随其后的是1893年的经济恐慌和持续6年、高达两位数的失业率。

在澄清这些之后，巴尔等人（2015）列出的14座建筑中有13座符合摩天大楼诅咒。公园街大楼于1896年宣布建设，于1899年对外开放，似乎不符合模型。但其与当时新的钢架建筑技术的出现保持同步。如果你考虑摩天大楼建筑潮和历史背景，那么你会发现即使历史的复杂性阻碍了准确的时间预测，但破纪录的摩天大楼确实与重大的经济危机有关联。摩天大楼诅咒确实增加了我们预测宏观经济风险的能力。我们同意巴尔等人（2015）和《经济学人》的观点，摩天大楼指数及其诅咒在预测宏观经济的正常潮起潮落方面没有什么价值。

几周后，我们非常惊讶地发现《应用经济学》拒绝刊登我们的这篇评论，并编发了两份审阅报告。但这两份报告都是在为巴尔、米兹拉克和蒙德拉的文章[①]做辩护，根本就没有直接提到我们的主要评论。我们注意到，在其中一份报告中，审阅人将自己视为巴尔、米兹拉克和蒙德拉这篇论文的作者之一，他写道：

---

[①] Barr, Mizrach, and Mundra, "Skyscraper Height and the Business Cycle."

"很难拒绝与你的论文相一致的评论。"然而，他还是设法克服了这种冲动，并拒绝了我们的评论文章。将一篇评论发给被讨论文章的作者，并与其商榷并不是破天荒第一例，但编辑在没有阅读文章和评论的情况下就使用否决权，这确实很奇怪。显然，编辑似乎并没有阅读就否决了我们的评论。

对于一家期刊来说，发表一篇有缺陷的论文并不尴尬，这种情况时有发生，这是学术研究的一部分。例如，新的计量经济学技术就对许多早期的实证论文提出了质疑。关于菲利普斯曲线的论文就有数百篇。毫无疑问，其中许多都是错误的，现在也都不再采用了。

在巴尔、米兹拉克和蒙德拉的案例中，他们的论文本身并没有错，甚至就连他们的二手资料都仍可利用。他们只是根据他们的证据得出了错误的结论。这段经历让我们彻底见识到了学术出版界的混乱！

后来，该评论被我们扩展为一篇附加了经验证据的论文，并被《奥派经济学季刊》发表。① 就摩天大楼指数而言，它还有其他重要的研究发展方向。我之后将介绍其中两个研究方向：一项研究着眼于州一级的摩天大楼诅咒；另一项研究则在市一级研究摩天大楼诅咒的微观经济学，并解释为什么房地产领域会有"最重要的是位置、位置、位置"这句古老的俗语。

---

① Elizabeth Boyle, Lucas Engelhardt, and Mark Thornton, "Is There Such a Thing As a Skyscraper Curse?" *Quarterly Journal of Austrian Economics* 19, no. 2 (Summer 2016): 149–168.

# 第 10 章
# 是去还是留

如果我去，会有麻烦；
如果我留，麻烦加倍。
所以请你告诉我，
我是去还是留？

——《是去还是留》(*Should I Stay or Should I Go*)，
碰撞乐队（The Clash）

住所的位置是很难选择并确定下来的，而影响决策的基本上都是经济因素。那么，这个决策过程是否与摩天大楼诅咒有关呢？经济学家卢卡斯·恩格哈特认为答案是肯定的，并就此写了一篇见解深刻的论文。

我在本书中反复强调，破纪录的摩天大楼以及摩天大楼诅咒只是经济在长期受到人为低利率的影响而发生变化时表现出来的症状。我们已经看到，长期人为低利率导致多地（比如亚拉巴马州的奥本市）涌现出破纪录的建筑物，并诱使建筑创新和先进建筑技术出现。

影响住所选择的因素有很多，而其中一个重要的因素是房子或公寓的费用占据了消费支出的最大份额。对于绝大多数人而言，房租或房贷是其每月预算中最大的一笔款项，一旦还清了住房贷款，其生活水平就可以显著提高。

另一个重要因素是，住所的确定是一个长期选择。如果你打算买套房子或公寓，这就会产生搬家费以及房地产经纪人的佣金和律师费等交易费用。尽管你可以通过承担其中的烦琐事项和未知风险来省下一部分费用，但有些费用始终是无法避免的，而且每次搬家都得付出这样的费用。

对成本的考虑也会影响有关公寓选择的决策。如果签订了租约，你就有义务在租期内支付租金。此外，无论是请搬家公司还是自己动手搬家，你都需要支付搬家费用。所以，人们通常会花大把时间和精力来搜集信息以做出决定，而不是草率地选择一间公寓。因此，当你问自己"我是去还是留"时，请记住：搬家存在一定成本。

人们在考虑搬家时还要参考一些具体因素，包括房价和月供、财产税和所得税等应纳税费、基础设施、当地学校的好坏、购物是否便利、犯罪率以及通勤时间等。另外，教堂的位置也会影响一些人的选择。当然，人们会对所有这些因素进行综合权衡。例如，如果当地学校很好，犯罪率低，有小孩的人就倾向于忍受更高的税收；如果房价和税收较低，当地设施和学校都不错，犯罪率低，有些人就愿意忍受更长的通勤时间。

卢卡斯·恩格哈特[①]为我们理解摩天大楼指数做出了贡献。他提供了一个更全面的理论解释,以说明为什么我们将看到土地价格出现不均衡的上涨,而不是出现普遍的、均衡的上涨。通过运用区位理论,恩格哈特解释了为什么我们应该关注特别高的摩天大楼,而不是一般的高楼大厦。换句话说,他并不反对低利率会提高土地价格和建筑物高度的观点,他的理论强调的是中心商务区的土地价格将上涨得更严重。

在三种坎蒂隆效应中,恩格哈特关注的是第一种效应,即人为的低利率会改变土地价格,从而导致更高建筑物的出现。在我发表于2005年的那篇论文[②]中,第一种效应中的高层建筑物的建设理由并不基于真正的经济学,而是基于房地产经济学。然而,我对第二种效应中土地价格的不均衡增长提供了一些理论支持,即低利率将导致公司规模扩大,进而导致人们对中心商务区写字楼的需求增加。

恩格哈特参考威廉·阿朗索(William Alonso)的竞租模型(bid-rent model)[③],构建了一个纯粹的住宅城市模型。在那里,所有的就业机会都在中心商务区。虽然这不现实,但这些假设是有一定道理的。在该模型中,每个家庭都将收入的一部分用于支付

---

[①] Lucas Engelhardt, "Why Skyscrapers? A Spatial Economic Approach." Unpublished manuscript, 2015.

[②] Mark Thornton, "Skyscrapers and Business Cycles," *Quarterly Journal of Austrian Economics* 8, no. 1(2005):51–74.

[③] William Alonzo, *Location and Land Use: Toward a General Theory of Land Rent* (Cambridge, MA: Harvard University Press, 1964).

房租和交通费，将时间的一部分用于通勤。距离中心商务区越远，你的通勤成本就越高，这就减少了你对租金的支付意愿。而距离中心商务区越近，你的通勤时间和开销则会随之减少，你对租金的支付意愿也就随之增加。

大多数人都很熟悉这种权衡：你是愿意住在工作地点附近并支付更高的租金，还是愿意住在郊区，忍受较高的通勤成本（包括费用和时间）呢？这是对住房成本和通勤成本的权衡。

如果通勤成本非常高，那么中心商务区附近的租金也将会非常高[**"深层权衡"**（steep trade-off）]；但如果通勤成本非常低（比如存在免费的、四通八达的高速列车），那么中心商务区附近的租金将与边缘地区的租金相似[**"浅层权衡"**（shallow trade-off）]。但是，究竟是什么决定了权衡的深浅程度呢？显然通勤服务的质量很重要，但控制通勤服务的质量需要耗费很高的成本。例如，达纳·鲁宾斯坦（Dana Rubinstein）[1]认为，政府的交通项目往往因为严重拖延和超出预算（有些项目的成本超过每英里20亿美元）而臭名昭著。恩格哈特选择关注工资率和利率，因为它们更普遍地适用于各个城市。

恩格哈特在他的文章中采用了穆雷·N. 罗斯巴德[2]的**边际收益产品折现**（the discounted marginal revenue product）的概念。

---

[1] Dana Rubinstein, "Where the Transit-Build Costs Are Unbelievable," *Politico*, March 31, 2015.

[2] Murray N. Rothbard, *Man, Economy, and State*（Auburn, AL: Mises Institute, 1962）.

一般来说，这与主流的**边际收益产品**（marginal revenue product）概念没有区别，但罗斯巴德的概念在主流概念的基础上添加了在讨论决策理论时考虑利率和时间偏好的时间贴现因素。

当利率很低时，人们损失的利息一般很少，所以他们不太关心什么时候能得到报酬。但如果利率很高，人们就会希望尽快收到工资。同样，按日领薪的人不关心利率，但按月领或按年领薪的人可能非常关心利率的变化。

至于摩天大楼诅咒，当利率被人为压低时，未来产品的贴现率就会下降，因此产品需求增加，从而增加了对劳动力的需求，提高了工资水平。例如，如果汽车经销商支付的仓储利息从10%下降到1%，那么经销商将希望拥有更大的库存，以获得最大的利润，而库存的增加在整个经济体中就表现为总产出、就业和工资水平的提高。

这些更高的工资会对住址选择产生什么影响呢？我认为，更高的工资将带来两种明显的影响：第一，更高的工资将导致家庭预算增加，以及支付房租和通勤成本的预算增加；第二，更高的工资将增加通勤时间的机会成本。例如，一名时薪500美元的律师如果考虑把每天60分钟的通勤时间改为120分钟，那么他每年将增加12.5万美元的机会成本！同样，如果该律师将每天的通勤时间从60分钟减少至0分钟（住在自己的办公室里），那么他的年收入可能会增加12.5万美元。

恩格哈特发现，尽管利率下降对于低工资群体和边缘地区土地的影响是模糊的，但这对高收入人群和最靠近中心商务区的土地有显著的影响。这意味着，人为的低利率诱使人们想要搬到离中心商务区更近的地方。反过来，增加土地价格会导致更高的建筑物被建造出来。因此，在人为的繁荣时期，我们很有可能看到中心商务区出现一些非常高的公寓大楼。

如果放宽模型范围，把办公大楼也纳入进来，那么该结论的解释力将会更强。因为企业希望尽量减少其员工、客户和原材料供应商的出行成本，它们会想让公司位于中心商务区，从而推动土地价格进一步上涨。恩格哈特的发现为摩天大楼指数和摩天大楼诅咒提供了额外的证据，他的研究强调人为利率如何在个人层面影响我们的生活。

# 第11章
# 野猪与狼獾

刺背野猪是野猪中体格强壮、动作敏捷且异常凶猛的一个种类。它的活动范围广,数量众多,作为杂食性动物,其适应性很强。狼獾是黄鼠狼中体型最大的一种,相当于一头小熊,这种速度快且肌肉发达的食肉动物以其力量和凶猛而闻名。但这些生物和摩天大楼诅咒有关吗?

它们之间确实不存在联系。但格雷格·卡扎由此获得灵感,并写出了一篇重要的文章。

在做有关摩天大楼诅咒的公开演讲时,我不可避免地会被问到,摩天大楼诅咒是否仅适用于国家或州,而不是全球范围。例如,打破国家纪录的摩天大楼是否会导致该国出现摩天大楼诅咒。我对这些问题的回答是肯定的,但只能提供一些案例和经验证据。

格雷格·卡扎[①]研究了美国州一级摩天大楼指数的证据。他选择阿肯色州和密歇根州作为研究区域。格雷格来自密歇根州,

---

① Greg Kaza, "Note: Wolverines, Razorbacks, and Skyscrapers," *Quarterly Journal of Austrian Economics* 13, no. 4 ( Winter 2010 ): 74–79.

在密歇根州沃尔什学院获得了国际金融硕士学位，自2001年起，担任阿肯色州政策基金会（Arkansas Policy Foundation）的执行董事。而阿肯色大学和密歇根大学的吉祥物分别是刺背野猪和狼獾。

格雷格使用了美国国家经济研究局关于美国经济扩张和收缩的估计数据，并将其与两个州最高建筑物的数据进行了比较。他发现摩天大楼指数在州一级层面也能得到证实。格雷格的研究显示：

> 20世纪初，密歇根州最高的摩天大楼是底特律市的迪梅大厦（Dime Building）和帕诺斯科特附属大厦（Penobscot Building Annex），它们在正处于经济衰退期的1913年完工。底特律市的嘉德大厦（Guardian Building）和帕诺斯科特大厦（Penobscot Building）完工于大萧条前夕的1928—1929年。如今，密歇根州的最高建筑物是位于文艺复兴中心的底特律万豪酒店（Detroit Marriott），它于1977年完成扩建。然而，它的最后一座塔楼完工于1981年7月至1982年11月的经济收缩期。①

因此，密歇根州的历史经验数据似乎证实了摩天大楼指数的可靠性，但也指出，密歇根州的底特律市是美国的汽车工业中心。相对于20世纪70年代经济体中的其他地区，它仍然是一股

---

① Greg Kaza, "Note: Wolverines, Razorbacks, and Skyscrapers," *Quarterly Journal of Austrian Economics* 13, no. 4 (Winter 2010), p. 76.

中坚力量,虽然它的这一地位将很快发生改变。

阿肯色州的情况与之类似。尽管随着总部设在阿肯色州本顿维尔市的沃尔玛逐渐崛起,但该州的主要经济力量仍然是农业。格雷格以相同的研究方法发现:

> 我们在阿肯色州也可以观察到类似的情况。小石城金字塔生活大厦(Little Rock's Pyramid Life Building, 1907)、联合生活大厦(Union Life Building, 1913)、多纳吉大厦2号楼(Donaghey Building 2, 1926)、塔楼(Tower Building, 1960)、美国银行大楼(Bank of America Building, 1970)和地区银行大楼(Region's Bank Building, 1975)都是在经济收缩期(根据美国国家经济研究局统计数据得到)附近完成的。唯一的例外是大都会塔楼[Metropolitan Tower, 原西蒙斯银行大楼(TCBY)],它于1986年完工,这一年恰逢经济扩张。[1]

也许大都会塔楼的建设时期恰逢美国经济进入扩张时期,但阿肯色州的经济情况并非如此。在大楼建造的同时,阿肯色州正进入一场严重的经济收缩时期。亨德森(Henderson)、格罗伊(Gloy)和伯列(Boehlje)的观点显示:

> 美国农业无法维持其20世纪70年代的经济繁荣。类似于20

---

[1] Greg Kaza, "Note: Wolverines, Razorbacks, and Skyscrapers," *Quarterly Journal of Austrian Economics* 13, no. 4 (Winter 2010): 76-77.

世纪20年代，美国的出口贸易在20世纪80年代同样几近崩溃。在1980年达到960亿美元的峰值后，美国的实际农产品出口额急剧下降。全球经济疲软、世界债务问题、美元强势汇率以及贸易壁垒（包括俄罗斯粮食禁运）等问题使美国的农产品出口贸易大幅削减［德拉本斯托特（Drabenstott, 1983）］。1986年，美国农产品出口额跌至470亿美元的最低点，仅为五年前的一半左右。①

因此，摩天大楼指数在阿肯色州和密歇根州的唯一一次失败，实际上可能是因为在州一级上使用了国家统计数据。

格雷格提出了另外两个重要的观点。第一，美国20个州的最高建筑物都是在经济萎缩（根据美国国家经济研究局统计数据得到）期间建成的。如果你研究其他30栋大楼，观察它们刷新纪录的日期（而非完工日期）是否都处于经济扩张时期，那么我想结果一定很有趣。第二，格雷格发现，根据美国国家经济研究局的统计数据，伍尔沃斯大厦开放于1913年4月，恰逢1913年1月至1914年12月持续23个月的美国经济收缩时期。然而，由于该经济收缩期的时间跨度较小，危害较轻，伍尔沃斯大厦无法像其他建筑物一样获得摩天大楼诅咒的绰号。

卢卡斯·恩格哈特②指出，关于摩天大楼诅咒的分析可以

---

① Jason Henderson, Brent Gloy, and Michael Boehlje, "Agriculture's Boom-Bust Cycles: Is This Time Different?" *Economic Review*（4th quart. 2001）: 88.
② Lucas Engelhardt, "Why Skyscrapers? A Spatial Economic Approach." Unpublished manuscript, 2015.

和劳动力市场以及区位理论的微观经济分析相结合。而格雷格<sup>①</sup>进一步表明,我们可以用摩天大楼诅咒进行最为基础的区位分析。

---

① Greg Kaza, "Note: Wolverines, Razorbacks, and Skyscrapers."

# 第12章
# 美联储的诅咒

这本书的第一部分讨论的是摩天大楼指数。摩天大楼指数是安德鲁·劳伦斯于1999年提出的。该指数记录了破纪录的摩天大楼的建造与严重的经济危机的爆发之间令人费解的联系,由此产生的危机也被称为"摩天大楼诅咒"。

摩天大楼诅咒指的是在摩天大楼打破纪录后,社会上将出现严重的经济危机。现在想来,诅咒真不是一个贴切的词语。诅咒的一种含义是表示恼怒或烦恼,比如牛皮癣或惹事的女儿,这往往因人而异。诅咒的另一种含义是遭受巫师等神秘人士或世俗宗教人士的折磨,其严重性要大得多。诅咒的第三种含义是一个人在抱怨某人或某事时使用的脏话。而本书第一部分的摩天大楼诅咒既不属于自身产生的愤怒,也与脏话的使用无关,它更不涉及神秘的事物或宗教人物。用现代的话来说,所谓的诅咒就是美联储那群世俗的家伙对经济造成的严重损害。

摩天大楼指数保持着一项令人瞩目的纪录,它准确显示了世界上破纪录的摩天大楼与重大经济危机的爆发之间存在的密切关联。本书第一部分的内容已经将摩天大楼指数的预测历史追溯至19世纪,延伸至1999年该指数创立之后的时期。我们也说明了在这段历史时期的伍尔沃斯大厦根本不是一个例外，而只是一个历史性的偶然。我们也可以看到，该指数可用于州或者市等较低的总量层级上的分析。

当然，你如果没有读过这一部分，就可能会怀疑该指数的可靠性。正如我多次强调的那样，我们并不强烈推荐将摩天大楼指数作为预测工具，就像运河不再是经济运输的核心部分一样。在未来的经济中，网络或者摩天大楼很容易失去它们的关键性地位。另一个出于谨慎考虑的理由是，战争或流行病等央行以外的其他因素也可以触发严重的经济危机。另外，由于不存在精确的预测机制，所以我们仍然不确定摩天大楼指数的准确性，或者至少对它的准确性存疑。

大多数有望成功的指标最终都会失败。那些看起来异想天开、没有基本依据的指标更是如此。还有一些指标对指导长期资本投资几乎没有作用。本书第一部分依靠经济学以及奥派商业周期理论为摩天大楼指数提供了理论基础。各国央行奉行的人为低利率货币政策扭曲了企业家的资本投资计划，这一货币政策既包括中央银行对利率的人为规定，也包括纽约联邦储备银行和大银行之间开展的公开市场操作。它最终会伤害普通民众，产生更多的债务和错误的投资行为。我们比较了由真实储蓄驱动的经济增长与发展的自然过程，以及由央行人为驱动的显著增长与发展所带来的灾难性后果。

大多数主流经济学家并没有关于商业周期的经济理论，他们将经济视为一台简单的机器。只要不存在技术或心理冲击，它就能在宏观层面上正常运转。而这些冲击是随机的、无法预知的，因此它们不能被预测或预防。而奥派商业周期理论考虑了技术与民众心理变化。此外，奥派商业周期理论认为这些变化确实会发生，并且我们可以判断在人为低利率的货币政策下，这些变化会发生在什么时间以及什么地点。

奥派商业周期理论利用生产结构和迂回生产等概念来理解经济的复杂性。奥派商业周期理论甚至可以帮助我们判断什么领域将经历最严重的经济危机。坎蒂隆效应的分析在此处也非常有用，因为正是经济的扭曲导致企业家对特定的资本财货进行不当的投资。我们可以发现，奥派经济学家在分析的过程中并不认同主流经济学家所惯用的分析伎俩。

现在我们将注意力转向奥派经济学家对经济危机的预测能力上，并将其与主流经济学家的预测能力进行比较。注意，他们的预测能力和摩天大楼无关。

## 第二部分
## 经济学家如何预测过去100年的每一次重大经济危机

# 第 13 章

# 谁预测了大萧条

人们通常认为奥派经济学家路德维希·冯·米塞斯预测了大萧条，但这种观点并不准确。他的确在1924年成功预测一家奥地利大银行会破产，并在1929年拒绝了另一家奥地利大银行的邀请——担任名声显赫的职位。这是因为米塞斯不想让自己与它的失败有任何联系。米塞斯曾表示将会出现严重的经济危机。但正如穆雷·N.罗斯巴德[①]所阐述的，大萧条之"大"是因为危机爆发之初的应对政策，它导致这次大萧条的程度如此之深，历时如此之长。奥派经济学家并没有用奥派商业周期理论来分析此次大萧条的长期性和严重性。

最重要的是，米塞斯于1928年针对美国和其他国家现有的货币政策，出版了一部完整的著作并进行理论批判。这部著作是《货币稳定与周期政策》(*Monetary Stabilization and Cyclical Policy*)。我们现在来介绍一下20世纪20年代后期与商业周期相关的对立观，最显著的对比来自米塞斯以及他的同行——美国经

---

[①] Murray N. Rothbard, *America's Great Depression*, 5th ed. (1963; Auburn, AL: Mises Institute, 2000).

济学家欧文·费雪。

20世纪20年代出现了第一次"新时代"。人们开始相信,这段时期的经济增长将会一直持续下去,从而带来永久的繁荣。第一次世界大战摧毁了发达国家,全球各国建立起中央银行,美国一跃成为世界领先的经济和军事大国。美国通过修订宪法,迎来了彻底的社会变革:妇女拥有了选举权,联邦政府开始征收收入税,全国实施禁酒令。同时,美国在1913年通过了《联邦储备法》,和其他发达国家一样,建立起中央银行体系。由于世界处于和平状态,美国也对部分税收进行了减免。因此,虽然发展并不稳定,但美国经济仍然在20世纪20年代表现出欣欣向荣的景象。[1]

这段时期,全球出现了前所未有的科技革命。人类第一次大规模生产飞机和汽车。在通信领域,电话和广播进入千家万户。人们发明了电影以及洗碗机、烤面包机和冰箱等家用电器。人力逐渐被取代,人们对汽油产品和电力的需求呈现爆炸式的增长。企业普遍采用流水线生产,因此它被视为产业进步的核心动力。

这一段经济快速增长和股市泡沫并存的时期常被称为"咆哮的20年代"。所以,人们在看到世界上最高的三座大楼都建在纽约市华尔街或者附近地区时并不会觉得奇怪。但是,你千万不要以为这是个近乎乌托邦的繁荣时期,毕竟美国因禁酒令的实施而

---

[1] Robert B. Ekelund, Jr., and Mark Thornton, "Schumpeterian Analysis, Supply-Side Economics, and Macroeconomic Policy in the 1920s," *Review of Social Economy* 44, no. 3 (December 1986): 221–37.

充斥着犯罪、腐败和暴力冲突。经济发展也伴随着明显的不平衡和不稳定,但这一切并不影响乐观主义者,他们仍然将这段时期称为"新时代"。

爱德华·安格里(Edward Angly)[1]从报纸和其他公共出版物上整理出各种记载,用来记录泡沫时期以及之后的一段历史时期,人们脑海中关于"新时代"的思想观念。其中最有代表性的例子当数赫伯特·胡佛(Herbert Hoover)接受共和党提名成为美国总统,并于1928年8月11日发表演说:

令人痛苦的失业问题已不复存在……如今的美国即将迎来前所未有的攻克贫困的胜利。贫民收容所将彻底消失。我们虽然还未实现这个目标。但只要继续推行前八年的政策,在上帝的庇佑下,我们必定能够看到贫困从这片土地上消失。如果没有实现消灭贫困,我们就必须让每个人都有一份工作。这就是我们经济政策的首要目的。[2]

胡佛总统相信20世纪20年代的经济繁荣得益于共和党的经济政策。这并不奇怪。但他未来的保就业政策是将经济危机恶化为大萧条的重要原因。

实业家们也看到了"新时代"的到来。1927年,美国国家

---

[1] Edward Angly, *Oh Yeah?* (New York: Viking Press, 1931).
[2] 同上,p. 9。

工业会议委员会（National Industrial Conference Board）主席马格纳斯·亚历山大（Magnus Alexander）这样说道："绝不可能再出现经济困境。"1928年元旦，皮尔斯-阿罗汽车公司（Pierce-Arrow Motor Car Company）总裁麦伦·福布斯（Myron Forbes）声称："我们目前的繁荣永远不会受到干扰。"同年11月，布什终端公司（Bush Terminal Company）总裁欧文·布什（Irving Bush）对外宣称："我们身处人类历史上的一个黄金时代，这个时代才刚刚开始，它会一直延续下去。"

1929年3月，伯利恒钢铁（Bethlehem Steel）董事长查尔斯·施瓦布（Charles Schwab）表示："我不认为有什么因素会对目前的状态产生威胁。"同年10月，他在美国钢铁协会（American Iron and Steel Institute）的演讲中再次提到："我与钢铁行业打了那么多年交道，从未见过这个行业能像今天这样拥有坚实的稳定性与充满希望的未来。"受"新时代"思维方式的影响，即使到了1931年10月，他仍将经济衰退归咎于大众心理："有价证券的过度抛售表明目前民众的目光过于短浅，情绪过于激动。"

各类金融期刊也同样沉浸在经济泡沫的美梦中。1929年10月26日，《华尔街日报》（*Wall Street Journal*）这样报道："就目前的情况来看，不可能出现任何可怕的状况。毕竟，还有比1923年的商业繁荣与强制停止股票交易更惊心动魄的事情吗？那些认为账面利润的减少会降低国家真实购买力的观点有些牵强附会。"四天后，专栏作家亚瑟·布里斯班（Arthur Brisbane）撰文说道："那些谈论国家危机的蠢货，请你们记清楚，这个国家的年收入是1 000亿美元。"同年11月，布里斯班再次评论："经济良好，物价便宜……这应该是不错的一年。"

不久之后，他又写文章鼓动读者："所有举足轻重的百万富翁都在计划着如何将繁荣持续下去……如果所有人都能像年轻母亲喋喋不休讲述自己的新生儿那样谈论这个国家的进步与未来，我们就不会再遇到任何衰退的威胁。"1930年元旦，他宣称经济危机已经不复存在："那阵刮过华尔街、吹走账面利润的'强风'已经离我们远去，虽然有许多人为之伤心，却没有人遭受实质性的损失。"一周后，他又写道："我敢说，失业率已经不会再上升了，更美好的前景正等着我们。"但经济状况仍在恶化，失业率还在攀升，布里斯班信誓旦旦的话语与现实越来越格格不入。1931年1月2日，他写道："有时候，如果事情变糟糕，那我们不妨想想，其实这些都不是要紧的问题。如果地球坠向太阳，那么它会像一片掉落在滚烫汤锅上的雪花一样瞬间融化。"

政治家们更是沉浸在"新时代"的思维方式中。美国财政部长安德鲁·梅隆（Andrew Mellon）在经济繁荣即将见顶时告诉美国民众："不要有任何的担心，经济繁荣的浪潮会持续下去。"当股市崩盘，失业率开始上升时，他在1930年的元旦再次宽慰美国民众：

我并不认为目前的状况中有任何的危险，或者引起任何的悲观情绪。在冬天，我们的确会面临一些不景气和失业现象，但它们也只是出现在每年的这段时间而已。一旦春天到来，所有的经济活动都会逐渐复苏，我们的国家在明年又会迎来稳定的发展。①

从1930年开始，共和党官员一直对外宣称："美国经济依旧良好，目前的状况令人满意，最糟糕的问题已经结束了。几个星期之后情况就会得到改善，到时候各个地方都会呈现出复苏的景象。"然而，到1930年年末，就连一些共和党官员都开始出现恐慌和困惑。1930年10月15日，共和党全国委员会主席希米恩·费斯（Simeon Fess）抱怨道：

也许，共和党的高层人士开始相信，一些人正联合起来，通过股市崩盘来使共和党在民众面前颜面扫地。每一次，只要政府官员对外宣称经济状况是积极乐观的，市场总会很快出现萧条。②

费斯的话敲起了警钟，增加了人们的猜疑。如果他的话是真的，那就表明即使是白宫的人，也会在过去一连串不正确的报道之后开始怀疑"市场"的真实情况。

欧文·费雪是当时最负盛名的美国经济学家。时至今日，主流经济学家仍将其视为经济学史上最伟大的经济学家之一。他激

---

① Edward Angly, *Oh Yeah*?（New York: Viking Press, 1931）, p. 23.
② 同上，p. 27.

情昂扬地支持赫伯特·胡佛，认为20世纪20年代经济大繁荣的一部分原因应当归功于他极力拥护的禁酒令。他认为最重要的原因是美联储采纳了他的理论，确保美元处于"科学的"稳定状态。由于美国严格禁酒、稳定美元，所以可想而知，当费雪目睹大萧条的来临时，他的内心是如何的诧异。1929年9月5日，也就是股市崩溃前夕，费雪再次向投资者表示，他并没有看到股市未来的问题。

股价也许会有一定的下降，但绝对没有到崩盘的地步。股票分红不断减少不是由股价下跌引起的，它也不会受到任何所谓股市崩盘的影响，因为我根本没看到会有什么崩盘。几年前，人们对普通股还很恐惧，总是怀疑普通股潜藏着巨大的风险。为什么呢？这主要是因为那时投资者的资金只够投资一只普通股。如今，投资者可以通过一家经营良好的投资信托公司，投资不同的股票组合，对它们进行全面而完善的管理。①

不幸的是，1929年10月，正当费雪继续兜售他的股市健康论，认为股价已经达到"永久的高峰"时，股市1/3的价值蒸发了。当时负责股票分散投资的投资信托公司类似于现在的互惠基金，它们鼓励民众进行股票投资，但很少精心维护他们的财产。费雪对投资信托公司的背书不过两年，它们的市场价值便下跌了

---

① Edward Angly, *Oh Yeah*? (New York: Viking Press, 1931), 37.

95%。此时，道琼斯指数跟历史最高值相比，下跌了90%。

面对现实，欧文·费雪于1932年在其著作《繁荣和萧条》（*Booms and Depressions*）中极富洞察力地描述了"新时代"。在探究股市崩溃的原因时，他发现大部分解释都有缺陷。在他看来，"新时代"的出现是因为技术的发展让企业的生产力提高，成本降低，利润增加，股票价格上升。

在这个时期，商品市场和股票市场逐渐分化。一方面，由于成本降低，商品价格逐渐下降；另一方面，由于利润增加，股票价格逐渐上升。总而言之，这是一个异乎寻常的时期。从这一点来看，这的确称得上是一个"新时代"。[1]

20世纪20年代的经济发展之所以能够成功影响费雪的判断，是因为通过物价指数测算的价格并没有上涨到能揭露通货膨胀的程度。费雪[2]注意到："有一个警示性的信号没有发挥作用——**物价水平并没有上升。**"他认为价格上涨本身会对经济过热产生约束，但是价格指数在理论上是有缺陷的。

第一次世界大战前后，它（批发商品价格指数）能对通货膨胀和通货紧缩做出及时响应，但它并没有在1923—1929年发

---

[1] Irving Fisher, *Booms and Depressions: Some First Principles*（New York: Adelphi Company, 1932), p. 75.

[2] 同上，p. 74。

挥这个作用。原因在于：一方面，经济发展本身的确存在通货膨胀；另一方面，科技进步降低了企业成本，所以许多生产者不需要通过提高商品价格来获得较高的利润。①

费雪差不多找到了"新时代"思维方式的问题所在。科技能够降低成本、增加利润，从而带来经济的高速增长。因此，各类经济指标无法像原本那样引起人们足够的重视和思考。换句话说，美联储人为地将利率维持在较低的水平，刺激企业对科技的投资，使投资远超正常水平，从而对物价产生了紧缩的效果。

虽然费雪的美元稳定政策很可能就是大萧条产生的原因，但费雪仍对美元稳定的理念或者经济的科学管理坚信不疑。尽管费雪费时费力地对经济萧条做出了详尽的分析与调查，但这仍然没有帮助他更好地预测经济形势：

在这本书出版之际（1932年9月），我们就能看到经济复苏的曙光。在过去两个月的时间里，股价翻了将近一番，商品产量也上涨了55%。最先恢复的是欧洲股市，欧洲买家也最先体会到犹如置身于美国市场是一种什么样的感觉。②

他认为，经济的"成功"复苏得益于美联储的扩张性财政

---

① Irving Fisher, *Booms and Depressions: Some First Principles* (New York: Adelphi Company, 1932), p. 75.
② 同上，p. 157。

政策。他称美联储的政策是"有目标的人为努力，而不单纯只是一些摇摆不定的应激反应"。[1]然而，费雪的预测并不准确。更可怕的是，大萧条才刚刚开始。被费雪视为复苏良剂的"人为努力"恰恰是让大萧条迟迟无法结束的毒素。他所蔑视的市场经济的"单纯的应激反应"反而能够通过清算各类资本和信贷来纠正经济过热中的错误。显然，费雪并不相信这一套。詹姆斯·格兰特[2]和托马斯·E.伍兹（Thomas E.Woods）[3]已经阐明，在1920年至1921年发生的短暂经济衰退期间，这种"单纯的应激反应"发挥了良好的作用。

人们能够预测或阻止这场大萧条吗？阻止市场在出现大萧条后"发挥自身的作用"是当代经济发展史的一个重要特征，并持续不断地塑造着大众的观念，左右着政府政策。不幸的是，很少有人真正认清股市泡沫的形成过程，理解股市泡沫的成因，并预测股市的崩溃以及之后的经济萧条。

在奥地利，经济学家米塞斯显然在问题形成的初期就意识到了它的严重性，因为他的理论准确把握了社会制度和人民认知的变化。世界经济脱离古典金本位制度，受各国中央银行控制，而央行人为降低利率的政策却被视为一件好事。早在1924年，米

---

[1] Irving Fisher, *Booms and Depressions: Some First Principles* (New York: Adelphi Company, 1932), p. 158.

[2] James Grant. 1996. *The Trouble with Prosperity: The Loss of Fear, the Rise of Speculation, and the Risk to American Savings* (New York: Random House).

[3] Thomas E. Woods, "Warren Harding and the Forgotten Depression of 1920," *Intercollegiate Review* (Fall 2009): 22–29.

塞斯就预测了奥地利大银行安斯塔特信用社（Credit Anstalt）的倒闭。1924年，在给自己的老师欧根·冯·庞巴维克的悼文中，米塞斯写道：

> 这个国家（奥地利）的人民都不应该忘记这位财政部长。虽然困难重重，但这位前奥地利财政部长（庞巴维克）仍毅然决然地平衡政府收支，以阻止即将到来的财政灾难。①

我们曾在本章的开头提到，1928年，米塞斯对欧文·费雪的货币政策提出了批评，其内容约有一本书的篇幅，书名为《货币稳定与周期政策》。在这部著作中，米塞斯认为费雪的美元稳定政策以及他对价格指数的依赖是其理论的致命弱点，并会引发经济危机。米塞斯总结道："因为价格指数的缺陷，这种计算必然会引起非常严重的错误。"②

米塞斯发现，费雪稳定购买力的尝试本身充斥着各种技术困难，根本不可能达到费雪的目的。米塞斯说："因为货币是一种

---

① Ludwig von Mises, "The Economist Eugen v. Böhm-Bawerk, on the Occasion of the Tenth Anniversary of His Death," translated Karl Friedrich Israel, *Quarterly Journal of Austrian Economics* 19, no. 2（Summer 2016）: 170. Originally published in *Neue Freie Presse*, Vienna, August 27, 1924.

② Ludwig von Mises, "Monetary Stabilization and Cyclical Policy [Geldwertstabilisierung und Konjunkturpolitik]," in *The Causes of the Economic Crisis: And Other Essays before and after the Great Depression*, edited by Percy L. Greaves（1928; Auburn, AL: Mises Institute, 2006）, p. 82.

延期支付手段,所以结论必定是,就长期合同而言,费雪的计划是没有用的,就短期而言,费雪的计划既没用又多余。"①接着,米塞斯论证了费雪的货币政策如何引起经济增长,而这种经济增长不可避免地将走向经济危机和停滞。他认为,费雪的计划之所以受到追捧,原因在于大众深受政治和错误认知的影响。

每一次经济危机都会带来令人不悦的结果,接着就会出现一次"经济繁荣",但这场"繁荣"最终会变成另一次萧条。包括御用经济学家、政治家、国家领导人、出版社和商界人士在内的所有有影响力的群体,都受这样一种思想观念的影响——我们不仅认可,还强烈要求进行信用扩张。②

其实,米塞斯在1923年就对相同的问题进行了阐述,但直到1928年才明确提及费雪和他的美元稳定计划。为了说明经济危机必然会出现,米塞斯明确指出了经济危机产生的原因,而其他大部分经济学家并没有能力做到这一点。

显然,经济危机早晚都会出现。而且,经济危机出现的最主要、最直接的原因是银行行为的改变。在提到银行的错误时,我

---

① Ludwig von Mises, "Monetary Stabilization and Cyclical Policy [Geldwertstabilisierung und Konjunkturpolitik]," in *The Causes of the Economic Crisis: And Other Essays before and after the Great Depression*, edited by Percy L. Greaves ( 1928; Auburn, AL: Mises Institute, 2006 ), p. 84.
② 同上, p. 128。

们必须指出银行在鼓励经济增长的过程中所犯的过错。它们的过错不是提高了利率，而是其提高利率的措施实行得太迟了。[1]

米塞斯表明，中央银行将利率维持在较低水平以获得经济繁荣的措施，只会让之后的经济危机变得更加严重。虽然这个观点遭到极大的反对，但米塞斯仍然在理论分析的最后提出了防止未来经济周期变动的药方：

要想阻止甚至彻底消除商业周期以及必然出现的经济危机，唯一的方法就是改变错误的观念：通过银行系统提供低息贷款根本不可能造就经济繁荣。[2]

马克·斯库森（Mark Skousen）[3]注意到，除了米塞斯，人们通常认为他的学生哈耶克也在1929年年初成功预测了（没有书面文献资料）美国经济的崩溃。20世纪20年代，和米塞斯同为维也纳大学学生的菲利克斯·索马莱（Felix Somary）多次提出可怕的警告。美国经济学家本杰明·安德森（Benjamin

---

[1] Ludwig von Mises, "Monetary Stabilization and Cyclical Policy [Geldwertstabilisierung und Konjunkturpolitik]," in *The Causes of the Economic Crisis: And Other Essays before and after the Great Depression*, edited by Percy L. Greaves（1928; Auburn, AL: Mises Institute, 2006）, p. 131.

[2] 同上, p. 153。

[3] Mark Skousen, *Economics on Trial: Lies, Myths, and Realities*（Homewood, IL: Business One Irvin, 1991）.

Anderson)也警告美联储的政策将会引起经济危机。但和索马莱一样,安德森的建议也被忽略了。与费雪及其受追捧的美元稳定政策相比,米塞斯及其追随者的商业周期理论显然更具解释力。

然而,受第二次世界大战的影响,奥派经济学家分散在世界各个地区。米塞斯来到纽约,哈耶克前往伦敦,其他人也选择进入不同的知名大学。虽然在和费雪的较量中,奥派经济学家成功预测了这场经济危机,但随着奥地利学派影响力的降低,凯恩斯学派迅速崛起并统领了经济学思潮。凯恩斯主义的发展在政治上又和法西斯主义、纳粹主义以及罗斯福新政牵连在一起。

幸运的是,在第二次世界大战之后,世界回到了布雷顿森林体系下的金本位制度,德国和日本也推行自由市场经济。世界很快从第二次世界大战以及第二次世界大战期间的法西斯经济政策中恢复过来,而这距离下一次经济大危机的爆发只剩下25年。

# 第14章
# "新经济学家"和20世纪70年代经济萧条

20世纪60年代，凯恩斯理论彻底统领经济学界，一大批所谓的新经济学家对政府机构趋之若鹜。可怕的结果是，经济学界受凯恩斯主义控制，一场经济萧条从20世纪70年代一直持续到20世纪80年代初。20世纪60年代，长时间的经济增长终于在纽约双子塔直冲曼哈顿天际的那一刻走向了末路。

如果从实际国民生产总值或失业率等统计数据来看，20世纪60年代的美国正经历着同20世纪20年代和90年代一样的经济繁荣，而20世纪50年代则是一个受经济停滞和轻微衰退困扰的时期。20世纪60年代，美国经济以轻快的速度向上增长，伴随着就业率与工资水平的稳步上升，美国有能力在此期间与苏联冷战，在越南发动战争，提出向贫困宣战的计划，同时还赢得了航天竞赛。唯一被注意到的负面消息是，到了20世纪60年代末，美国物价水平出现轻微的上涨。

根据学院派经济学家阿瑟·奥肯[①]的观点，美国在20世纪60

---

[①] Arthur Okun, *The Political Economy of Prosperity* (Washington, DC: Brookings Institution, 1970), p.57.

年代的经济增长得益于两个根本因素。第一个因素是一大批"新经济学家"受邀来到华盛顿，利用财政政策和货币政策微调经济，对经济运行进行科学的管理。这当然是凯恩斯主义经济学的那套逻辑。第二个因素是以计算机技术、消费性电子产品以及因宇宙探索而引起的技术革新等为代表的新兴科技被投入经济活动中。

1968—1969年，奥肯担任尼克松总统的经济顾问委员会（Council of Economics Advisors）主席。就在经济崩溃之前，奥肯还称赞目前的经济增长是"空前绝后的、毫无障碍的"。奥肯坚信，此次全新的经济繁荣已经和过去"彻底分离"。在他看来：

> 20世纪60年代，美国经济的突出特点是，经济繁荣呈现出持续性。美国近9年未出现经济衰退迹象，这表明美国经济已经和传统经济发展状况彻底分离了。[1]

奥肯表示美国不会再出现商业周期现象。随后他表示，研究商业周期是过去的行为，取而代之的将是一种"全新"的经济学研究方法。事实上，奥肯做了一个冒险的举动，他对那些固守传统经济学理论的经济学家进行了一番嘲讽，原因是这些经济学家认为商业周期是市场经济的固有特征。传统经济学家认为经济衰退是为了纠正之前的经济过热。奥肯嘲讽他们是伏尔泰笔下《赣

---

[1] Arthur Okun, *The Political Economy of Prosperity* (Washington, DC: Brookings Institution, 1970), p. 31.

第德》(Candide)中的潘格洛斯博士(Dr. Pangloss),充满盲目的乐观情绪:一切事情,即便是那些消极的事情,都会带来好的结果,我们拥有的是最美好的世界。我相信,奥肯嘲讽的是以米塞斯和哈耶克为代表的奥派经济学家。奥肯所说的"近代马基雅维利主义者"(latter-day Machiavellis)指的很可能是那些信奉政治商业周期理论的政治科学家。

以前,经济会定期出现衰退现象,人们认为衰退是不可避免的。当然,那些潘格洛斯博士认为经济衰退有助于经济的健康运行,能够纠正繁荣时期的经济过热,将生产和金融系统中的毒素清除出去,给经济发展重新注入活力。还有一帮近代马基雅维利主义者,他们在经济衰退出现的时候看到了巨大的政治意义。他们迸发出幻想,根据自己所处的是在野党还是执政党,建议或猜想能否对商业周期进行操控。既然它必定会出现,那就让它在总统在职期间出现,然后在总统竞选期间代之以活力四射的经济繁荣。[①]

奥肯自信满满地宣称,商业周期的消失是一个"绝佳的证据",这说明经济学的争端是可以被解决的。那么商业周期是如何消失的呢?奥肯认为,原因不在于采用了新理论或新政策工具,而在于自信地、科学地、严谨地使用现有的工具,对经济活动进行充分的科学管理。他所说的就是凯恩斯主义经济学:

---

[①] Arthur Okun, *The Political Economy of Prosperity* (Washington, DC: Brookings Institution, 1970), p. 32.

更严格地坚持运用经济政策工具能够消除商业周期，解决经济停滞问题。这套改良的经济政策并没有采用任何全新的理论。①

对于奥肯而言，罗斯福新政所采用的财政刺激政策很快就会得到凯恩斯理论的支持。②他对"第二次世界大战让我们脱离了大萧条"这样的谬论也深信不疑。在他看来，这两个事件足以证明反周期财政政策是非常成功的。他认为，限制政府规模以及平衡政府收支等老旧的"财政理念"完全是神话和迷信，经济学家只有抛弃过去的谬见，拥抱新的科学管理方法，才能彻底理解和消除商业周期。奥肯说："积极的经济管理策略是打开20世纪60年代经济扩张之门的钥匙。只要对管理策略进行微调，我们就能解决所有剩下的问题。"③

很不幸的是，在奥肯的新书《繁荣政治经济学》(*The Political Economy of Prosperity*)出版一个月后，下一次经济萧条便出现了。1970年年末，美国居民失业率从不到4%一下跃至6%，1973年降至5%，接着在1975年年中飙升至9%，达到了自大萧条以来最严重的地步。在接下来的20年间，美国居民失业率一直高于5%的自然失业率。在1982—1983年，美国居民失业

---

① Arthur Okun, *The Political Economy of Prosperity* (Washington, DC: Brookings Institution, 1970), p. 37.
② 同上。
③ 同上。

率更是高达两位数。

"新经济学家"的政策措施也导致了严重的物价膨胀。这从20世纪60年代的刺激性财政政策和货币政策中就能窥见一斑。在1946年年初至1966年年初的20年时间内，美国消费者物价指数增长了71.4%，20世纪60年代末再次增长20%。从实行政策最为激进的1965年到1980年年末，美国消费者物价指数增长了176.6%。由于"新经济学家"的政策，消费者经历着夸张的价格疯涨。

更重要的是，货币和银行体系出现了革命性的变化。1964年，美国财政部停止发行银币。在格雷欣法则下，美国人果然开始使用"掺了杂质"的只是外观上酷似银币的硬币。1968年，美国召回所有银币兑换凭证，代之以联邦储备券。1971年8月，尼克松实行"新经济政策"，关闭国际黄金窗口（国外中央银行可以通过该窗口将美元兑换为黄金）。至此，存在于1913年之前的金本位制度的最后一点残留也被清除殆尽。

20世纪60年代，美国印发了过多纸币，导致外国中央银行大量抛售美元，并希望将持有的美元兑换成黄金。虽然美国嘴上做出承诺，但尼克松还是实行全面的工资和价格管制，试图在他连任竞选之前阻止价格上涨。固定美元和黄金兑换比率的布雷顿森林体系不得不瓦解。因此，美元和黄金之间最后的联系彻底割裂，美国建立了一个完全的法币制度。

约翰·布鲁克斯（John Brooks）在《沸腾的岁月》（The Go-Go Years）中记录了美国20世纪60年代的经济泡沫以及随之而

来的经济萧条。"沸腾的60年代"指的是20世纪60年代异常繁荣的科技股市场。人们甚至认为可以直接购买"漂亮50"股票并永久持有，其中包括可口可乐（Coca-Cola）、美国国际商业机器公司（IBM）以及未来将陷入泥潭的柯达（Kodak）和宝丽来（Polaroid）。信托投资、互惠基金也被吹捧为能让普通人快速跻身富豪之列的捷径。当泡沫增加时，包括蔡志勇（Gerald Tsai）在内的许多投资专家利用富有侵略性的投资手段使自己的基金价值迅速提升，其他人则通过创办横跨不同行业和国家的大型企业集团赚得盆满钵满。

约翰·布鲁克斯[①]准确地描述了这个时期弥漫在股票市场中的欢愉气氛："随着互惠基金资产价值的上升，新的货币不断涌入，蔡志勇和其他投资专家似乎发明了一台印钞机。你不管拥有几百还是几千美元，都可以进行投资。"他甚至称蔡志勇为"新时代的第一位大牌明星"。但是，布鲁克斯并没有找到经济狂热的原因，很大程度上只是将其归因于人的贪婪与不理性。

华盛顿和华尔街的那群人毫无节制，更不用期待他们具备任何常识。答案似乎在于，美国深受商业伦理的影响，本身并没有道德上的或实用性的稳定机制。所以，一旦出现新的竞争者，美国人会立刻加入新的商业活动中。作为美国人，我们宁愿冒着风险赚取短期的快钱，也不愿意割舍掉一部分利润，维持长期的秩

---

① John Brooks, *The Go-Go Years: The Drama and Crashing Finale of Wall Street's Bullish 60s* ( New York: Allworth Press, 1973 ), pp. 137–39.

序与理智。①

在布鲁克斯看来,"人类可以从经验中吸取教训显然只是自欺欺人的幻觉"。人类的确能够从经验中获得收益,但作为一个群体,能否学习并将知识传递给未来一代人取决于我们是否有能力根据经验形成正确的理论。虽然布鲁克斯关于经验以及缺乏稳定机制的分析的确更偏向于奥派商业周期理论,但和许多人一样,布鲁克斯并没有意识到经济学在帮助形成正确的理论方面可以发挥作用。

不过,布鲁克斯还是有条理地真实记录下了20世纪20年代和60年代之间的相似性:都开创了"新时代",并且浸淫在新的经济思潮中;两个年代都出现了举足轻重的投资大亨,并最终走下神坛;两个年代都控诉政府的腐败与渎职,并推动立法变革;最关键的是,两个年代都出现了技术变革,而这也为狂热和欺骗提供了便利。根据华尔街的发展历史,布鲁克斯认为股市的崩溃远比道琼斯指数所呈现的表象更加惨烈。许多前十年尚且风光无限的股票在接下来的十年转变成垃圾股,但它们并没有被统计到道琼斯指数中。在未来数年时间内,这都会给投资者带来巨大的麻烦。

投资市场上有一个比道琼斯指数更能反映当时股市危机的指标。该指标由"大盘"中每一只股票的一股组成。相比1969年

---

① John Brooks, *The Go-Go Years: The Drama and Crashing Finale of Wall Street's Bullish 60s* (New York: Allworth Press, 1973), p. 187.

年初，在1970年5月，该指标的价值蒸发了近一半。计算机租赁公司、走在时代前列的电子公司以及有特许经营权的销售公司，曾经是1967年和1968年股票市场中的佼佼者，如今也从鼎盛走向衰败。它们的股价并不像道琼斯指数那样只下跌25%，而是下跌80%、90%甚至95%。人们似乎梦回1929年，又一次经历一场经济大萧条，承受所有经济上的苦痛与心理上的艰辛。未来几年的股票市场和经济形势将会一直陷在泥潭中。①

从道琼斯指数来看，1969—1971年，股市下跌了25%。等到布鲁克斯的书出版之后，也就是在1975年年中，股市又下跌了20%。然而，一般性的道琼斯指数只不过揭示了灾难的一部分。如果考虑物价上涨因素，那么这场股市崩溃其实具有更大的规模和更长的持续时间；如果考虑物价上涨因素或者根据"真实"购买力来计算道琼斯指数，那么相比顶峰时期，这段时间的股市价值蒸发了将近80%。虽然布鲁克斯展示了1929年和1969年经济大萧条的相似性，但他并没有就此声称将再次爆发大萧条。尽管20世纪70年代至80年代初的经济恐慌没有达到20世纪30年代大萧条的程度，但它已经算得上是一场经济萧条了。

在这十年（20世纪70年代至80年代），人们经历着经济衰退，目睹了金本位制度被抛弃和"滞胀"的产生，以及经济停滞与通货膨胀的同时出现。1980年，通过通货膨胀率和失业率相加得到的痛苦指数达到了历史最高值。一般而言，经济学家并不

---

① John Brooks, *The Go-Go Years: The Drama and Crashing Finale of Wall Street's Bullish 60s* ( New York: Allworth Press, 1973 ), p. 4.

认为20世纪70年代发生了经济萧条。但伴随着价格管制、石油短缺、水门事件以及越战失败,美国人最终还是经历了长达20年的经济恐慌和不确定性。还需要注意的是,此时的主流经济学家开始更改语言表述的方式,用听上去比较轻微的经济衰退、经济调整来代替原本的经济萧条、经济恐慌和经济危机。

从统计数据上看,20世纪70年代的美国经济已经由盛转衰。美国退出布雷顿森林体系,物价上涨,美元迅速贬值。美国失业率和不充分就业率不断上升,并在20世纪80年代初达到了第二次世界大战结束以来的最高水平。美国政府抛弃一贯坚持的收支平衡的传统,在这段时间内大规模举债,增加财政赤字。如图14-1所示,1971年前,美国个人储蓄率一直保持上涨的趋势。此后,美国个人储蓄率呈现水平波动,并最终向零储蓄率滑落。

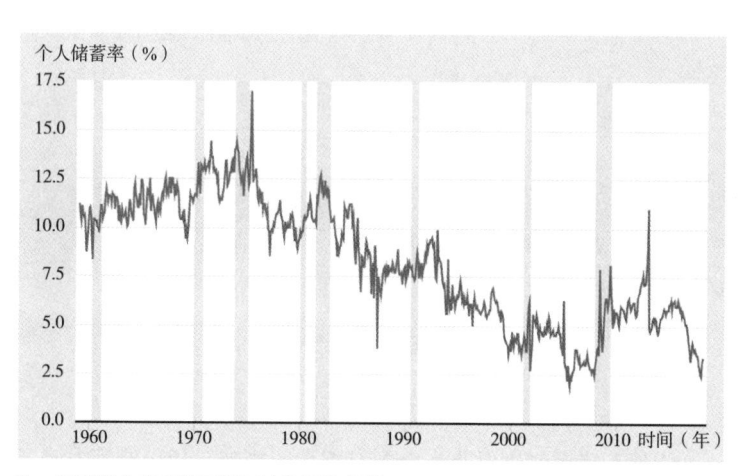

注:阴影部分表示美国经历过的经济衰退。
数据来源:美国经济分析局。

图14-1 美国个人储蓄率

如图14-2所示，20世纪70年代，贸易平衡首次被打破，美国的贸易逆差不断增加。此时，美国民众的储蓄降低，政府举债增加，新的贷款必然来自国外。回顾20世纪30年代，当时美国的商品和服务净出口额徘徊在0线附近。到了20世纪70年代，净出口额突破0线并持续走低。在截至2010年的前15年时间内，美国的平均贸易逆差超过5 000亿美元。法币的出现，不可避免地带来了不稳定性与经济腐蚀，破坏了过去的经济平衡。

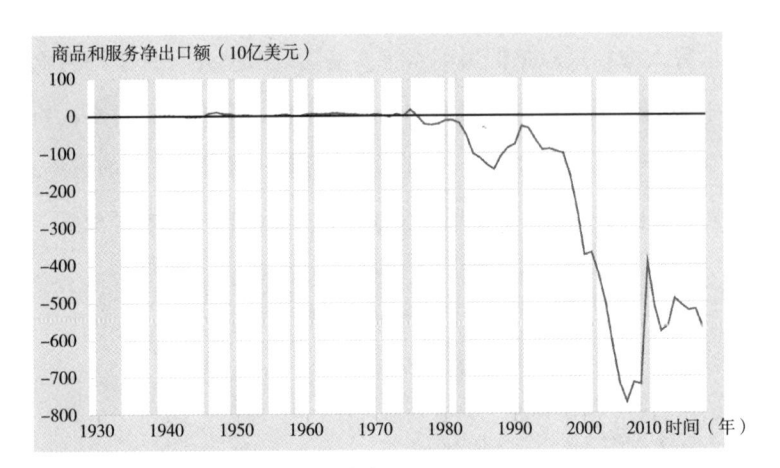

注：阴影部分表示美国经历过的经济衰退。
数据来源：美国经济分析局。

图14-2　美国的商品和服务净出口额

此外，货币制度对收入分配有很大的影响。货币制度本身是一个值得重视的话题，但它长期受到左翼和右翼政治家的忽视，甚至连托马斯·皮凯蒂[①]等主流经济学家在很大程度上都未曾对此有过特别的关注。但是，不同的货币制度的确会对人们的经济平等产生可预见的影响，这些影响也已经被历史证实。

在我们当前的货币制度下，货币体系受到美联储等中央银行的控制，我们被强制要求使用法币。这种制度会让银行家、金融家以及负债者等特定的群体获益。同样，因为这种货币体系本身具有产生通货膨胀的倾向，所以它还会伤及工薪阶层和储户。不难想象，这样的货币体系会损害中低阶层的民众，同时让金融行业以及上级阶层的群体腰缠万贯。

历史上，金本位制度可以让价格逐渐趋向稳定，甚至出现轻微的通货紧缩。这意味着随着时间的推移，工资、现金余额、储蓄以及债券等都会具有更强的购买力。金本位制度会奖励那些辛勤劳动、勤俭节约的个体，从而让中等收入阶层的经济规模不断扩大。

由皮尤研究中心（Pew Research Center）绘制的图直观地展示了金本位制度和法币制度所产生的不同影响。

如图14-3所示，从1917年到1971年尼克松退出布雷顿森林体系，美国的经济不平等情况有所缓解。上方颜色最浅的区域代表总收入在前1%的群体，其他颜色较深的区域代表其余99%的群体。当20世纪20年代出现通货膨胀时，经济不平等情况加剧；

---

[①] Thomas Piketty, *Capital in the Twenty-First Century* (Cambridge, MA: Harvard University Press, 2014).

当美国在第二次世界大战后恢复金本位制度时，相比前1%的群体，低收入阶层的状况迅速得到改善。这张图展现了20世纪40年代至70年代初美国经济如何保持稳定并在边际上得到改善。自从1971年取消金本位制度，美国的经济不平等情况也迅速加剧。

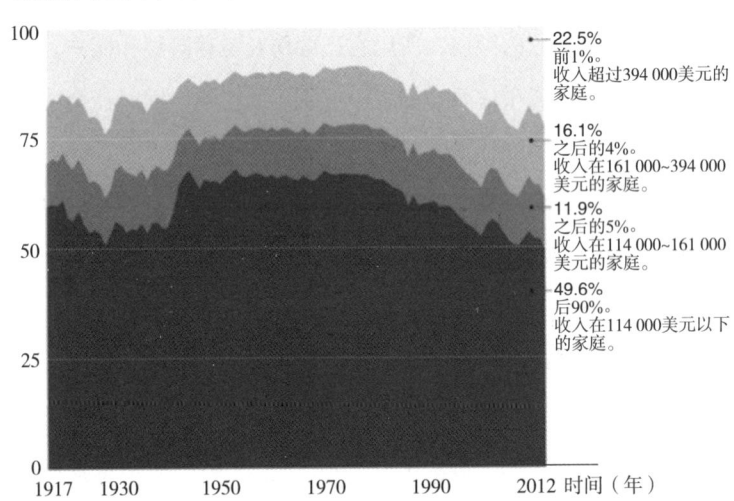

包括资本收益的年总收入分层占比（%）

- 22.5% 前1%。收入超过394 000美元的家庭。
- 16.1% 之后的4%。收入在161 000~394 000美元的家庭。
- 11.9% 之后的5%。收入在114 000~161 000美元的家庭。
- 49.6% 后90%。收入在114 000美元以下的家庭。

数据来源：《致富之路：美国顶级富人收入的演变》（*Striking it Richer: The Evolution of Top Incomes in the United States*），伊曼纽尔·塞斯（Emmanuel Saez），加州大学伯克利分校，2013年9月。

图14-3 美国的经济不平等情况

这一切并不源于美国人的懒惰。为了维持原本的生活质量，大批美国妇女进入工作岗位，双职工家庭纷纷出现。不幸的是，在20世纪60年代初至70年代末的20年时间里，政府雇员的规模也出现前所未有的扩张，这导致劳动力的增长只能得到非常少的价值产出。考虑到政府公职人员的行为还会损害有价值的产品与服务的生产，政府雇员的扩张甚至会对经济产生负效用。那群受政府雇用、为政权效力的"新经济学家"就是一个极好的例子。

# 第15章
# 奥地利学派的复兴

对于奥地利学派而言，20世纪60年代至70年代是一个非常危险的时期。当时的米塞斯已经非常年迈并从大学退休。1973年，92岁高龄的他与世长辞。而哈耶克也已经退休，并在萨尔斯堡大学安顿下来。哈耶克后来认为此举是个错误的选择。哈耶克关于商业周期和货币政策的研究已经停滞了数十年，那时他的研究兴趣已经转向了别的领域。1966年，72岁的亨利·黑兹利特（Henry Hazlitt）从《新闻周刊》（Newsweek）退休。年轻的穆雷·N. 罗斯巴德受到排挤和边缘化，几乎没有任何机构愿意赞助他。在整个世界范围内，你很难找到其他的奥派经济学家。而下一代的奥派经济学学者尚未从研究生院毕业，有些甚至还没到攻读硕士学位的年纪。

在1968—1970年这个关键的时期，89岁的米塞斯仍然坚持开办讲座。他在"通货膨胀的问题"（The Problems of Inflation，1968年4月3日）、"关于货币的讨论"（On Money，1969年4月3日）、"收支平衡"（The Balance of Payments，1969年5月1日）、"货币研讨会"（A Seminar on Money，1969年11月8日）以及"自由市场的社会"（The Free Market Society，1970年2月21日）

等讲座中讨论了增加货币供给会产生的各种问题。而在"货币问题"（Monetary Problems，1970年6月23日）讲座中，他讨论了为什么回归金本位制度对我们的经济发展和稳定具有重要意义以及布雷顿森林体系本身存在的问题。从上面所列举的讲座名称就可以发现，米塞斯晚年时期已经全身心地投入货币政策以及政策结果的研究中。他不遗余力地警告民众：危险的结果正在逼近。

黑兹利特也并没有"退休"。1966年秋天，黑兹利特离开《新闻周刊》后，又开始在《洛杉矶时报》（Los Angeles Times）上发表文章。1966年秋至1969年6月，黑兹利特在《洛杉矶时报》上发表了共计177篇文章。[①] 绝大部分文章都在讨论目前的货币和财政政策即将引发的危险。黑兹利特显然意识到布雷顿森林体系下的金本位制度是问题的核心，政府因此能够扩大财政支出，实行宽松的货币制度。例如，黑兹利特在1967年年初撰写了《失控的财政预算》（Budget Out of Control, 1967年2月12日）、《人民需要金本位》（People Want Gold，1967年2月22日）以及《即将来临的货币危机》（Currency Crisis Ahead，1967年3月29日）等文章。1968年，他又写下了《黄金储备的作用》（What a Gold Reserve Is For，1968年2月3日）、《最不可靠的财政预算》（The Most Irresponsible Budget，1968年2月11日）以及《美元危机》（The Dollar Crisis: A Way Out，1968年3月17日）。1969

---

① Jeffrey A. Tucker, *Henry Hazlitt: A Giant of Liberty* (Auburn, AL: Mises Institute, 1994).

年，黑兹利特撰写了《货币崩溃的来临》（The Coming Monetary Collapse，1969年3月23日）、《以纸代金》（Pretending That Paper Is Gold，1969年5月4日）以及《告别"新经济"》（Good-Bye to the "New Economics"，1969年6月8日）。显然，黑兹利特已经看到了布雷顿森林体系的致命缺陷：美国政府不断超支，在越战、对贫困宣战计划以及航天竞赛中进行大规模政府支出，然后依靠印刷美元还债。黑兹利特很早就预见布雷顿森林式的金本位制度迟早会终结。它也的确在1971年走向了崩溃。

20世纪60年代末，穆雷·N. 罗斯巴德也敏锐地注意到美国经济的真实状况。1969年，罗斯巴德发表了一份关于商业周期的小册子，名为《经济萧条：成因与对策》（Economic Depressions: Their Cause and Cure）。不久之后，美国历史上最长久的经济增长结束了，随之而来的是长达13年的经济停滞和萧条。这本小册子非常类似于米塞斯在1929年股市崩盘之前发表的著作《经济危机的成因》（The Causes of the Economic Crisis）。罗斯巴德继续撰写关于即将到来的经济危机的文章，同时介绍奥派商业周期理论的重要作用：

在经济问题上，尼克松总统受到保守主义者的过度吹捧。他们以为通过货币管制，就即将迎来自由市场，也将看到飞驰上升的通胀率会得到遏制。然而，这一切都没有实现。政府虽然不断宣传货币管制，但充其量也只是花了一半的精力去实行，也没有任何证据表明货币政策的有效性。虽然共和党嘲笑民主党"试图对经济运行进行微调,温和地降低通胀率以便不引起经济衰退",但他们现在所做的恰恰是民主党的那一套。如果限制主义者的手段足够强硬,能够遏制这场伴随着通货膨胀的经济过热,那他们的手段必然也会催生一次经济衰退。①

**罗斯巴德继续抨击尼克松的经济政策:**

不论是凯恩斯主义者还是米尔顿·弗里德曼之流,御用经济学家不可能理解伴随着通货膨胀的经济衰退。他们不具备任何理解目前经济状况的工具。他们总是头脑简单地看待商业周期,以为存在某些神秘的经济变化使商业周期不可避免地、毫无缘由地出现。不过,弗里德曼倒是认为,政府愚蠢的货币政策会加剧商业周期。②

和凯恩斯主义者以及弗里德曼的信徒不同的是,由于罗斯巴德在1958年多次参加其论文指导老师阿瑟·F.伯恩斯(Arthur F. Burns)③在哥伦比亚大学的讲座,所以他清楚地意识到当前的政

---

① Murray N. Rothbard, "Nixon's Decisions," *Libertarian Forum* 1, no. 8 ( July 15, 1969 ): 1.
② 同上, p. 4。
③ Doug French, "Arthur Burns: The Ph.D. Standard Begins and the End of Independence," in *The Fed at One Hundred: A Critical Review on the Federal Reserve System*, edited by David Howden and Joseph T. Salerno ( Heidelberg, New York, London: Springer, 2014 ), pp. 91–102.

治困局是一场伴随着通货膨胀的经济衰退。罗斯巴德回忆了自己和这位导师，也就是未来的美联储主席之间的小插曲：

> 我清楚地记得，在1958年的经济衰退中发生了一件为今天埋下伏笔的事情。当时，通货膨胀和经济衰退并存的现象首次出现在美国。我参加了阿瑟·F.伯恩斯博士的系列讲座。他曾经是美国经济顾问委员会的主席，现在已经当上了美联储主席。不知为什么，许多自由市场的拥护者对他大加赞赏。我问他，如果这场伴随着通货膨胀的经济衰退持续下去，那么他打算使用什么样的政策。他让我放心，此次衰退不可能持续下去，高涨的价格很快会被打压下去。我就此打断他的话语，进一步询问道，如果未来出现类似的经济衰退，那么他会采取什么措施。他回答道："那时候我早就退休了。"我觉得现在就可以让伯恩斯和他的同僚退休了。[①]

罗斯巴德同"新经济学家"以及这些经济学家所钟爱的菲利普斯曲线分析法展开正面交锋。我们现在把当时的危机称为"经济滞胀"，罗斯巴德使用的术语是"伴随通货膨胀的经济衰退"。

罗斯巴德也极力反对尼克松颁布的劳动法和收入政策。他预测这些政策必然导致政府对工资和价格的管制。果然，第二年政

---

① Murray N. Rothbard, "The Nixon Mess," *Libertarian Forum* 2, no. 12 (June 15, 1970): 1–3.

府管制便出现了：

> 我们可以断定，政府的直接管制将导致通货膨胀的加速以及经济活动的失调。同样，我们也可以确定尼克松总统扩大政府干预并不能让经济快速恢复。他们的做法是有问题的。我们不可能看到股票市场欣欣向荣的景象，它必然会被政府的利率抑制。虽然政府对外宣传的是一回事，但是只要通货膨胀持续下去，那么股票的价格必定依然维持在高位。①

罗斯巴德进一步说明，凯恩斯主义者、弗里德曼及其信徒并不能理解目前的经济现象。同时，他们也没有解决现状的对策。相反，他认为通过奥派的价格理论和资本理论，人们可以了解目前的经济形势。另外，奥派经济学家也有关于如何解决目前经济滞胀的政策建议：只有让利率重新上涨，才能清理经济体中的错误投资，消除物价膨胀。

在米塞斯的理论建树上，哈耶克进一步对商业周期进行了研究，并在1974年获得了诺贝尔经济学奖。哈耶克在奥地利独自进行学术研究，并且在许多年内，他的研究方向发生了非常大的转变。但当20世纪70年代经济危机来临时，他又重新投入之前的研究领域中。

---

① Murray N. Rothbard, "Nixonite Socialism," *Libertarian Forum* 3, no. 1 (January 1971): 1–2.

印度著名经济学家贝利克斯·R. 谢诺伊（Bellikoth R. Shenoy）的女儿苏达·R. 谢诺伊（Sudha R. Shenoy）将哈耶克早期关于货币和商业周期的资料整理在一起，汇集成一部完整的理论专著。这也是哈耶克[①]在商业周期理论方面的第一本出版物。在这部1972年的著作中，哈耶克写下了名篇《20世纪70年代的前景：继续还是抑制通货膨胀？》（The Outlook for the 1970s: Open or Repressed Inflation?）。此外，哈耶克还出版了三部著作，分别是《选择通货：制止通货膨胀的方法》（Choice in Currency: A Way to Stop Inflation，1976年）、《货币的非国家化：修正的论点》（Denationalization of Money: The Argument Refined，1977年）以及《失业与货币政策：政府是"经济周期"的制造者》（Unemployment and Monetary Policy: Government as Generator of the "Business Cycle"，1979年）。哈耶克在这些著作中试图解决货币危机以及经济萧条的问题。

当时，虽然奥派经济学家只是非常小的一个群体，但他们能以正确的方法掷地有声地论述经济危机的根源。事实上，奥派经济学家关于提高利率和停止印钞的建议深深影响着美联储主席保罗·沃尔克（Paul Volcker）的利率政策（1979—1987年）。他的政策虽然引起了严重的经济萎缩，但的确结束了货币和价格膨胀，为之后稳健的经济复苏提供了良好的基础。

---

[①] F. A. Hayek, "The Outlook for the 1970s: Open or Repressed Inflation?" in *Tiger by the Tail: The Keynesian Legacy of Inflation*, edited by Sudha R. Shenoy（Washington, DC: Cato Institute, 1972）.

值得一提的是，在1971年，当看到尼克松总统决定取消金本位制度时，奥派经济学的支持者罗恩·保罗（Ron Paul）决定在众议院夺得一个席位。他在全球范围内推动奥派经济学的发展。1974年，爱德华·克兰（Ed Crane）、罗斯巴德和查尔斯·科赫（Charles Koch）创办了卡托研究所（Cato Institute）。1982年，卡托研究所出版了哈耶克的几本专著以及由罗恩·保罗和路易斯·莱尔曼（Lewis Lehrman）合著的《重审黄金：美国黄金委员会少数派的报告》(*The Case for Gold*: *A Minority Report of the U.S. Gold Commission*)[①]。1982年，小卢埃林·H.罗克韦尔（Llewellyn H. Rockwell, Jr.）创立了米塞斯研究院（Mises Institute），其首要任务是向民众宣传美国黄金委员会少数派报告中提及的真正的金本位制度的优越性。虽然被货币主义者统领的美国黄金委员会成功让法币制度建立起来，但是罗恩·保罗、卡托研究所、米塞斯研究院和奥地利学派也获得了前所未有的发展与壮大。

---

[①] Ron Paul and Lewis Lehrman, *The Case for Gold*: *A Minority Report of the U.S. Gold Commission*( Washington, DC: Cato Institute, 1982 ), which was based on the research of Murray Rothbard.

# 第16章
# 日本经济泡沫的破裂

20世纪80年代的日本以其强大的经济实力和科技实力震惊世界。大部分观察者认为，日本的股市泡沫和较高的经济增长率源自日本宽松的货币政策、独特的经营模式以及政府扶持的科技研发。自1990年以来，日本政府一直动用货币扩张政策对抗物价通货紧缩，试图依靠扩大政府赤字来促进经济增长。但从各方面来看，这些政策并没有成功。如今，日本的经济发展依旧处于低迷状态。随着老龄化程度的加深，日本面临日益严峻的人口危机。本章所介绍的案例对我们而言是一个教训，告诫我们哪些措施是不能实行的，以及哪些人的建议是不能听取的。

不同国家的商业周期和泡沫总是千差万别，然而日本和美国的泡沫在技术层面上却表现出惊人的相似性。日本的泡沫开始于20世纪70年代初，美国的泡沫开始于20世纪80年代初。两国的股市都经历了长达13年的高速增长，随后一转形势，股市泡沫显露端倪。日本股市的发展巅峰出现在1989年年末，而美国股市的巅峰出现在2000年年初。在辉煌过后的18个月内，两国股市市值都损失了将近1/3。和最高值相比，日经指数下跌将近3/4，道琼斯工业平均指数下跌40%，纳斯达克综合指数下跌

75%。日本股市暴跌之后，房地产泡沫依旧存在了一段时间。同样，美国自2000年股市开始崩盘后，其房地产市场（特别是居民住房市场）经历了两次泡沫。

令人吃惊的是，美国人竟然完全没有吸取日本股市泡沫的教训。自泡沫破裂以来，日本经历了14年（从现在来看已经将近30年了）的经济停滞。更糟糕的是，美国不仅没有吸取日本泡沫带来的教训，反而进一步模仿日本错误的发展模式，试图用极低的利率和大规模政府财政赤字刺激美国经济。两国并没有快速纠正过去的错误，对资源重新进行配置，让经济回到可持续的发展道路上。相反，它们都选择了一条缓慢且异常坎坷的"经济复苏"之路。专家们告诉民众，美国和日本有着完全不同的国情和经济形式，所以两个国家的泡沫和应对经济崩溃的政策措施也应当不同。虽然两国的泡沫的确有很多明显的差异性，但两国泡沫的技术特征以及泡沫之中新一代群体的思维方式却有着惊人的相似性。

例如，技术进步和新时代的思维方式对日本泡沫的形成起到了关键性的作用。在泡沫期间，日本在消费性电子产品、汽车产业、制造业甚至机器人技术等高科技领域都处于领先地位，一度被认为有望统领全球的科技发展。这个情况和当今的美国没有什么差别。要想了解日本在技术发展中的超凡表现，我们可以参考在泡沫时期出版的几本书，例如，休·帕特里克（Hugh Patrick）和拉里·迈斯纳（Larry Meissner）主编的《日本的高科技产业》（*Japan's High Technology Industries*，1986）、谢里丹·辰野（Sheridan Tatsuno）的《技术城市战略：日本、高科技与21世纪的控制》（The Technopolis Strategy: Japan, High Technology, and the Control of the Twenty-First Century，1986年）、安德鲁·J.皮埃尔（Andrew J. Pierre）主编的《高科技鸿沟：欧洲、美国和日本》（A High Technology Gap?: Europe, America and Japan，1987年）、玛利亚·帕帕达吉斯（Maria Papadakis）的《日本的科学和技术资源：与美国的比较》（The Science and Technology Resources of Japan: A Comparison with the United States，1988年）、谢里丹·辰野的《日本创造：从模仿者到世界级创新者》（Created in Japan: From Imitators to World-Class Innovators，1990年）、贾斯汀·L.布鲁姆（Justin L. Bloom）的《超级科技大国》（Japan as a Scientific and Technological Superpower，1990年）、大卫·W.切尼（David W. Cheney）和威廉·W.格兰姆斯（William W. Grimes）的《日本的科技政策：秘诀是什么》（Japanese Technology Policy: What's the Secret?，1991年）以及托马斯·S.阿里森（Thomas S. Arrison）等主编的《与日俱增的科技实力：对美国经济的影响》（Japan's Growing Technological Capability: Implications for the U.S. Economy，1992年）。

当日本的股市泡沫接近鼎盛时，儿玉文雄（Fumio Kodama）[1]在书中称赞日本之所以能够引领全世界的科技发展，得益于日本采用了一个开创全新时代的发展范式：

日本已经成为产业技术领域的领跑者。这意味着在世界范围

---

[1] Fumio Kodama, Analyzing Japanese High Technologies: The Techno-Paradigm Shift (London: Pinter Publisher, 1991), p.171.

内,那些伟大的科学和技术政策研究院都会把更多的目光投向日本。如果从更深层次思考日本的变化,人们就能够明白为什么学术研究人员会对日本产生兴趣。这是因为当今的技术变革方式正在发生改变。

儿玉文雄[1]发现,由于日本高科技的革新方式"似乎和传统技术的革新方式不同",因此那些专注于欧洲和美国的研究理论不可能构建起"适用于高科技革新的新型科学分析框架"。他建议我们应当抛弃过去不合时宜的线性模型(linear model),代之以独特"社会和文化背景"下的无限模型(unlimited model)。儿玉文雄[2]甚至在书的结尾处表示,伊朗革命、菲律宾革命之所以会发生,都得益于日本发明了磁带录音机、录像机和传真机。这就是一种非常典型的新时代经济泡沫下的思维方式。

新时代思维方式的另一个表现形式是,人们认为对经济进行所谓的科学管理能够创造出永恒的繁荣。日本的经历就是这种思维方式的一个缩影。这是因为人们认为日本的经济发展代表着全新的"第三条道路"。它既不是自由市场经济,也不是完全的中央计划经济。在日本,政府和企业相互合作,共同为自身的利益以及社会公共利益服务。一方面,政府帮助计划和协调经济发展,通过财政扶持和减税等方式提供刺激,将投资引向利润丰厚

---

[1] Fumio Kodama, *Analyzing Japanese High Technologies: The Techno-Paradigm Shift* (London: Pinter Publisher, 1991), p. 172.

[2] 同上, pp. 173–174。

的领域。另一方面，企业和竞争者联合参与项目研究，并和所有参与的企业共享研究成果，每个企业选择自己希望发展的科学技术。最终消费品的生产者和生产资料的供应商在产权上存在重叠，共同完善生产计划。尤其在泡沫时期，人们认为日本的管理模式能够刺激技术革新，提高生产质量和可靠性，为日本产品创造出巨大的海外市场份额。然而，这一切优势都没能阻止日本股市的崩塌以及超过10年（如今已经将近30年）的经济停滞。

在20世纪80年代的日本泡沫背景下，人们对经济采取科学管理的新时代思维方式达到了前所未有的狂热状态。人们一直认为日本模式会让日本一跃成为领先世界的国家，并且威胁到美国此前所取得的经济地位。后来成为克林顿总统经济顾问委员会主席的劳拉·德·安德里亚·泰森（Laura D'Andrea Tyson）在日本泡沫的顶峰时期描绘了未来的日本在科技领域的非凡优越性：

> 显然，日本在各个方面都拥有科学技术，并且能将其转化为商业价值。这和美国在过去很长一段时间内的状况非常相似。不过，如今出现在日本的是一种全新的"技术经济"模式，是一种新型的科技发展路径。起初，通过政府进口补贴和出口刺激形成行业赶超模式。随着一大批行业日渐成熟，政府动用非常多的力量让日本在科技发展领域站稳脚跟，其中就包括美国在政策研讨中常常提及的日本贸工部（Ministry of Trade and Industries，

MITI）等机构。①

在日本，政府引领研究和发展的方向，提供直接的财政支持，为商业提供保护。这种依靠政府管理的经济模式被视为全新的"第三条道路"，也被认为是日本经济繁荣的动力所在，它必将会让日本成为经济发展中的领导力量。泰森和约翰·齐思曼（John Zysman）②自信满满地宣称：

几乎可以确定的是，在往后大约30年的时间里，日本将创造出独特的机制，在众多领域完成技术开拓。此刻，日本生产力保持持续增长，表明日本的确有可能经历与美国完全不同的发展路径。随着日本实力的提升，美国将会因为自己的衰退而焦虑不安。

和其他新时代思想家一样，泰森及其合作者乔瓦尼·多西（Giovanni Dosi）、齐思曼③质疑传统经济学思想是否仍然具有有

---

① Laura D'Andrea Tyson, John Zysman, and Giovanni Dosi, "Trade, Technologies, and Development: A Framework for Discussing Japan," in *Politics and Productivity: The Real Story of Why Japan Works*, edited by Chalmers Johnson, Laura D'Andrea Tyson, and John Zysman (Cambridge, MA: Ballinger Publishing, 1989), p. xiv.
② Laura D'Andrea Tyson, and John Zysman, "Preface: The Argument Refined," in *Politics and Productivity: The Real Story of Why Japan Works*, edited by Chalmers Johnson, Laura D'Andrea Tyson, and John Zysman (Cambridge, MA: Ballinger Publishing, 1989), p. xiv.
③ 同上，pp. 4–5。

效性。他们认为，日本的发展模式"常常公然违背传统经济学思想所提出的解决方案"，因为当"技术变革成为经济产出的决定性因素时，那些把技术变革当成外生变量来处理的标准经济模型根本无法帮助人们理解市场竞争的动态性以及政策对市场竞争的影响"。他们认为应当抛弃经济效率这个概念，代之以约束条件和限定性更小的增长效率以及科技效率。

在抛弃了经济效率的概念以及传统经济学思想之后，泰森、齐思曼和多西[1]得以证明"以邻为壑"等不经济的保护主义政策具有合理性。她公开称赞增长效率这个概念。本质上，这是一个凯恩斯主义经济学的概念。它假定"必然存在可以利用且尚未被开发的资源，用以满足不断增长的需求……"，正是这种思想引导日本将目标集中在那些产品具有高收入弹性的产业上，以此作为日本经济高速增长的基础。他们完全忽视了稀缺性这个经济条件，把一个经济体当成一个取之不尽的资源对象，这是新时代思维方式的前提假设。他们的认知和大学新生初次上经济学课程时的观念没什么差别。如果资源是取之不尽的，那么一切商品和服务的数量都是无限的，那人类就不需要解决经济问题了。这几乎犯了一个最基本的经济学错误。尤其是面对资源和土地都非常匮乏的日本，这样的错误分析是不可原谅的。

---

[1] Laura D'Andrea Tyson, and John Zysman, "Preface: The Argument Refined," in *Politics and Productivity: The Real Story of Why Japan Works*, edited by Chalmers Johnson, Laura D'Andrea Tyson, and John Zysman (Cambridge, MA: Ballinger Publishing, 1989), pp. 14–15.

当然，泰森也必须合理地解释清楚为什么市场会失效。她总结道，为了在特定条件下追求短期利润，企业家会拒绝更有利可图的长期投资。泰森、齐思曼和多西[1]甚至坦然承认自己的理论其实就是长期饱受诟病，为保护主义申辩的幼稚产业理论的变体而已：

在投资回报不减少的情况下，市场根本无法将各个行业未来不断变化的增长效率同各个生产者面对的相对获利信号联系起来。这个观点基本上就是幼稚产业理论的变体。这是因为投资回报在不断增加，当前的市场可能会产生错误的未来获利信号。因此，从长远来看，政府可以通过政策促进国内那些具有较高增长潜能的产业的发展，以改善我们的经济福利。

根据泰森、齐思曼和多西的观点，如果没有政府官僚的政策刺激和监管，那么当代的企业家很可能会去投资黑白电视机或者老式打字机。

在论证日本新时代思维方式的合理性时，泰森、齐思曼和多西从历史的角度而不是经济的角度看待技术。在如今这个通信技术时代，他们通过"路径依赖"或者"黏性"来认识技术发展

---

[1] Laura D'Andrea Tyson, and John Zysman, "Preface: The Argument Refined," in *Politics and Productivity: The Real Story of Why Japan Works*, edited by Chalmers Johnson, Laura D'Andrea Tyson, and John Zysman (Cambridge, MA: Ballinger Publishing, 1989), p. 17.

的过程显得非常奇怪,这根本不像是这个世纪的理论家会提出来的观点。后者通常认为技术是"自发性的",能完美适应变化并且时刻都存在着。他们显然是一批日本泡沫中受到新时代思维方式影响的哲学家,固守于一套全新的技术范式(technological paradigm):

> 技术范式这个表达……包含一套新的、最完美的实践规则和惯例,能够将技术与市场问题联系起来,为已存在的问题提供解决方案。如何实现核心产业的转型,如何解决第二次产业鸿沟以及人们越来越感兴趣的如何从"福特式"制造模式向"灵活"制造模式转变等都表明技术范式出现了变化。①

如今再回顾他们的观点,我们会发现日本泡沫经济下受到新时代思维方式影响的思想家似乎带着一种无可救药的自负和天真。不过,这也正好说明了经济泡沫所具有的欺骗和迷惑力量。很少有人能够正确认清经济泡沫并对它进行细致的分析,克里斯托弗·伍德(Christopher Wood)②就是其中的一位。他认为"日

---

① Laura D'Andrea Tyson, and John Zysman, "Preface: The Argument Refined," in *Politics and Productivity: The Real Story of Why Japan Works*, edited by Chalmers Johnson, Laura D'Andrea Tyson, and John Zysman (Cambridge, MA: Ballinger Publishing, 1989), p. 31.

② Christopher Wood, *The Bubble Economy: Japan's Extraordinary Speculative Boom of the '80s and the Dramatic Bust of the '90s* (New York: Atlantic Monthly Press, 1992), p. 255.

本在20世纪80年代变得非常傲慢自大，因为日本相信市场的自然法则完全不会约束它。这真是最令人吃惊的群体性错觉之一，未来的历史学家……必然对此感到诧异"。日本民众也许特别容易受到股市泡沫的欺骗。这是因为一直以来，日本人崇尚为人诚实以及对权威的尊重，日本政府也小心翼翼地让民众保持距离感。这两个因素都使日本人民表现出异常的行为方式，很容易出现查尔斯·麦基（Charles Mackay）提出的众所周知的"全民疯狂"现象。日本人还有独特的社会心理学特征，对细节和精准度有着严苛的要求。这一点很可能让他们更容易受到新时代欺骗性思潮的影响。事实上，就经济泡沫的成因而言，这些心理上的特征其实都不是最主要的。

随着泡沫破裂、经济崩溃，日本出现一连串的腐败丑闻：首相接二连三被揭露出失职行为，财政部长下台，众多官员因腐败而被定罪，一党制[1]也被瓦解。但是，日本人并没有清晰地意识到泡沫产生的原因，也没有纠正经济中的错误。相反，他们在泡沫破裂之后继续采取宽松信贷政策，扩大公共建设，增加财政支出。这一切只是让日本的经济变得越来越死气沉沉。

第二次世界大战之后，日本经济的成功完全得益于实行自由市场经济，缩小政府规模，缩减税收，日元不断升值，个人储蓄率也不断增加。这一切都在20世纪80年代采取刺激性货币政策

---

[1] 这里指的是日本在1955年实行的长期维持自民党为执政党，社会党为在野党的政治格局。

而产生泡沫的那一刻发生了改变。在股市崩盘后25年，日本经济仍然萎靡不振。在以保罗·克鲁格曼（Paul Krugman）为代表的主流经济学家的诱惑下，日本大规模投资公共项目，政府大规模举债，其货币刺激和量化宽松政策达到了非常极端的程度。但这些措施毫无效果，只是让日本成为国家债务与GDP之比最高的国家。经济的低迷还分散了日本民众的注意力，让他们根本无心解决人口问题。事实上，经济上的不景气让人口问题变得更加严重。毕竟，孩子一生下来就背负着高额的国家债务，那么日本民众又如何愿意结婚生子呢？

# 第17章
# 谁预测了泡沫和经济崩溃

科学就是精准预测。

——计量经济学协会的座右铭

知者不言,言者不知。

——老子

预测经济活动本身是一件非常困难的事情。尼尔斯·波尔(Niels Bohr)曾打趣道:"预测是非常困难的,尤其是预测未来。"① 人们对经济活动的探讨针对的是选择与变化。和物理学不同的是,经济学所面对的研究对象的特性并不是固定不变的。因此,未来必然是不确定的。预测整个经济活动只不过是一个骗局,并且还会随之产生其他的危险和意外事件,从而让原本用来揭示经济变化的各种指标不具备或者失去预测能力。正如保罗·A.萨缪尔森(Paul A. Samuelson)所说:"华尔街指数在过

---

① 引自:http://www.brainyquote.com/quotes/quotes/n/q130288.html。

去5次经济衰退中成功预测了9次。"①虽然困难重重，但仍然有许多经济学家认为经济变化是可以预测的。

许多主流经济学家的想法同物理学家一样，认为精准预测才是科学的本质。如果你不能以极高精度做出预测，那么你所研究的内容可能是不科学的。科学必须经得起检验。经济学界盛行实证主义方法论，这使得经济学家不再关注自己的模型在逻辑上是否自洽，而是关注如何不断地修改自己的模型，从而让它能够利用历史数据对未来做出预测。然后，政府和商业经济学家用这些模型预测国内总产出、利率、失业率、企业销售量、股价、新住房开工数或者人口变化等不同的变量。

当然，也有很大一部分人认为我们不能对经济做出预测，并指出主流经济学家一直保持着相当糟糕的预测记录。在谈及2001年的技术泡沫破裂时，迈克·诺曼（Mike Norman）非常正确地论述了这个观点：

我是一个经济学家，听上去很了不起，对吧？但在去年，人们对经济学家的敬重程度还不如那些华尔街的分析师。如今，我们的地位可能只比他们稍稍好了一点儿。应当承认，经济学家的名声狼狈至此也是罪有应得，因为我们的经济预测能力一直糟糕透顶。那么多的历史数据，那么强大的算力，人们肯定觉得做点

---

① Paul A. Samuelson, "Science and Stocks," *Newsweek*, September 19, 1966, p. 92.

经济预测总没问题吧。真是见鬼，就连地方的天气预报员在预测能力上都能让我们相形见绌。①

"华尔街"已经经历无数次失败的经济预测，自然声名狼藉。小林德利·H.克拉克（Lindley H. Clark, Jr.）在《华尔街日报》上写道："经济学家在预测未来方面遇到了非常多的困难，我们很难相信这种不愉快的状况在未来会有什么改观。"② 的确，很多经济学家认为经济预测只不过是一种"巫术"，和经济学的本质背道而驰。迪尔德丽·麦克洛斯基（Deirdre McCloskey）这样评价经济预测：

> 经济学并不是一门充满巫术的科学，也不是在散布不科学的巫术，它和巫术完全不同。经济学一直在告诉我们，不能相信巫术，巫术是没有用处的。只有那些非常迷信的人才相信我们可以轻而易举地对人的行动做出预测。讥讽经济学的人其实并不知道，经济学不是巫术和咒语。经济学告诉我们，精准的预测和其他那些受人追捧的事物一样，都是非常稀缺的。人们不可能一下子看清楚帝国何日倒塌，市场何日出现转变。"请问弗里德曼博士，明年的利率会变成什么样子？"一些经济学家仍然愿意收钱

---

① Mike Norman, "Dismal Science May Get a Little Sunnier," *Special to the Street*, April 21, 2003.

② Lindley H. Clark, Jr., "Housing May Be in for a Long Dry Spell," *Wall Street Journal*, January 19, 1990.

回答此类问题，但他们打心底里知道自己根本无法做出准确预测，因为经济学本身已经说明，经济预测是不可能的。①

虽然迈克尔·D.博尔多②总体上赞成经济预测存在很多的问题，但他依然认为经济预测还有一定的科学和实践价值，并非全然都是骗人的万灵油或者巫术。他认为并不是所有的经济学家都在经济预测上栽了跟头。比如，理查德·坎蒂隆就根据经济理论对约翰·劳（John Law）一手制造的密西西比泡沫做出了正确的预测，还从中大赚了一笔。

许多敬重中国哲学家老子的人也抱有相同的态度。他们对经济预测的前景并不看好，但也没有完全否定精确预测的可能性。他们只是严格地将自己的预测限定在假设或者定性的范围内。其中最具代表性的就是奥派经济学家。他们否认与人类相关的各种变量之间存在完全固定的联系，甚至否认人们可以用经验数据去"检验"经济学理论。奥派经济学家米塞斯否认普遍的经济预测，认为经济学只能对特定的政策做出一些定性的预测。

比如，用经济学可以预测的是，实行特定的经济政策将会产生什么样的结果。经济学可以回答某种特定的政策是否可以达到

---

① Donald McCloskey, "The Art of Forecasting: From Ancient to Modern Times," *Cato Journal* 12 (Spring–Summer 1992): 40.
② Michael D. Bordo, "The Limits of Economic Forecasting," *Cato Journal* 12 (Spring–Summer 1992): 47.

它所期望的目的。如果它无法达到预期的结果，那么这个政策的实际效果又是什么。当然，这种预测只能是"定性的"，不可能是"定量的"，因为其中所涉及的各种因素和结果之间并不存在恒定不变的关系。经济学在实操上的价值在于，在非常明确的限定下预测特定政策会有什么结果。①

如果无法准确预测（并试图阻止）股市泡沫和崩盘，那么这将会是一个非常严重的错误。不仅因为股市的崩盘会让许多投资者遭受巨大的经济损失，还因为许多极端的经济周期会扰乱金融体系，从而引起实质性的经济萎缩。②不幸的是，经济学家尚未对经济泡沫形成一个普遍认同的看法，也几乎没有能力对它们进行预测。

### 经济泡沫的预测

你如果能洞察时间的种子，知道哪颗种子能发芽，哪颗种子不能生长，就请告诉我吧。

——《麦克白》(*Macbeth*)，

威廉·莎士比亚 (William Shakespeare)

---

① Ludwig von Mises, *The Ultimate Foundations of Economic Science: An Essay on Method* (Princeton, NJ: D. Van Nostrand, 1962), p. 67.

② Frederic S. Mishkin, and Eugene N. White, "Stock Market Bubbles: When Does Intervention Work?" *Milken Institute Review: A Journal of Economic Policy* 5 (2nd quart. 2003).

如果市场出现崩溃的迹象,那么负责任的经济学家以及经济分析师必须警醒民众。同时,他们还必须告诫民众经济崩溃将对整个经济以及个人的命运造成什么样的影响。但是,很少有经济学家在做这样的事情。

——《危险的心智?经济分析师的追踪记录》(Dangerous Minds? The Track Record of Economic and Financial Analysts),

迪恩·贝克(Dean Baker)

的确有一个人曾提前警醒人们注意股票市场存在泡沫以及股市崩溃之后可能会产生的问题。这个人就是经济与政策研究中心(Center for Economic and Policy Research)的贝克。2001年的技术泡沫破裂之后,贝克注意到:

1. 任何有能力的经济分析师都可以轻松地发现泡沫,毕竟20世纪90年代的股票价格与企业营收之间的比值已经达到了不可持续的水平……他们之所以未能发现泡沫并提醒人们注意随之而来的后果,部分原因在于他们对股票市场以及股票市场在经济活动中的作用有着错误的理解……

2. 尽管有一部分经济分析师的确警告过人们注意市场泡沫,但是他们的观点完全被媒体排挤在外……

3. 正因为没能识别市场泡沫,以美国国会预算局和社会安全局为代表的官方预测机构做出了令人难以置信的推测……

4. 包括公共养老基金、私人养老基金、大学捐赠基金在内的大部分大型投资基金的经理都没有意识到市场泡沫和不可避免的经济崩溃……甚至一大批专业经济学家和经济分析师都没有看到股市泡沫，但他们似乎并没有因为自己的专业失职而付出沉重的代价。①

我自己曾在广播、报纸文章和网站上提醒并分析当前的泡沫，但这几乎没有什么作用。1999年7月15日，在休斯敦的一次公共演讲中，我向一位观众解释了为什么格林斯潘能够"幸运地"在信用扩张的同时避免价格上涨。我警告他们，美联储的政策不可避免地会带来消极的经济后果，特别会对股市以及美元造成重大打击。2000年4月3日以及2001年4月4日，我接受了《财经时事》(*Financial Sense News Hour*)的采访，后来又参加了一档名为《信贷泡沫》(*Credit Bubble*)②的广播节目。2001年1月5日以及2001年1月7日，我在圣何塞州立大学的经济研讨会上两次发出警告：美元（当时已经接近峰值）很有可能贬值。那段时间，虽然我给《投资者商业日报》等报纸写了几封信，但是那些内容都没有发表出来。

我们从每半年举行一次的《华尔街日报》经济预测调查可以发现，经济预测者并不能理解股票市场中的泡沫。1999年1月4日公布的预测调查显示，预测者非常担心目前的经济，并预测

---

① Dean Baker, *Dangerous Minds? The Track Record of Economic and Financial Analysts* ( Washington, DC: Center for Economic and Policy Research, 2002 ), p. 3.
② 引自：http://www.financialsense.com/Experts/Thornton.htm。

经济增长率会非常低，大部分人预测通货膨胀率将会很高，股市有30%的概率进入熊市。但1999年7月2日公布的预测调查显示，由于1999年年初的实际增长率比预测的增长率高得多，同一群经济学家预测未来的GDP增速将比年初提高50%。他们虽然都非常看好股票市场，但也对1999年年初出现的熊市迹象表示担忧。千禧年危机过去后，2000年1月3日公布的预测调查显示，经济学家对2000年的发展形势非常乐观。受雇于普里马克（Primark）的经济学家艾伦·西奈（Allen Sinai）说道："目前根本看不到经济扩张停止的迹象。"预测者依然对股市信心满满，95%的预测者认为股市衰退的可能性低于30%。只有对经济长期看跌的加里·希林（Gary Shilling）根据股市正在涌现的崩溃迹象做出了股市衰退的预测。当纳斯达克指数下跌超过30%后，2000年7月3日公布的预测调查显示，经济学家深信美联储会让美国经济"软着陆"。乐观主义者对美联储的软着陆政策充满信心，而悲观主义者虽然认为美联储能让经济软着陆，但并不认为它能成功对抗通货膨胀。不过很快，这群经济学家还是对未来经济以及股票市场表现出担忧。经济学家的预测似乎非常不靠谱。虽然《华尔街日报》对此进行了预测调查，但是预测的结果仍然不容乐观。这些经济学家似乎根本不知道短期内经济的前景如何，只是单纯地根据历史记录进行揣测。

同样地，政府御用经济学家的预测记录和华尔街的经济分析师一样差劲。我在表17-1中比较了国会预算局、白宫和华尔街的预测，并列出了它们对1992—2002年经济增长率的预测以及实际误差。1992—1996年，因为经济形势没有发生波动，所以它们的预测都较为准确。1996—2000年，市场进入泡沫时期，它们全部低估了经济的实际增长率。接着，2000—2002年，它们根据以往的数据进行判断，结果高估了经济的实际增长率，未能即时预见股市和经济的崩盘。三者的平均绝对误差都接近1个百分点。

表17-1　国会预算局、白宫和华尔街对经济增长率的预测　　　　单位：%

| 时段 | 实际增长率 | 国会预算局 | | 白宫 | | 华尔街 | |
| --- | --- | --- | --- | --- | --- | --- | --- |
| | | 预测 | 误差 | 预测 | 误差 | 预测 | 误差 |
| 1992—1993 | 5.3 | 5.7 | 0.4 | 5.4 | 0.1 | 5.5 | 0.2 |
| 1993—1994 | 5.7 | 5.3 | -0.4 | 5.3 | -0.4 | 6 | 0.3 |
| 1994—1995 | 5.6 | 5.6 | 0 | 5.7 | 0.1 | 5.6 | 0 |
| 1995—1996 | 5.2 | 5.2 | 0 | 5.6 | 0.4 | 5.7 | 0.5 |
| 1996—1997 | 6.0 | 4.7 | -1.3 | 5.1 | -0.9 | 4.5 | -1.5 |
| 1997—1998 | 6.0 | 4.6 | -1.4 | 4.7 | -1.3 | 4.6 | -1.4 |
| 1998—1999 | 5.6 | 4.5 | -1.1 | 4.2 | -1.4 | 4.5 | -1.1 |
| 1999—2000 | 5.8 | 3.9 | -1.9 | 4.0 | -1.8 | 4.1 | -1.7 |
| 2000—2001 | 4.3 | 4.9 | 0.6 | 4.9 | 0.6 | 5.2 | 0.9 |
| 2001—2002 | 3.1 | 5.2 | 2.1 | 5.4 | 2.3 | 5.1 | 2.0 |
| 平均误差 | — | — | -0.3 | — | -0.2 | — | -0.2 |
| 平均绝对误差 | — | — | 0.9 | — | 0.9 | — | 1 |

数据来源：美国国会预算局，2003年。

1999年，詹姆斯·K. 格拉斯曼（James K. Glassman）和凯文·A. 哈西特（Kevin A. Hassett）在他们合著的《道指36 000》（*Dow 36 000*）[1]以及2000年罗伯特·希勒在其《非理性繁荣》（*Irrational Exuberance*）[2]中都对当时的股票市场做出了非常知名的预测。

很快，一些传统投资顾问就格拉斯曼和哈西特的观点发出了警告，尤其是美国经济研究所的查尔斯·默里（Charles Murray），他认为这类书的出现通常都是灾难发生的前兆。

那时（1999年10月25日），我们说过《道指36 000》之类的书常常会在市场处于或接近巅峰期时上市。实际上，在过去一年的时间里，投资者会面对许多类似的预测：比如戴维·伊莱亚斯（David Elias）在《道指40 000》（*Dow 40 000*）中解释了为什么道琼斯指数会达到40 000点；而查尔斯·W. 卡德莱克（Charles W. Kadlec）和拉尔夫·J. 阿坎波拉（Ralph J. Acampora）则在《道指100 000》（*Dow 100 000*）中预测（虽然没有什么保证）道琼斯指数将会达到100 000点。没错，100 000点！[3]

默里得出的结论是市场处于泡沫之中，并且他预测经济崩溃

---

[1] New York: Random House.
[2] Princeton, N.J.: Princeton University Press.
[3] Charles Murray, "Bubble Trouble," *Research Reports* 67, no. 11 (June 12, 2000): 63.

和熊市即将来临。读者可以根据默里的建议采取行动，保护自己不受市场崩溃的影响：

这份报告的读者都知道，这段时间以来，我们一直认为，相对于证券分析中使用到的现金流、账面价值和收益等大部分指标而言，市场对普通股的价值评估明显偏高。但是，历史记录并不会告诉我们正确的估值是多少，只不过目前的估值显得比较特别。我们也注意到目前牛市的持续时间以及规模已经创下了纪录。在某个时间点上，牛市有可能会转变为一场真正的熊市甚至市场崩溃。同样地，我们也不清楚市场估值会在什么时刻变得无法维系下去。[1]

默里注意到，传统的市场估值方法有一些缺陷。对于预防泡沫等长远的目标来说，市场估值的手段根本无法在最初的时候告诉我们到底是什么原因造成了泡沫。

在格拉斯曼和哈西特的书最受欢迎的时候，经济学家兼金融作家克里斯托弗·迈耶（Christopher Mayer）[2]对这本书进行了研究和评论。迈耶将注意力集中在"高估"一词上。这并不是说他关注的是怎样确定某个事物在数字意义上被高估了，而是说

---

[1] Charles Murray, "Bubble Trouble," *Research Reports* 67, no. 11 (June 12, 2000): 64.

[2] Christopher Mayer, "The Meaning of Over-valued," *Mises Daily*, March 30, 2000.

他关注的是股票被高估的原因、含义和影响。具体而言,他反对"完全理性"以及"有效市场"等概念。他向人们展示市场如何在某种意义上失去理性。首先,迈耶认为泡沫时期一种新的范式主导着人们对市场的认识,由此产生了一种普遍的心理状态。其次,他将格拉斯曼和哈西特的观点同这种心理状态联系起来:

> 股票被高估了吗?一种回答是,这个问题的答案取决于你询问的对象。如果你询问的是那些购买和持有股票的人,那么他们显然认为自己以后能够以更高的价格卖出股票。他们也许相信这是一种新的范式,认为传统的价值评估标准已经失去了作用。最近,格拉斯曼和哈西特写了一本名为《道指36 000》的书。他们在书中认为目前的股票市场被高估了。①

最后,结合格拉斯曼和哈西特以及运气不太好的欧文·费雪的观点,迈耶做出了自己的预测。更重要的是,他详细地解释了为什么目前的市场存在泡沫,而不是简单地利用一些历史性的标准辩称市场被高估了:

> 未来的金融历史学家如果回顾过去的历史,那么很可能会把

---

① Christopher Mayer, "The Meaning of Over-valued," *Mises Daily*, March 30, 2000.

格拉斯曼和哈西特的文章与欧文·费雪在1929年公开发表的名句"股票价格已经达到了一个永恒性的制高点"联系在一起。詹姆斯·格兰特认为经济泡沫包含三种共同的特征：第一个是根本性的特征（发生了一场技术革命），第二个是金融性特征（货币和信贷大规模增加），第三个是心理特征（人们对传统价值评估手段产生怀疑）。目前的经济牛市就存在这三种特征。

人们常说，时间自会证明一切。不幸的是，还没有一个关于商业周期或者经济泡沫的理论能准确地告诉我们泡沫什么时候会停止。也许20年后我们才能肯定地说，今天的价格是合理的，或者20世纪90年代的经济繁荣在萧条中终结。我此刻坐在这里，留意到奥地利学派经济学家的理论，我打算赌第二句话是对的。[1]

如果要说谁最早预测了经济的繁荣与萧条，那无疑是《格兰特利率观察家》(*Grant's Interest Rate Observer*) 的编辑、著名经济分析师格兰特。1996年5月，当时正处于"尚不确定投机狂潮是否即将到达顶峰"的状况，在《繁荣带来的麻烦》一书的结尾部分，格兰特总结道：

可以预见的是，储蓄的风险在看起来最小的时候其实是最大

---

[1] Christopher Mayer, "The Meaning of Over-valued," *Mises Daily*, March 30, 2000.

的。在抑制危机产生的过程中，现代金融福利国家无意间助长了投机活动。繁荣不可能永远持续，它总是在危机中结束。正是怀有这样的预期，一位对目前的繁荣持怀疑态度的西雅图投资者威廉·A. 弗莱肯施泰因（William A. Fleckenstein）于1995年成立了一家对冲基金，买进廉价的股票，卖出高价的股票。他还用均值回归（reversion to the mean）的首字母为自己的对冲基金起了名字，叫作RTM基金。在千禧年，"均值回归"一词可能已经成为金融口号。①

格兰特继续告诫投资者，股票市场正处在泡沫之中。他详细解释了泡沫的成因，并且记录下相关的统计数据。

另一个较早分析股市泡沫的人是来自赛基资本管理（Sage Capital Management）的托尼·德登（Tony Deden）。他认为市场存在泡沫，同时分析了泡沫形成的原因，并预测将会出现一场经济衰退。

我们完全可以相信，明年的证券价格以及强大的美元价格将会迎来下跌……根本不存在新的范式。人们所造成的经济过错总会产生恶果。我们现在能期望的是，包括那群经济学家在内的人都可以吸取教训。通货膨胀的衡量指标是货币和信贷的增长而不

---

① James Grant, *The Trouble with Prosperity: The Loss of Fear, the Rise of Speculation, and the Risk to American Savings*（New York: Random House, 1996）, pp. 314–315.

是愚蠢的消费者价格指数。希望他们能够明白，用欺骗性的手段得到的经济发展最终会轰然倒塌。

自1995年以来，证券价格出现了难以置信的增长。它反映的是人们创造出来的真实价值，还是虚幻的泡沫？我们面对的是一场彻底改变基本经济假设的工业革命吗？它有没有带来"新的范式"？世界经济真的在飞速发展吗？失业率达到历史性的低点了吗？几乎不存在通货膨胀了吗？经济法则已经不起作用了吗？如果这些都不是真的，那为什么有那么多人犯下这么严重的错误？①

**在泡沫即将来到顶峰时，德登公开表示经济的扭曲程度已经非常严重：**

毫无疑问，我们目睹了历史上最严重的金融泡沫。难以置信的金融过热，大规模增长的债务，畸形荒谬的杠杆加杠杆，居民个人储蓄锐减，账户上的赤字让人根本不相信他们能清偿债务，中央银行的资产也在与日俱增。所有这一切都表明目前出现了极其严重的金融不平衡。不管动用什么统计手段，不管美国广播公司财经频道如何美化宣传，都无法消除它们。②

---

① Anthony Deden, "Reflections on Prosperity," *Sage Chronicle*, December 29, 1999.
② 同上。

同样地，德登非常明确地说出了造成泡沫和经济扭曲的原因：

它们之所以会出现，并不是因为人们常挂在嘴边的资本主义的错误，而是中央银行在经济体中创造了过量的货币和信贷。但是，那些人根本无法理解这一点，他们甚至还会召开国会听证会来确定经济衰退的原因。美联储一直信誓旦旦地想要实现价格稳定和低通货膨胀，但美联储以及它的货币市场干预、信用扩张和货币宽松政策才是真正的罪魁祸首。①

1999年8月，经济学家约尔格·吉多·许尔斯曼根据1980年之后美国的货币制度对当时的股票市场泡沫进行了分析和预测。他认为，当时的市场繁荣是人为创造出来的，最终必然走向失败。

你不需要请一个火箭专家来预测当前的经济发展最终会有什么惨痛的结局……和其他利用通货膨胀来虚假创造和维系经济的状况一样，当前的系统生来便带有使自己灭亡的细菌。它将会经历一场巨大的失败，即使是刚刚遭受经济危机的东南亚国家、俄罗斯和拉丁美洲国家，都难以想象它的严重性。②

---

① Anthony Deden, "Reflections on Prosperity," *Sage Chronicle*, December 29, 1999.
② Jörg Guido Hülsmann, *Scöne neue Zeichengeldwelt*（Brave New World of Fiat Monies）. Postface to Murray Rothbard, *Das Schein-Geld-System*（Gräfelfing）, p.140.

许尔斯曼讨论了美联储使用不同的手段应对股市的繁荣与萧条。第一种方法是让货币和信用继续增加，第二种方法是停止货币和信用扩张。但他总结道："不论采取哪种方法，危机都是不可避免的。只要当前的出口或其他因素再也无法中和通胀政策所引起的价格上升的影响，危机就会立刻爆发。当然，如果增发的钞票从海外流回国内，这就会加速危机的爆发。"[1]根据这些讨论，许尔斯曼认为目前建立在国家法币基础上的繁荣体系最终会被终结。不管采用哪种经济政策，都会引起政治经济的极端变化。

美国以及欧洲等建立在法币基础上的国家和地区最终走向经济崩溃只不过是时间问题。到那时，没有人能够通过进一步增加信贷或制造通货膨胀来延长这场粗浅的游戏。我们要么看着西方国家的经济走上德式国家社会主义的道路，全盘受到政府的控制，要么等着通货膨胀进一步恶化。我们可能需要等几年或者几十年才会到达这个时间点。美元和欧元（甚至日元）之间建立起来的货币联盟会推迟这个时间点的到来，但它终归是死路一条，道路的尽头是恶性通货膨胀。只有通过积极的自由市场改革才能让我们摆脱这个结局。或者用罗斯巴德的话来说，我们必须回归到使用黄金等商品货币的自由货币市场，同时完全禁止政府插手

---

[1] Jörg Guido Hülsmann, *Scöne neue Zeichengeldwelt*（Brave New World of Fiat Monies）. Postface to Murray Rothbard, *Das Schein-Geld-System*（Gräfelfing）, p. 147.

货币事务。①

如果许尔斯曼在牛市的终结甚至经济衰退所引起的经济和政治后果上都是正确的，那么有关股市泡沫的各个事项及其成因和结果都对我们理解未来整体的政治经济发展方向起到至关重要的作用。

许尔斯曼并不是唯一一位将当前的商业周期追溯至1980年后货币管制放松时期的经济学家。在牛市处于鼎盛的时候，奥地利学派经济学的各个盟友召开过一次会议。在会议上，大部分与会者都强调了美联储在这场人为创造的市场繁荣中所扮演的角色。弗兰克·肖斯塔克（Frank Shostak）着重强调了中央银行政策的影响：

目前，人们普遍认为中央银行和其他政策制定者拥有足够的能力提前阻止严重的经济萧条。虽然这种观念非常流行，但是美国的经济已经出现了严重的失衡。美国中央银行旷日持久的货币宽松政策造就了这个局面。1980年4月，美国联邦基金利率是17.6%，现在已经跌至5%，1992年一度降为3%。货币供应量M3从1980年1月的18 240亿美元攀升至1999年6月的61 520亿美元。在不到20年的时间内，增幅超过200%。另一个可以衡

---

① Jörg Guido Hülsmann, *Scöne neue Zeichengeldwelt*（Brave New World of Fiat Monies）. Postface to Murray Rothbard, *Das Schein-Geld-System*（Gräfelfing）, p. 154.

量美联储货币扩张规模的指标是美国中央银行持有的国债数量。它从1980年第一季度的1 170亿美元飙升至1999年第一季度的4 650亿美元,增幅将近300%。显然,夸张的货币增发速度和人为创造的低利率让大量资源出现错误配置,最终累积成一场严重的经济衰退。

资源错配的程度因20世纪80年代初实行的金融管制放松政策而进一步加剧。实行金融管制放松的目的是让金融市场脱离中央银行的过度管制。当时,人们认为被松绑的金融市场会让稀缺资源的配置更有效率,由此提升个体的生活质量。受到过度管制的货币制度只会减少而不是提升稳定性。但是,"被解放的"金融制度不仅没有带来更多的稳定,反而造就了更多的市场冲击。

20世纪80年代的金融管制放松政策让中央银行的监管能力被削弱。逐渐降低的中央银行管制让金融领域出现了更激烈的竞争。这种情况反过来又会通过部分准备金制度进一步加剧不受约束的信用扩张和货币创造。无中生有的货币流到从事创造活动的企业家手中,他们将货币转化为各种各样的金融产品,让原本已经扭曲的货币体系受到进一步的污染。①

分析完当时和目前人为创造的经济繁荣,肖斯塔克认为美国经济即将面临残酷的严冬:"世界金融市场的混乱状态似乎会

---

① Frank Shostak, "Inflation, Deflation, and the Future," *Mises Daily*, October 5, 1999.

变得更加糟糕。除非人们让黄金重新承担起货币的职责。除此以外，我们几乎没有理由再对目前的经济状况保持任何积极乐观的态度。"①

1999年8月18日，股票市场正处于泡沫的顶峰时期。对市场看跌的经济学家乔治·雷斯曼（George Reisman）在一篇文章中对股票市场的泡沫和崩溃做出了强有力的预测。当大部分市场评论员都没能表现出事前的警觉之时，他已经通过观察发现，现实情况显然充满错误：

> 显然，有些事情变得不太对劲。原因很简单，在一个社会中，不可能每位成员每天都在股市中进行交易。虽然股票市场对资本积累和创造财富具有非常重要的作用，但它绝不是一个没有界限的事物。一群无知的群体凭借自己的直觉以及获得的提示涉足股票市场，并不能扩大股票市场的功能。然而现实中，几乎每个人都可以低价买入股票，随后高价卖出，这种荒谬的事实暗示着牛市并不能持续下去。所以，牛市的终结是不可避免的。②

对于雷斯曼而言，预测股市泡沫和股市崩溃跟使用的测量手段没有关系，而是和泡沫的成因以及影响有关。他对现实做了一

---

① Frank Shostak, "Inflation, Deflation, and the Future," *Mises Daily*, October 5, 1999.
② George Reisman, "When Will the Bubble Burst?" *Mises Daily*, August 18, 1999.

个常识性的观察,认为只有理解了股市泡沫的成因,人们才能明白它最终的影响。他说:"要想准确地理解泡沫如何破裂以及何时发生,人们就必须了解是什么因素助长了当前的牛市。这样人们才能明白如何结束市场泡沫,怎样才能釜底抽薪地彻底避免泡沫。"他发现,总体而言,引起经济运行极端化以及股票市场泡沫的最终原因和政府干预货币供给以及利率有很大关系。他说:"唯一能够解释当前股市繁荣的是人为创造出来的新货币。这些无中生有的、被创造出来的额外货币已经进入股票市场,并且为公司并购、收购以及股票回购提供资金支持。"[1]雷斯曼没有将股市泡沫的成因归咎于技术变革和大众心理问题。他认为是过量的资金涌入股票市场并造成了股市泡沫。同时,这些新货币最终会分布到整个经济体中。到那时,价格会变得非常高,而股票市场也会被打回原形。所以,雷斯曼区分了技术和正常经济增长所引起的股价上升以及通过通胀政策引发市场泡沫所带来的股价上升。显然,这两种状况同时出现在20世纪90年代:

如果像前几年那样,增加的货币只是集中在股票市场中,没有扩散到经济系统的其他领域,那么这些增加的货币只会让股票价格出现上涨。一旦增加的货币流入经济系统的其他领域并且大幅度地提升商品价格,它就会让股票价格出现下跌。

---

[1] George Reisman, "When Will the Bubble Burst?" *Mises Daily*, August 18, 1999.

所以，在实际操作中，如果美联储拥有足够的警觉性，及时发现股票市场这个大浴缸中的水已经不断泛滥到整个经济体中，那么股票市场会立刻停止上涨。当美联储最终关掉水龙头，不再向股票市场注入额外的新货币，股票价格的上升会立即终止。实际上，股价不单单是停止上涨，还要暴跌。

我们无法改变的是，股市的繁荣迟早有一天会走向终点。泡沫必定会破灭。①

雷斯曼对股票市场做出了精准的分析，不仅找到了泡沫的成因，还非常准确地预测了股市的崩盘。②

经济和股市分析师肖恩·科里根（Sean Corrigan）也对股市泡沫适时地做出了预测，同时也对泡沫的成因提供了深刻的见解。他比较了1999年秋天、1987年夏末的经济形势以及20世纪80年代末日本经济泡沫和美国咆哮的20年代。他并不赞同是科技和"新范式"造成了20世纪90年代的股价上升。在他看来，当时不同形式的债务都快速增至很高的水平，而储蓄率则不断下降。解决目前经济困境的手段也是非常直观的。他谴责格林斯潘过度发行基础货币，并解释了这种极端超发货币的政策将引起什

---

① George Reisman, "When Will the Bubble Burst?" *Mises Daily*, August 18, 1999.

② George Reisman, "It May Be Bursting Now, and Faulty Economic Analysis May Cost Investors Dearly," Capitalism.net, February 26, 2000.

么样的问题：

正如奥派经济学家告诉你的那样，以如此规模向经济注入货币会让经济体中的价格结构产生严重的扭曲。使用粗略的、测算总量的指数工具并不能发现这些扭曲。在不同产品价值之间以及当前和未来价值之间的扭曲使得投资出现错误，一大群企业家做出错误的决策。通过信用的扩张，在人为制造出来的低利率水平下，工厂和生产线纷纷被建立起来。但它们的背后并没有真实储蓄的支撑，因而这和实际的消费倾向并不匹配。如果在真实而非人为创造的利率水平下，人们更偏好在当前消费。①

扭曲的价格和错误的投资会产生什么影响？科里根提出了一个大胆且影响深远的预测：

我们的面前是一艘"企业家错误"之筏。这不仅意味着那些建造了一半的大厦、酒店和办公楼没有继续下去的必要，就连已经完成了的项目都无法继续维持下去，因为它们从一开始就注定无法获得任何利润回报。这种过剩现象虽然还不明显，但已经非常普遍了。它并没有彻底消除资本回报率，但已经对资本回报率造成了巨大打击。信贷扩张一旦达到一种无法避免的结局，所有地区、所有人都摆脱不了陷入贫困的命运。②

---

① Sean Corrigan, "Will the Bubble Pop?" *Mises Daily*, October 18, 1999.
② 同上。

在股市繁荣即将结束的时候，对经济看跌的汉斯·森诺兹（Hans Sennholz）分析了"繁荣"的直接成因（美联储的信用）以及人为创造的繁荣对股票市场和整个经济系统会产生什么影响。在分析的过程中，森诺兹特别提及了金融衍生产品的爆炸式增长：

美国经济看起来的确生机勃勃，股票市场的价值也达到了美国历史上的最高点。然而，私营企业正在遭受自第二次世界大战以来最严重的预算赤字。同时，整个国家目前也出现了巨大的账户赤字，其外债净值已经超过了GDP的20%，并且还在不断增加。

华尔街的那群人可能正在为政府赤字的降低而欢呼雀跃，但是其他形式的债务量则飞速增加。根据美联储的资金流动账户（Flow of Funds），家庭债务（主要是住房抵押贷款）以每年9.25%的速度增长。家庭总债务占个人总收入的比重已经超过了103%。企业债务以10.5%的速度快速增加。非金融企业的债务则以12%的速度增加，为近十多年最高。

然后，一些债务通过股份回购的方式进入新的投资领域。简而言之，企业通过增加负债的方式不断提高自身的股票价格。股票市场中保证金借款（margin debt）的增长速度已经超过了其他任何信贷类型。1999年，其增长率已经飙升至46%，如今总量已经超过2 060亿美元，创下美国历史之最。不幸的是，一旦这种情况出现反转，或者仅仅是增速放缓，都有可能打破狂热的繁荣景象，让经济进入调整阶段。①

森诺兹还描述了当前的股票市场和经济正处于一个非常危险的境地。这场通过信用扩张诱导而产生的繁荣必然走向萎缩，到时候，就连美联储也无能为力。

美国经济正处在周期性扩张的第十个年头，这已经是有史以来最长久的繁荣了。但其中蕴含的严重风险是股票价格的突然下跌以及熊市的来临。这将对消费者信心以及消费者需求造成重创。因为美国2/3以上的生产和经济增长是靠消费拉动的。消费需求的急速下跌很快会导致生产萎靡不振，由此可能引发美元的国际性抛售。为了防止美元的抛售，并且吸引足够多的外国资本以弥补当前超过GDP总量4%的经常性账户赤字以及超过GDP总量20%的外债，美联储不得不提高利率。但是，在股票下跌和生产低迷的时候进行这样的调整会进一步加剧经济下滑，形成万分痛苦的衰退。当前生产率和收入水平的持续上升、股票价格的高涨，以及美元的强势状态都会变成泡影，随之而来的是生产率和收入的下跌，股价跳水，美元处于弱势地位，进口下降，通货膨胀率、利率和失业率不断上升。美国历史上最长久的繁荣将变成最漫长的萧条。②

---

① Hans Sennholz, "Can the Boom Last?" *Mises Daily*, July 31, 2000.
② 同上。

很清楚的是，信用扩张以及由此催生的经济"繁荣"是由美联储以及中央银行官员制定的政策一手造成的：

多年来，美联储不断对货币进行操控，引起了经济的失调，这将不可避免地引发经济的重新调整。一旦市场结构无法体现所有参与者的真实偏好，调整必然会发生。最终，市场的法则总会凌驾于政治统治者或监管者的法令之上，甚至连中央银行官员的意愿都不能与之相抗。当然，政府和中央银行的官员有权力缓解或加重经济调整的压力，毕竟他们有权力干涉国民的经济生活。①

在许多人尚未意识到经济崩溃的前兆、成因以及后果时，威廉·安德森（William Anderson）等人已经清楚地看到了"末日的开始"，并强调这一轮经济繁荣和萧条的周期变化并不是第一次出现在美国历史上：

人们真的吸取了20世纪70年代的教训吗？人们认为：格林斯潘比之前所有的美联储主席知道得更多；罗伯特·鲁宾（Robert Rubin）是一位杰出的财政部长；互联网正在为我们提供新的商业模式；比尔·克林顿（Bill Clinton）精心筹划着一切。股票市场正在上升，政府知道如何让繁荣持续下去［从阿尔·戈

---

① Hans Sennholz, "Can the Boom Last?" *Mises Daily*, July 31, 2000.

尔（Al Gore）的巡回政治演讲来看，至少当前是这样了]。我们所有人已经沐浴在真正的新经济中。

恕我不能苟同。如果过往历史是正确的，那么我们正处于过去八十年的第三次"新经济"时期。20世纪20年代，我们经历了一次"永恒的繁荣"。当时的牛市、低失业率以及美好的生活让新上任的胡佛总统信心十足地说："没有任何一个国家能像美国一样，让成功的硕果得到最安全的保障。"当然，我们都知道后来发生了什么悲惨的事情。[1]

安德森仔细地区分了正常或自然原因产生的经济繁荣以及人为创造的经济繁荣。此外，他还区分了诱导经济崩溃的可能因素（对微软的审判）及其真正的成因：

除了高科技发展奇迹以及从削减管制中获得的巨大收益，新经济这个名字本身已经暗示了它包含一次经济繁荣。然而，此次经济繁荣的原因是美联储以及通货膨胀政策。同时，两者也是一场不可避免的经济衰退的推动力。

从目前的状况来看，人们曾经引以为傲的牛市正变得变幻莫测。这种变化一定程度上应当归咎于政府的傲慢。政府竟然相信自己可以孤立地攻击微软公司，而不损害其他高科技企业。政府的这种傲慢态度在这场经济扩张中表现得淋漓尽致。自从

---

[1] William Anderson, "New Economy, Old Delusion," *Free Market* 18, no. 8 (2000): 5.

珍妮特·雷诺（Janet Reno）的司法部门（Department of Justice, DOJ）在第一轮试图分解微软的行动中获得成功以后，纳斯达克指数出现了大幅度的下跌。这已经证明了本届政府在经济问题上表现得多么愚蠢。

但是，即便没有司法部门对微软采取的愚蠢举动，经济体当中的高科技部门本身也面临着真实的困境。首先，早在雷诺付出惨痛代价获得胜利之前，将众多"互联网公司"推向首次公开募股高潮的股市泡沫已经破裂。其次，正如米塞斯和罗斯巴德所描述的那样，大规模货币扩张政策引起的错误投资大量集中在高科技领域。作为通货膨胀的标识，新增加的货币只能以贷款的形式通过部分准备金制度出现在市场中。正如我们之前提到的，这些新的货币已经进入高科技行业、房地产行业以及股票市场。

如果大量高科技行业的投资项目破产，或者这些项目的利润率并不能吸引潜在的投资者，那么新的资金将不再进入这个行业。到那时，我们会看到商品价格快速上涨，通货膨胀将成为一个严重的问题，接下来则是经济衰退的出现。因为在货币扩张时期，错误的投资已经成为板上钉钉的事实，这些不合理的投资项目都要被清算。

在过去的5年时间内，美国经济已经吸纳了大量的新货币，远超20年前的水平。然而，这并不意味着美国经济能够就此抵御通货膨胀的影响，免受不良投资的侵扰。米塞斯的商业周期理论是一个广泛综合的理论。它并没有在2000年失去自己的解释能力，正如它同样可以解释1969年或1929年的经济衰退。

虽然我们此时可能还在庆祝美国创下了繁荣的纪录，但是我们并没有能力因此推翻经济法则。毫无疑问的是，当危机最终来临的时候，那些驻扎在学术界和传媒界的凯恩斯主义者将会一如既往地把错误归咎于高利率以及美联储停止扩大信用。实际上，对于危机产生的原因还有另一种解释，可惜人们从始至终都忽视这个解释，未来也是这样的。①

供给学派经济学家裘德·温尼斯基（Jude Wanniski，2000）认为：2000年4月股市崩盘的原因在于，从20世纪90年代末开始，随着资本利得的不断积累，税收义务也变得越来越大。投资者在1999年获得了资本利得，需要在2000年4月15日为这些资本利得纳税。温尼斯基认为，为了支付税款，投资者不得不出售自己的股票，从而使得股票价格连同纳斯达克指数一同下跌。虽然这些观察已经能够帮助人们意识到引起泡沫破裂的因素，但是温尼斯基本人并不相信存在金融泡沫。同时，他还鼓励自己的客户在纳税期结束之后重新进入股票市场。②

另一个重要的预测来自经济学家斯坦·J. 利博维茨（Stan J. Liebowitz）和史蒂芬·E. 马戈利斯（Stephen E. Margolis）。他们研究的问题涉及高科技市场的竞争与反垄断政策。他们正确地将

---

① William Anderson, "New Economy, Old Delusion," *Free Market* 18, no. 8（2000）: 6.

② Jude Wanniski, "Letters to Clients," March 30 to April 19, 2000.

当前的市场描述为一个临近顶峰的投机性泡沫："在撰写这本书的时候（1999年春），投机性泡沫一直是对当前的互联网股票比较恰当的描述。但这个表述并不代表我们认为需要通过投机性泡沫来提供充足的资金。"[1] 此后，利博维茨更加详细地分析了为什么泡沫会发生（该书出版时泡沫已经破裂）：

这本书主要探讨为什么各类金融事件最终会误入歧途……互联网行业的用户快速积累起来，广告收益快速增加，销售量快速上升。这样的景象让许多预测互联网行业的人都变得非常积极乐观，投资者（对于那些较早进入这个行业的幸运儿来说的确如此）只要投资这些公司，就能源源不断地获得真正的财富。但是，即便对用户以及收入增长的预测都是真的（因为一些情况的确和预测的一样），也无法保证未来的金融市场会和许多投资者以及分析师预期的一样乐观。[2]

## 结论

这就是华尔街的繁荣。只有勇敢的人才会坚持认为美国的股票市场早应该崩盘了。在泡沫即将破灭的漫长时期内，美国股市

---

[1] Stan J. Liebowitz, and Stephen E. Margolis, *Winners, Losers, & Microsoft: Competition and Antitrust in High Technology* (Oakland, CA: Independent Institute, 1999), p. 115.

[2] Stan J. Liebowitz, *Rethinking the Network Economy: The Real Forces That Drive the Digital Marketplace* (New York: Amacom, 2002), p. 2.

面临崩盘一直都是事实。

——《经济学人》，2000年3月25日

前文介绍了许多关于20世纪90年代股市泡沫的预测。其实，这些预测行为都有一个相同的背景，那就是当时的经济学家对经济学能否进行预测活动以及股票市场泡沫的成因等问题没有达成共识。介绍这些预测的目的是想为大家展现哪些经济学家准确识别了股市存在泡沫，哪些经济学家成功预测了股市的崩溃。本章的末尾会增加一个附录，根据时间顺序罗列其他经济学家对当时的宏观经济所表现出的洞见、不警觉以及困惑。更重要的是，对这些预测活动的调查能让我们仔细考察如何正确识别经济繁荣以及繁荣形成的原因。这些都是非常重要的话题，因为股票市场的繁荣与萧条会引起巨大的财富转移和金融损失。如果股市的崩溃又恰好引起严重的经济萧条，整个国家就会产生严重的经济损失、扭曲和低下的效率。经济危机通常会为政府扩大规模、管制范围和权力提供机会［罗伯特·希格斯（Robert Higgs），1987］。在极端情况下，金融和经济状况的激进变化可能会导致整个社会和政治出现动荡。

总的来说，正确预见经济泡沫的经济学家可以分为两类。第一类经济学家主要分析股市价值，利用标准的价格收益率等衡量股市价值的指标。经济学家罗伯特·希勒以及一小部分在1999年对市场看跌的分析师都认为股票市场的价值已经被极端高估了，未来很有可能出现一次类似股市泡沫的情况，并且注定迎来股价的锐减。不幸的是，大部分此类预测者并没有为自己的判断提供详细的经济分析。测算股市价值对预见经济泡沫起到了很大的帮助，但是这些方法本质上只不过是对历史数据进行比率或者百分比的计算，然后比较不同时期的比率、百分比的大小，又或者与历史平均水平进行对比。在最近这场经济泡沫中，许多看涨的分析者已经找到了调整测算的方法，然后用新的测算指标解释目前的情形，于是股市从表面上看起来似乎仍处于被低估的状态。

第二类成功预见股市泡沫的经济学家来自主流经济学之外的经济学流派，大部分人来自奥地利学派，或者与奥地利学派有关联的学派，其中包括一些学院派经济学家、金融经济学家以及一些认同奥地利学派的人。相关的判断早在1996年就出现了，且一直持续到股市崩盘之后，主要集中在股市泡沫接近峰值的时期。总体而言，奥地利学派经济学家对当时的情况抱有非常消极的态度。很快，他们不断强调当前经济形势包含的负面影响。当然，他们也区分了经济泡沫以及商业周期和其他经济现象与趋势之间的差异。一来奥地利学派经济学家的人数较少，且长期被边缘化；二来奥地利学派经济学家总是反对经济预测活动，反对主流经济学家所追求的精准预测。因此，虽然他们正确预见了经济泡沫，但是他们的话语并没有得到重视。在调查的过程中，我尽量避免使用"熊市论者"（permabears）或者对股票市场永久看跌的分析师的观点。需要注意的是，格兰特承认自己是一位熊市论者，并且他早在市场出现泡沫迹象之前就做出了判断。表17-2总结了不同经济流派对市场的判断。

表17-2 不同经济流派的预测

| 名称 | 预测 | 时间 | 所属学派 |
| --- | --- | --- | --- |
| 迪恩·贝克 | 泡沫 | 1999—2000年 | 后凯恩斯主义 |
| 詹姆斯·K.格拉斯曼 | 道指36 000 | 1999年 | 供给学派 |
| 凯文·A.哈西特 | 道指36 000 | 1999年 | 供给学派 |
| 戴维·伊莱亚斯 | 道指40 000 | 1999年 | 未知 |
| 查尔斯·卡德莱克 | 道指100 000 | 1999年 | 未知 |
| 罗伯特·希勒 | 泡沫、经济衰退 | 1999年 | 行为金融学 |
| 查尔斯·默里 | 泡沫、经济衰退 | 2000年 | 价值评估和测算 |
| 克里斯托弗·迈耶 | 泡沫、经济衰退 | 2000年 | 奥地利学派 |
| 詹姆斯·格兰特 | 泡沫、经济衰退 | 1996年 | 奥地利学派 |
| 托尼·德登 | 泡沫、经济衰退 | 1999—2000年 | 奥地利学派 |
| 约尔格·吉多·许尔斯曼 | 泡沫、经济危机 | 1999年 | 奥地利学派 |
| 弗兰克·肖斯塔克 | 泡沫、经济衰退 | 1999年 | 奥地利学派（技术人员） |
| 乔治·雷斯曼 | 泡沫、经济衰退 | 1999年 | 奥地利学派 |
| 肖恩·科里根 | 泡沫、经济衰退 | 1999年 | 奥地利学派 |
| 汉斯·森诺兹 | 泡沫、经济衰退 | 2000年 | 奥地利学派 |
| 威廉·安德森 | 泡沫、经济衰退 | 2000年 | 奥地利学派 |
| 裘德·温尼斯基 | 市场崩溃 | 2000年 | 供给学派 |
| 杰瑞·J.乔丹（Jerry J. Jordan） | 泡沫 | 1997年 | 货币学派 |
| 小卢埃林·H.罗克韦尔 | 泡沫、经济衰退 | 1999年 | 奥地利学派 |
| 格雷格·卡扎 | 泡沫、经济衰退 | 1999年 | 奥地利学派 |
| 小霍尔曼·W.詹金斯（Holman W. Jenkins, Jr.） | 购买并持有股票 | 1999—2000年 | 未知 |
| 威廉·麦克多诺（William McDonough） | 金融稳定 | 1999年 | 纽约联邦储备银行总裁 |
| 《经济学人》 | 泡沫、经济崩溃 | 2000年 | 凯恩斯主义、哈耶克 |

值得注意的是，所有的奥地利学派经济学家都为自己的判断提供了经济学上的解释，并且不同奥地利学派经济学家之间的理论解释保持一致。总的来说，奥地利学派经济学家都注意到了美联储实行宽松货币政策，人为将利率维持在非政策环境下的正常利率水平之下。20世纪90年代，美联储执意保释失败的投资者，让投资者不再对风险保持警觉。于是，经济出现了一段时期的"繁荣"和大面积的投机活动，最终形成了一场歇斯底里的股市泡沫狂欢。如果奥地利学派经济学家的分析是对的，那么美联储就是造成金融与经济波动的重要因素。他们的分析也说明，美联储人为将利率维持在尽可能低的水平会造成巨大的经济灾难。更好的方式是让市场力量自己决定利率，而不要通过人为手段进行干预。

那些准确识别出繁荣假象和股市泡沫的人，那些成功预见经济衰退或股市崩溃的人，其使用的分析方式最早可以追溯到《商业性质概论》的作者埋查德·坎蒂隆。后来，杜尔哥（Turgot）、萨伊（Say）、巴斯夏（Bastiat）、门格尔、维克塞尔（Wicksell）、庞巴维克、米塞斯、罗普克（Röpke）、哈耶克、罗斯巴德以及现代奥地利学派经济学家都在自己的作品中使用并拓展坎蒂隆的分析范式。

这种分析范式的核心是关注企业家精神，同时研究包括工资、租金、利润、利息以及货币购买力等在内的价格上升与下跌的原因。在商业周期方面，坎蒂隆认为，当货币和信用的供给受到干扰，尤其当货币当局增加纸币的供应时，市场的相对价格会被改变。人为降低利率会鼓励投资，提高人们对资本品的价值评估,长期资产的价值增长幅度超过短期资产。而最终引起的生产结构(建筑、技术以及产业组织形式)的变化也被称为坎蒂隆效应。坎蒂隆效应出现在经济繁荣时期。在这个阶段,资源被错误配置,其中既包括投资也包括劳动力的错误配置。而在经济衰退时期,相对价格自行恢复,投资和劳动力会在企业破产以及失业等机制下进行重新配置。在这个过程中,资本资产的价格会变得非常不稳定。

虽然奥地利学派的思想近年来越来越受到金融媒体以及学术出版物的关注,但你如果调查大学本科生和研究生的经济学教材,很难找到有关奥地利学派商业周期理论或者坎蒂隆效应的内容。现在要是全面修订经济学的教科书可能为时尚早,而且对于经济学教授来说,重写授课笔记也显得非常麻烦。但我们现在要做的至少是在课堂中或教科书中引入一些相关的概念,让学生能够对另一种不同的分析范式进行思考并发现它的价值。

### 附录:其他预测

- 杰瑞·J. 乔丹说:"如果参考其他历史时期,特别是美国20世纪20年代以及日本20世纪80年代,问题可能出在资本(股票)市场中。"[1]作为联邦公开市场委员会中具有表决权的成员,自1998年起,克利夫兰联邦储备银行行长乔丹曾5次投票赞成加息,每次投票均未能通过。

---

[1] Jerry J. Jordan, president of the Federal Reserve Bank of Cleveland in the minutes of the Federal Open Market Committee meeting, November 11, 1997.

- 维克多·扎诺维茨说:"那些认为我们正处于一个全新黄金时代的观点通常都没有什么说服力。"[1]扎诺维茨注意到了奥派商业周期理论并运用在自己的分析中。
- 小卢埃林·H.罗克韦尔说:"从某种角度上来看,根本没有人知道股票市场什么时候重返它的巅峰,它甚至可能出现崩溃。"[2]
- 格雷格·卡扎说:"有传言称华尔街发现了一个'新的经济模式',这个模式能够彻底消除商业周期,但这种表面现象具有欺骗性,经济衰退最终会到来。"[3]
- 小霍尔曼·W.詹金斯说:"格拉斯曼和哈西特声称道琼斯指数将会迎来新的价值高峰,这真是一场精彩的营销骗局。不过这不是他们那本书的重点。他们说得没错,美国人民已经战胜了对股票市场的恐惧,因为股票市场目前的表现比以往都好。对于投资者来说,尽情购买、持有股票,然后遗忘伤痛,一切都是那么安全可靠。"[4]
- 艾伦·格林斯潘说:"我意识到当前存在股市泡沫,并且我

---

[1] Victor Zarnowitz, "Theory and History Behind Business Cycles: Are the 1990s the Onset of a Golden Age?" NBER Working Paper 7010 (Cambridge, MA: National Bureau of Economic Research), abstract.

[2] Llewellyn H. Rockwell, Jr. "Stock Market Bailout," *Free Market* (November 1999): 4.

[3] Greg Kaza, Greg, "Downsizing Detroit: Motown's Lament," *Chronicles: A Magazine of American Culture* (November 20, 1999), p. 20.

[4] Holman W. Jenkins, Jr., 1999—2000. "Of Bulls and Bubbles," *Policy Review* 98 (1999—2000).

敢保证，你如果想避免受到泡沫或其他任何不利因素的影响，就应该增加保证金比例。"①

- 威廉·麦克多诺说："我认为目前的银行体系正如我所期待的那样发挥着自己的作用——适当地承担着合理的风险，总体保持着良好而敏锐的判断。"②
- 《经济学人》写道：这就是华尔街的繁荣。只有勇敢的人才会坚持认为美国的股票市场早应该崩盘了。在泡沫即将破灭的漫长时期内，美国股市面临崩盘一直都是事实。③
- 艾伦·格林斯潘也曾说："在美国的股票市场中，要想在股市真正出现泡沫以前就意识到泡沫存在是非常困难的。"④
- 尼古拉斯·F. 布拉迪（Nicholas F. Brady）说："目前的市场衰退有些不同，它是由大规模的价值贬损而引起的。股票市场正处于一个巨大的泡沫之中。这个泡沫从20世纪90年代末开始产生，在2000年达到顶峰，虽然和以往的泡沫有些不同，但总是市场运行的一部分，是人类情感不受控制的副产品。"⑤

---

① Alan Greenspan, minutes of the Federal Open Market Committee meeting, September 24, 1996.
② William McDonough, president of the New York Federal Reserve, quoted by *Reuters*, September 26, 1999.
③ *The Economist* 2000, p. 84.
④ Alan Greenspan, speech at the Federal Reserve Bank of Kansas City's annual conference at Jackson Hole, Wyoming, August 20, 2002.
⑤ Nicholas F. Brady, "Every Market Collapse Is Different," *New York Times*, August 11, 2002.

- 劳伦斯·迈耶（Laurence Mayer）说："一股忧心忡忡的情绪弥漫着，我们找不到更好的应对资产价格泡沫的方法。在我看来，不可能有人想到什么对策，让人们安心地认为可以把这个问题解决掉。"①

- 马修·斯皮格尔（Matthew Spiegel）说："要准确识别出股票价格的运行之中包含着'泡沫'或者'恐慌'是非常困难的。从事后来看，特别是泡沫发生之后的几个月或者一年之内，我们很容易判断出来。但是，投资者并不具备这样的优势地位。他们必须根据此刻手头的信息对证券进行估价，做出自己的决策。"②

- 罗伯特·夏皮罗（Robert Shapiro）说："如果不是技术冲击或者市场定价机制的失败，那么到底是什么导致了目前这场商业周期？不可能是恐怖主义或者战争。恐怖主义无法产生如此大的直接损失并让经济产生衰退，同时，也很难说是恐怖主义对人们产生的心理效应放缓了经济增长。因为美国的经济在'9·11'事件之后的那个季度出现了转机，并在后一个季度取得了这几年间最好的成绩。我们也没有任何确凿的证据证明伊拉克战争破坏了商业投资和消

---

① Federal Reserve governor Laurence Mayer as quoted in Carol Vinzant, "Two Schools of Thought on Economics," *Chicago Tribune*, September 3, 2002.
② Matthew Spiegel, "2000 A Bubble? 2002 A Panic? Maybe Nothing?" Yale School of Management（New Haven, CT., 2002）, p. 5.

费者支出。"①

- 詹姆斯·格兰特说:"在繁荣阶段,如果你说衰退是商业周期的必然组成部分,那么人们不会对这样的话产生太大的兴趣。在一场虚假的繁荣中,好的经济学思想总是被边缘化。这就是为什么我们此刻就应该在洪水来临前传播奥地利学派的理论解释。洪水最终总会到来,谁又能知道呢?也许我们能够在这次经济萧条中让奥地利学派的思想得到广泛的传播。那时,奥地利学派经济学就会被视为主流经济学,它也应当获得这样的地位。"②

---

① Robert Shapiro, "Spin Cycle: Why Has the Business Cycle Gone Topsy-Turvy?" Slate.com. April 15, 2004.
② James Grant, "The Trouble with Prosperity: An Interview with James Grant," *Austrian Economics Newsletter* 16 (1996): 8.

# 第18章
# "牛"市？

在2004年冬季的一个周末，我越来越怀疑即将发生另一场由美联储一手引发的经济泡沫，其情况类似20世纪90年代末的那场泡沫。民众对未来似乎信心满满，但是，我尚不能断定这到底是一次惠及整个经济体的一般性经济繁荣，还是一次集中在个别部门的经济泡沫。因此，我决定自己调查一下。

没有人会否认2004年的美国股票市场经历了一场牛市。2003年，纳斯达克指数攀升了50%，而道琼斯指数和标准普尔500指数也都增长了25%。几乎所有人都认为2004年处于牛市。道氏理论（其实根本谈不上是一种理论）说，我们正经历牛市行情。如果你相信"一月效应"，也就是说每年一月份的行情决定了市场一整年的命运，那么你一定认为2004年一整年都是牛市。毕竟一月底的时候，所有的股市指标都表现出非常强劲的势态。

可能只有新英格兰爱国者队赢得比赛的消息会让人们觉得扫兴。美国超级碗指标预测，如果来自美国橄榄球联合会的队伍赢得了比赛，那么接下来将会是糟糕的一年。但是，超级碗指标在最近的几年里似乎失去了魔力。也许我们是时候使用其他指标了，比如一到普选年就会迎来股市增长的政治指标。

但股市真的表现出了繁荣的信号吗？还是说这些现象其实都是骗人的。

我想真实的情况应该是后者，同时我认为目前不是一个申请房屋抵押贷款或者投资热门科技股的好时机。我们正在经历房地产泡沫，并且在利用股票价格收益率测算股市价值时，你会发现股票市场也出现了泡沫（见图18-1）。如果遵循低买高卖的原则，人们就应该在这个时候抛售股票，不要再买了。

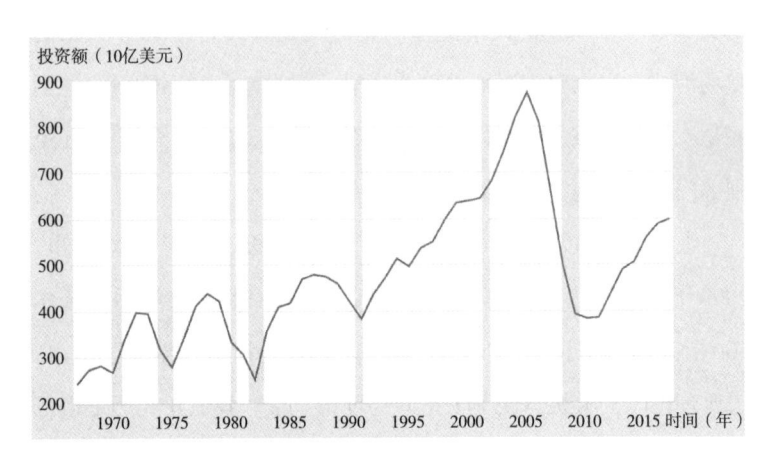

注：阴影部分表示美国经历过的经济衰退。
数据来源：美国经济分析局。

图18-1 美国私人住宅股票市场实际投资额

我并不是在怂恿你把自己的房子卖掉，花光退休基金账户里的现金。我只是建议你随时保持警惕，不要抛弃一些传统的准则。现在，90%以上的股票交易价格都超过了自身的200日均线。当这个指标接近80%时，我通常会抛售股票，或者至少不再购买新股；然后当指标降至20%至30%时，我才会重新入场。投资者至少应该花点时间评估自己的资产以及股票、债券、现金和黄金的投资组合情况，权衡好自己的投资活动，保障好资产安全。

为什么会出现虚假的股票市场繁荣？

首先，美联储已经人为将短期利率推到历史的最低点。这当然能够刺激股票价格的上升，但低利率同时会阻碍居民储蓄，鼓励人们增加消费和借贷行为。美国人的储蓄水平非常低，而债务水平奇高（见图18-2）。这显然不是一个健康的经济体应该具备的状态。实际上，统计数据显示，美国人正在不断从自己的存款账户中取钱，投资到股票市场中，但这并没有提高他们的总体储蓄水平。

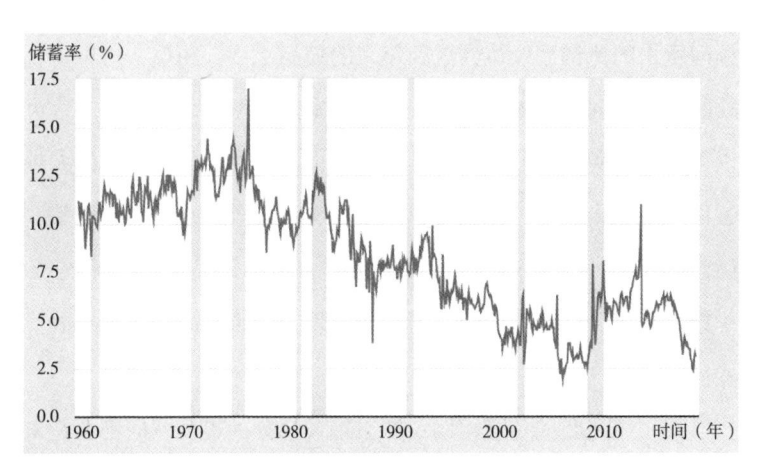

注：阴影部分表示美国经历过的经济衰退。
数据来源：美国经济分析局。

图18-2　美国个人储蓄率

其次，联邦政府一直以来都在增加开支，政府债务也迅速达到一个非常高的水平。虽然这些都不是经济健康发展的信号，但政府能把GDP以及失业率等经济统计数据做得很漂亮，从表象上维持一个繁荣的市场景象。如果经济的复苏依靠的是政府支出、不断受到刺激的消费者支出以及房地产建设，那么这样的经济又有何繁荣可言呢？

回顾过去的一年，我们应该都记得美元的贬值。真的要感谢美联储，2003年，美元指数下跌将近15%。如果你把自己的钱存在国外银行或者购买外国债券，那么你已经避免了一场损失，还为自己赢得了一笔利息。算算这些收益，你都可以让美国股市25%的增长率自叹不如。

未来经济会怎么发展？我们必须记得，对市场看涨的投资顾问所占的比例已经达到近四年来的最高水平。相反，对市场看跌的投资顾问所占的比例也接近四年来的最低位。人们的态度可以被视为一种股市的逆向思维指标。也就是说，如果看涨的人越多而看跌的人越少，那么股票市场很有可能会迎来一次"修整"。虽然它不是一个完美的指标（没有哪个指标是完美的），但它的确能和经济分析保持一致，可用于发现美国未来股票市场中的一些问题。

接下来是我的免责声明：如果绝大部分的投资顾问都会在未来股市如何发展的问题上犯错误，如果你还期待我的建议和分析能有多完美，如果你听了我的建议并做出了行动，那么这就不是我的问题了，毕竟"一经售出，概不负责"。这可不是胡说八道的。

# 第 19 章
# 难以置信的房地产繁荣

2004年,各地的房地产市场都洋溢着"新时代"的气氛。住房建设正在以创纪录的速度如火如荼地进行着。美国上下尤其是美国东部和西部沿海地区的城市,不断打破房地产的价格纪录。飞速上升的住房价格和突破历史新低的利率让许多房主对自己的住房抵押贷款进行再融资,将房屋价值作为抵押借款(extract equity)以提高自己的消费水平,这样还能减少每个月的月供!就连一位负责贷款事宜的工作人员都对我说:"眼前这一切美好得让人不敢相信。"

的确,现实太美好了,让人开始怀疑它的真实性。但是,那些鼓吹新型房地产发展模式的"先知"从来不会讨论房地产市场其实已经落入了和过去类似的商业周期中。所谓的新模式或新时代最后往往以居民无力偿还贷款并强制拍卖房屋、企业破产以及银行倒闭而告终。

日本的房地产泡沫是一个颇有启示性的案例。20世纪80年代,日本经历了一场与20世纪20年代的美国非常类似的股市泡沫。当日本股票市场开始出现崩溃迹象时,日本的房地产市场仍然处于泡沫之中。日本的一项房地产综合指数显示,在股票市场崩盘之后，房地产价格在两年内依旧保持上涨趋势。在泡沫最终破灭的前5年，房地产价格始终保持在高位。在股市崩溃前6年，房屋建筑行业一直表现出繁荣景象。之后，日本的商业、工业和住房价格持续下跌，跌破了1985年首次统计该数据时的水平。

美国的股市崩盘已经过去3年了。美联储主席格林斯潘表示，虽然长期利率已经上升得很高，但是利率的变动可能很快会出现反转。利率的上升会揭开房地产市场的真相，暴露出新模式的弊端，让人们发现房地产繁荣如何掩饰通货膨胀的趋势。不幸的是，一旦真相被揭开，住房所有者就会受到巨大伤害。从长远来看，更严重的问题是，这会波及美国的纳税人。他们被迫为拯救破产银行以及受政府支持的抵押担保人的计划支付税款，而正是这些银行和担保人当初不负责任地为人们提供贷款。

### 格林斯潘式经济复苏

美联储主席格林斯潘[①]再次创造性地发现了新时代的经济万能药。他还称赞自己为经济的复苏做出了贡献："极低的利率水平和税收削减已经为住房建设和家庭支出的稳健上升提供了保障。事实也是如此，我们看到今年以来住房建设正在稳步进行。"

---

① "Testimony of Chairman Alan Greenspan." Federal Reserve Board's Semiannual Monetary Policy Report to the Committee on Banking, Housing, and Urban Affairs, US Senate, February 12, 2003.

所谓的万能药,就是人们在将自己的住房进行再融资时产生的"住房净值提取"(equity extraction)①过程。人们在获得房屋净值贷款之后,可以增加其他方面的支出,从而提升自己的生活水平。由于浮息贷款的利率非常低,人们实际支付的费用其实在下降。因为个人每月的实际收入在增加,所以产生了购买更加昂贵的住房的想法。正如格林斯潘解释的那样:

因为人们从不断上升的房屋净值中大规模提取资金,所以消费者的其他支出呈现上涨趋势。绝大部分房屋净值提取可以反映房屋销售过程中的真实资本利得,它们通常都是房屋转手交易的结果。但在过去一年的时间内,相同水平的房屋净值提取量反映出人们举债提现的规模,这种建立在负债基础上的提现行为和住房抵押贷款再融资领域出现的一次前所未有的增长有关。②

和往常一样,格林斯潘并没有对自己的言论进行正面回应。虽然他也确实考量了当前房地产市场中的新模式会产生哪些潜在的问题与陷阱,但他最终还是认为我们没有什么可担心的。低利率、高房价以及低融资成本意味着我们可以切实获得蛋糕(也就是我们的住房),然后尽情享用(也就是提取房屋净值

---

① 住房净值提取也就是房屋净值贷款、住房权益贷款或者二次抵押贷款,房主以房屋权益作为抵押获得消费贷款,用于个人消费或投资。——译者注
② "Testimony of Chairman Alan Greenspan." Federal Reserve Board's Semiannual Monetary Policy Report to the Committee on Banking, Housing, and Urban Affairs, US Senate, February 12, 2003.

用于消费)。

从历史数据来看，房屋所有者的住房抵押贷款量相对于自身的收入而言已经变得很高了。但由于利率处于较低的水平，所以我们已经降低了贷款要求，相同水平的可支配收入能够获取的贷款量远远超过20世纪90年代初的高标准。此外，随着民用房地产市场的价值持续增加，尽管建立在负债基础上的房屋净值提取已经达到了相当大的规模，但是房屋净值仍然在不断上升。算上固定成本以及房客租金、消费者分期贷款和汽车租赁费用等其他支出费用，相对于自身收入而言，房屋所有者面临的贷款总成本已经低于原来的峰值，因而目前这不再是我们需要担心的问题。[1]

### 房地产泡沫

2004年年初，当泡沫已经初露端倪但尚未完全形成时，我就提出了美国的房地产市场存在泡沫的问题。正如图18-1所显示的那样，私人住宅股票市场的实际投资额已经远远高于它的历史趋势甚至是周期性的趋势。在我看来，这表明房地产市场已经出现了泡沫。现在我们知道，2003年房地产市场的投资额增长了8.8%。从历史记录来看，这是一个非常高的增长率，但是距最高增长率还有一定的差距。2003年是房地产投资保持正增长

---

[1] "Testimony of Chairman Alan Greenspan." Federal Reserve Board's Semiannual Monetary Policy Report to the Committee on Banking, Housing, and Urban Affairs, US Senate, February 12, 2003.

的第九年，从这项数据开始统计以来，这种情况还是第一次出现。弗兰克·肖斯塔克[①]以及克里斯托弗·迈耶[②]已经就房地产泡沫撰写了非常有价值的文章。

最近，我偶然发现一条可以佐证房地产泡沫的逸闻趣事。某个周日下午，我的一个朋友打算把沿街的一个出租房卖掉，于是就在屋前的草坪上挂了一块"房主亲售"的告示牌。他虽然没有去中介或者报纸上打广告，但还是在下午接到了好几通电话。后来，电话越来越多。短短几天就有许多人来电询问情况。最终他接受了一个人的报价，成交价远比我朋友一开始的定价高得多。

那些对潜在的房地产泡沫视而不见的主流经济学家并不会注意这些细节信息。同时，他们也完全忽视了当前房地产繁荣的宏观证据，还以为这是一次积极的房地产发展。比如，虽然劳动力市场非常"疲软"，但新建住房的增长率仍然达到了空前的历史高位，其年化增长率已经超过了20世纪70年代通货膨胀失控时的两次激增水平。

房价也是在2004年左右开始上涨的。但同样地，主流经济学家普遍忽视了这个现象。正如我们在上文提到的那样，格林斯潘认为这是一次积极的发展。一些经济学家甚至指着消费者价格指数说道，其中的住房指标表现得非常稳定甚至出现了下降。他

---

① Frank Shostak, "Housing Bubble: Myth or Reality?" *Mises Daily*, March 4, 2003.

② Christopher Mayer, "The Housing Bubble," *Free Market* 23, no. 8（August 1, 2003）.

们全然不顾新闻报道里每天都在讨论的房价正在夸张地上涨，美国各地的房价都在打破新的历史纪录。旧金山湾区、丹佛、拉斯维加斯、华盛顿甚至纽约布法罗都迎来了房价的历史新高。

从美国房价平均值来看，2001—2003年，家庭住房中位价格已经上涨了15%。其中，东北部地区的增长率为30%，中西部地区的增长率为8.5%，东南部地区的增长率为14.4%，西部地区的增长率为20.4%。而在过去一年的时间内，东北部地区家庭住房中位价格的增长率为18.7%，中西部地区为1.9%，东南部地区为3.8%，西部地区为10.7%，全国平均值为6.5%。有趣的是，自2003年第三季度达到峰值水平以来，中西部地区和东南部地区的家庭住房中位价格已经下跌了7.2%和7.3%，而西部地区的家庭住房中位价格基本处于不景气的状态。从最近几个季度的统计数据来看，美国的房地产泡沫可能已经出现了破裂，或者至少进入了冷静期。

为什么房价一直在上涨？美国房地产经纪人协会（National Association of Realtors）首席经济学家大卫·勒雷亚（David Lereah）在茵曼新闻（*Inman News*）的采访中解释道："这只是一个非常简单的供求关系……美国大部分地区的购房者数量不断增加（超过卖房者的数量）。结果就是，住房的库存量开始吃紧，人们对住房价格也有了更高的预期。"[1] 当然，房价上涨的真实原

---

[1] David Lereah, "Real Estate Prices Post Double Digit Gains," *Ocala Star-Banner*, May 22, 7, 2004.

因是美联储将利率以及住房贷款利率控制在历史性的低水平，所以人们发觉投资房地产变得非常容易。实际上，自2001年以来，虽然房价出现过18%的增长率，但是每月月供的中位数仍然保持在789美元，并且这个数值在收入中所占的比例反倒在下降。拜格林斯潘所赐，这就是货币通胀政策的魔力。

### 货币扩张之后的物价飞涨

最近，我要买的所有东西都在涨价。汽油、乳产品、纸张等所有的商品都变得更加昂贵了。主流经济学家对最近的物价上涨似乎非常惊讶。他们制造了各种借口，让我们忽视价格飞涨的各种迹象：油价上涨、食品价格上涨、医疗费用价格上涨以及更高的税负和政府费用。当然，还包括他们关于房价的肮脏秘密。

其实，人们大可不必对物价飞涨感到惊讶，毕竟2001—2003年，美联储已经增加了25%的货币供应。另外，大宗商品的价格已经持续上涨了好几个月，最终表现为商品和服务价格的上涨。反映大宗商品价格在不断上涨的一个主要指标是道琼斯大宗商品指数（Dow Jones Commodity Index），它反映的是主要大宗商品生产商的股价。自2001年第四季度以来，这个指标就一直在上升，并且已经翻了一番。除了2002年中期出现过一次下跌，这个指数已经达到了前所未有的高度。

直到最近，大宗商品的影响才开始体现在生产者价格指数以及消费者价格指数等政府公布的价格指数中。2004年的前四个月，消费者价格指数以4%的年增长率快速上升，这是最近几年内最高幅度的增长。2001年，生产者价格指数出现下跌，但在2002年和2003年转跌为涨。2004年6月前的一年时间内，产成品价格上涨了3.7%，而中间产品的价格上涨了5.1%，原材料价格上涨了20.4%。这表明，一轮大规模的物价飞涨正在酝酿。根据20世纪70年代的经验，物价上涨会助长房地产泡沫，因为住房等有形资产可以充当对抗通胀的工具。

### 肮脏的秘密

让我感到吃惊的并不是物价上涨本身，而是物价上涨迟迟没有出现。直到发现了消费者价格指数中肮脏的秘密，我才解开疑惑。随着我们身边各种商品价格的上升，亚拉巴马州的奥本市有一种价格非常稳定（但没有下跌）且数量充沛的商品。我虽然曾在这个大学城居住了将近20年，但很少看到人们大谈特谈这种商品。如今，你可以在整个城市的大街小巷看到它的宣传广告。这种数量富足的商品就是住房。

住房和公寓呈现出相反的变动趋势，这是一个非常奇怪的市场现象。毕竟住房和公寓虽然是两种不同的商品，但都属于房地产市场。在奥本市，虽然房地产公司在疯狂修建房屋，但你几乎不可能找到想要购买的住房。相反，你如果想租赁房屋（包括一些面积较小的住房），那么随时能够找到各种形状、各种规格的房子。这是因为人口发生了变化吗？人们变得更加不耐烦了吗？或者说这只是因为我们处在一个"新的房地产模式"下吗？这难道就是住房的"新时代"吗？

格林斯潘推行的低利率政策驱使承租人变成房屋所有者，市场的平衡被打破。在这场由美联储诱导产生的扭曲之下，潜藏着一个肮脏的秘密：为什么可以利用住房成本来避免通货膨胀在计量上出现增长。消费者价格指数并没有如实反映物价上升的真实水平，因为政府在消费者价格指数中使用的是房屋租赁价值（the rental value of housing），而不是房屋的实际价格（the actual price of houses）。

在用于计算消费者价格指数的一篮子商品中，增长率低于住房的商品包括食物和饮料、娱乐以及教育。这些商品加起来大约占一篮子商品权重的30%。住房占一篮子商品权重的42%，其中房价就占到一篮子商品权重的25%。但是，消费者价格指数中的房价是用"房主等价租金"（owner's equivalent rent），也就是通过估计房屋所有者在出租房屋的情况下希望收取多少租金来计算的。2004年，美国住房价格持续上升而房屋出租率处于停滞状态，因此，消费者价格指数对该年的实际物价上涨率大约低估了50%。

**房地产泡沫会破灭吗**

房价从不或者几乎不会下跌，这已经是美国人的常识了，而常识怎么会有错呢？房地产一直是一个很不错的投资项目，难道不是吗？它能对抗通货膨胀，而且一旦投资了房地产，你每天都能使用到它，还能享受很大的税收减免优惠。家，不正是美国梦的重要一环吗？

政府可以把任何事情都搞砸。只要给它充足的权力和时间，它就能把一切事情弄得一团糟，美国的房地产市场就是新鲜出炉的案例。美联储和一批受到政府扶持的企业（房地美、房利美和萨利美等）为人们提供了非常便利的贷款服务，悄无声息地在美国制造出房地产泡沫。所谓"月满则亏，水满则溢"，登高跌重只是时间问题。

房地产泡沫倒不会像气球那样爆炸，甚至不会像股票市场那样崩盘。空气会从房地产的泡沫中缓慢地泄漏出来，这个过程缓慢且十分痛苦。在商用房地产市场上，泄漏的迹象会更加明显。除非我们把房子成功卖出去，否则我们无法确定自己的房子现在值多少钱。房屋和沃尔玛的股票不一样，不可能每天发生交易。有些房屋从来没有在市场上进行买卖，而是在一个家庭中代代流传。房屋的市场价值可能已经降低了20%，但是屋子的主人却没有意识到这个问题。

更糟糕的是，当房地产市场崩溃时，房价下跌的可能性非常低。因为如果买方无力支付房款，那么结果只是房屋的交易过程停止而已。与其降价出售，卖方宁愿选择留在市场中等待机会，或者干脆不再出售房子。传统上，市场往往从数量的角度而不是价格的角度对房地产市场的崩溃进行调整。也就是说，市场调整会让房屋的出售量减少，进而非常缓慢地引起价格的降低。这并不是说房地产市场不可能存在泡沫，也不意味着房地产泡沫的破裂不会引起巨大的痛苦，只不过它的破灭不会像股市崩盘那样声势浩大。

我们很难预测房地产泡沫到底会持续多久,也无法预测它什么时候破灭。衡量泡沫的最佳指标就是利率。美联储如果人为降低利率,泡沫就会出现;当人为抬高利率,泡沫就会破灭。当时我猜测格林斯潘会在选举之后增加利率。

从20世纪80年代初开始,利率就一直处于下降趋势。正如前文提到的,低利率会诱导人们对自己的住房进行再融资,并且提取住房净值以增加自己在汽车、游船、家庭翻修、假日甚至股票投资等方面的支出。其结果是,房屋净值在房地产价值中所占的比例已经达到了历史最低点。

格林斯潘的经济万能药还有一个缺点。如果在未来几年,货币扩张引发新一轮的价格上涨以及随后的利率上升,那么这些已经将房屋净值提取得一干二净的房屋所有者又该怎么办呢?

越来越多的住房抵押贷款融资都以浮动利率抵押贷款的形式出现。随着利率的增加,人们需要偿还的金额也在不断增加。就我的经验而言,许多浮动利率抵押贷款都设有一个上限,只允许利率向上变动一定的数值。即使有浮动上限的约束,支付金额也有可能增加50%左右。不过,近来我发现许多浮动利率抵押贷款并没有设定上限。如果这些贷款利率呈现爆炸式的增长趋势,那么这些人的支付金额将会变成原来的两倍甚至三倍。如果真的出现这样的状况,房地产市场就会崩溃,房屋卖家的数量将远远超过买家的。

鉴于政府对松散懈怠的贷款制度保持纵容态度,房价将会暴跌,企业破产数量将会增加,包括政府扶持的抵押贷款公司在内的金融公司会要求新一轮的援救计划，此举将殃及纳税人。

当然，通货膨胀并不会突然出现。利率也许会维持在低水平状态。我在为《通货紧缩：价格下跌后会发生什么》(*Deflation: What Happens When Prices Fall*)一书撰写报告时，甚至预测未来的金融活动都会受到通货紧缩的支配。格林斯潘认为他的万能药让美国房屋所有者拥有了更多的经济"灵活性"。但我认为，他带给美国房屋所有者的并不是什么灵活性，而是一场经济梦魇。申请固定利率抵押贷款，不要提取房屋净值，或者去租一间便宜的公寓吧。①

---

① Chris Farrell, *Deflation: What Happens When Prices Fall* (New York, 2005).

# 第20章
# 房地产泡沫经济学

再没有比房地产泡沫更能说明政府失灵以及房地产危机的案例了。政府一手制造了房地产泡沫，住房价格变得越来越高，这让第一次买房的消费者望而兴叹。之后，随着利率的上升和房价的下跌，许多购房者发现房地产的投资环境变得非常糟糕，超出了个人的承受能力。联邦政府大刀阔斧地试图利用"低息货币"政策改善所有美国人的居住条件，却最终带来了意想不到的结果，让美国人在经济上留下了难以消除的伤痛，这将影响他们的一生。所谓的"低息货币"政策就是中央银行（美联储）人为地将利率设置在低水平，同时扩张货币供给。所以，人们发现自己能够轻而易举地获得信用（贷款）。另外，诸如房利美和房地美之类的政府支持型信贷组织则让房屋抵押贷款的获取变得更加容易。

当泡沫破灭时，许多人都会受到经济上的打击。而在一场房地产泡沫中，首当其冲的自然是房屋所有者，尤其是那些在房地产泡沫的鼎盛时期购买了房产的新房主。当然，房地产泡沫破裂也会造成劳动者的失业以及资本价值的流失。和房地产市场关联越紧密的产业，受到的影响越严重。从个人层面来讲，许多人面临着入不敷出的破产境地。而从宏观层面来说，房地产泡沫的破裂会让整个经济陷入衰退或萧条。房地产泡沫集中影响房屋建造、原材料和家装、房产销售以及抵押贷款业务等领域。

此外，人们还要经受心理上的伤痛。那些身处泡沫之中的人原本是那样自信满满，因为他们觉得自己显然做出了非常成功的决策。但是，在泡沫破裂之后，他们信心全无，陷入绝望的境地，再也不敢对自己的决策表现出自信。实际上，他们已经对整个系统丧失了信心，不再相信资本主义。他们非常容易接受新"改革"的诱惑，愿意用自主权和自由换取生活安排与保障。

经济危机之所以会导致恐惧与自由的倒退，是因为人们通常并不知道是什么原因造成了经济衰退或者经济危机。他们甚至从一开始就没有意识到已经出现了经济泡沫。实际上，当经济泡沫破灭时，许多人都不认为目前的经济出现了问题，而是坚信当前的情况很快就会得到改善，进而回归到正常的状态。很少有人会仔细地思考经济到底是如何运行的，人们只是简单地接受这个系统运行的现实，并尽可能地从中获得最大收益。

本章将为大家解释经济系统是如何运行的，为什么它会产生经济泡沫，而泡沫为什么最终会破灭。本章还会为大家解释经济泡沫对宏观经济的影响。根据奥地利学派的商业周期理论，本章将把对经济泡沫的分析运用在2006年的房地产泡沫中。我将为大家解释为什么房地产泡沫的产生是政府失灵的结果。政府官僚机构（美联储）对货币供给和利率进行管制，这看似非常具有经济理性，但其实会不可避免地带来失灵。当然，我们可以把这个分析方法运用在过去所有的经济泡沫现象中，比如17世纪的荷兰郁金香狂潮以及20世纪90年代的网络技术泡沫，它还可以用于分析未来其他类型的泡沫。

## 谁制造了房地产泡沫

经济学家和普罗大众对泡沫有三种基本的看法。民众以及包括芝加哥学派和供给学派支持者在内的主流经济学家持有一个占据主导地位的观点，即第一个观点，他们否认存在经济泡沫，并认为所谓的泡沫其实只是真实因素产生的结果。第二种观点认为，泡沫的出现来自一些心理因素。比如，非理性繁荣就是这一类观点的代表性理论，它来自凯恩斯主义者或者行为金融学的支持者。第三种也是最后一种观点则来自奥地利学派。奥地利学派经济学家认为经济泡沫产生于货币政策的管制行为，其中既包括真实情况的改变，也包括心理因素的变化。这种观点是具有前瞻性的，并且能够识别出经济泡沫的成因。当然，找到经济泡沫的成因之后，它也能为我们提供相关的政策选择，让我们避免未来的经济泡沫。

大部分人赞同主流经济学家的观点，认为并不存在房地产泡沫之类的事情。他们认为"房价从来没有下跌过"。而芝加哥学派以及供给学派经济学家认为，经济泡沫的言论是对理性经济人①的公然冒犯。这意味着人们在心理上其实是有缺陷的，需要政府进行干预。在他们看来，即便真的存在引起泡沫的一个或几个因素，即便真的存在所谓的泡沫，即便真的有人相信已经出现了泡沫，人们还是可以在房价高升时卖出房子以获得利润，由此削减泡沫的规模，使它不会变得过度膨胀直至破裂。另外，如果是因为一些不理性的因素而导致房地产出现泡沫，那么作为一位理性经济人，他完全可以利用这些产生泡沫的错误心理动机大赚一笔。

虽然这种观点在内部存在很多分歧，但两位来自纽约联邦储备银行的经济学家麦卡锡（McCarthy）和皮奇（Peach）的理论非常具有代表性。他们对人们担心美国房地产市场存在投机性泡沫一事进行了研究。麦卡锡和皮奇的确发现，如果房地产泡沫存在并破灭，那么这的确会对经济产生非常严重的影响。但他们最终认为，人们的这种担心是毫无根据的：

> 我们得到的主要结论是，被广为引用的泡沫存在的证据其实并没有说服力。因为它无法解释为什么在过去十多年的时间内房地产市场能够蓬勃发展。特别是在这段时期内，名义抵押贷款利率的降低以及人口因素支撑着人们的住房需求、住房建设以及房

---

① 理性经济人是经济学家用来构造模型和经济学理论时使用的概念。在理性经济人的概念中，假设人都是理性的，会尽力让自己的效用最大化。这个假设造成了不同学派经济学家以及经济学与其他社会科学之间的争论与误解。

屋价值的增长。①

此外，他们认为对于房价的任何一次快速下跌，人们都"没有担心的必要"。他们发现，当美国经济经历衰退或者进入高名义利率时期，任何的价格下跌都是"温和的"。他们还发现，显著的价格下跌只会出现在局部地区，不会"对全国经济造成毁灭性的打击"。

这显然非常贴合格林斯潘以及本·伯南克的论调。特别是格林斯潘，他本人意识到了可能存在房地产泡沫，但是他又尽可能地说服大家相信并不存在任何泡沫。如果房地产市场真的存在泡沫，那么这也不是什么严重的问题。这位美联储的主席经常对经济形势做出错误的解读，他的话时常让人费解，甚至具有误导性。他在国会上的证词被贴上了十分难听的标签②。但即便背负恶名，在讨论房地产泡沫的时候，他的一些观点仍然清晰直接，值得被我们长篇摘引：

> 房地产市场依旧保持强劲势头，这不得不让人担心可能会出现房价泡沫。不过，人们通常把它类比成股票市场泡沫的形成与破灭，这其实是不准确的。首先，和股票市场不同的是，房地产

---

① Jonathan McCarthy and Richard W. Peach, "Are Home Prices the Next 'Bubble'?" *FRBNY Economic Policy Review* (December 2004): 2.
② Mark Thornton, "Surviving GreenSpam," LewRockwell.com, February 16, 2004.

市场的销售涉及实质性的交易成本。当大部分房屋被出售之后，卖方必须从屋子里搬出去，同时承受高昂的财务与精神成本。这显然会对房地产投机性交易下的泡沫扩大产生阻碍作用。因此，相比股票市场超过100%的年换手率，房产所有权的年换手率不到10%，几乎不可能引起任何投机性的狂热。其次，相比证券市场，房地产市场中的套利机会受到很大的限制。俄勒冈州波特兰市的房子并不能很好地成为缅因州波特兰市的房子的替代品。而全国房地产市场其实是一个由众多不同地区的小型房地产市场组合起来的集合体。即使局部市场出现了泡沫，它也不一定会对整个国家造成影响。[1]

当泡沫逐渐达到顶峰，格林斯潘[2]的确承认在一些地方性的房地产市场中存在一些明显的泡沫，但他认为从整体上看，房地产市场依旧鼓舞人心。在离任后的第一次演说中，格林斯潘提到这场房地产市场"史无前例的繁荣"结束了，但并不存在任何危险，房价也不会下跌。[3]新的美联储主席本·伯南克[4]承认存在

---

[1] Alan Greenspan, "Monetary Policy and the Economic Outlook," Testimony before the Joint Economic Committee of the US Congress, April 17, 2002.

[2] Alan Greenspan, "Mortgage Banking." Speech to the American Bankers Association Annual Convention, Palm Desert, CA, September 26, 2005.

[3] Joe B. Bruno, "Former Fed Chair Says Housing Boom Over," Associated Press, May 19, 2006.

[4] Ben Bernanke, "Reflections on the Yield Curve and Monetary Policy." Remarks before the Economic Club of New York, March 20, 2006.

"房价增长放缓"的可能性,但他同时信心满满地宣称,如果这种情况真的发生,那么他会选择降低利率。伯南克也相信银行抵押市场比之前任何时候都要稳定。他特别强调:"我们的检测员告诉我们,贷款标准非常合理,和20年前引起巨大问题的银行业标准已经有了天壤之别。特别是如今的房地产评估业务,它已经有了长足改进。"[1]

第二种对房地产泡沫或一般性经济泡沫的认识是,承认存在泡沫,并认为泡沫是由一些心理因素造成的。许多普通人或者重要的经济学家都持有类似的观点,其中包括凯恩斯主义经济学家和罗伯特·希勒等行为金融学家。这种观点认为,商业的周期性变动和群体性的意识与情感息息相关。虽然真实的因素可能起到一定的作用,但引起商业的周期性变动的最重要的原因和人的心理有关。因为人们普遍充满信心,所以经济繁荣会出现,人们继而变得过于自信。投资者信心十足,对风险的忍耐度也不断提高。利润的增加以及资产价格的上涨催生出投机行为[2]。人们不再理会传统的规则和程序,而是在"新时代"的思想灌输下,非

---

[1] Ben Bernanke, Speech to the Independent Community Bankers of America National Convention and Techworld, Las Vegas, NV, March 8, 2006.

[2] 所有的行动都包含着对未来的投机行为。这里所说的投机行为指的是那些没有正常或已知经济基础的保证,包含了大量风险行为。比如,虽然你和朋友打赌谁能赢得一轮高尔夫球赛一事带有投机性和不确定性,但是过去的经验可以为你此次打赌需要承担多少风险提供一定指导。如果你和高尔夫名将泰格·伍兹(Tiger Woods)打赌谁能赢得一轮比赛,那么这就是此处所说的投机行为。

常激进地制定决策。随着投资活动逐渐狂热，泡沫开始扩张。接着，不管出于什么原因，人们开始丧失信心。统计数据开始变得越来越难看，各种丑闻开始登上新闻版面。[①]许多投资者依然相信，这一次的经济变动只是暂时的。结果，经济变得越来越差，价格持续性下跌，各种投资项目被延期、叫停或取消。整个市场被阴郁的愁绪笼罩，甚至透露着末日来临的气息。整个经济进入萧条期。

行为金融学的代表人物是耶鲁大学的罗伯特·希勒教授。他在著作《非理性繁荣》的第一版中就成功预测了股市泡沫，而在第二版中又成功预测了房地产泡沫。他认为这些泡沫的"最终成因主要来自心理因素"。和凯恩斯主义者一样，希勒[②]并不否认真实因素的存在，只不过他认为真实因素的作用并不重要，值得注意的是心理因素。在房地产泡沫中，希勒发现了三种重要的心理因素。首先，自技术泡沫和"9·11"恐怖袭击之后，风险和混乱状态在世界范围内增加，大量投资活动从原来的项目中撤走，进入质量高且安全稳定的房地产领域。其次，随着全球通信

---

[①] 很多人都误以为企业界的丑闻是经济泡沫的根源，认为是安然（Enron）或者世界通信（WorldCom）之类的公司在20世纪90年代末欺骗投资者，将股票价格抬升到如此高的水平。虽然经济泡沫总会裹挟各种丑闻，但是在真实情况下，泡沫并不是由丑闻引起的。其实丑闻的出现和经济泡沫一样，有着相同的原因，那就是大量廉价的信用进入市场，人们越来越多地从事不可靠的高风险投资。

[②] Robert Shiller, "Are Housing Prices a House of Cards?" Project-Syndicate.org. September 2004.

的爆炸式增长，巴黎、伦敦、纽约和旧金山等国际大都市的生活更具诱惑与魅力。而第三个心理因素则是投机活动的蔓延，这是所有泡沫都具备的特征。价格一浪高过一浪，一个城市的价格超过另一个城市的价格，价格似乎凭借自己的力量不断地向上攀升。希勒认为，前两个因素的作用具有持续性，但第三个因素并不能长期保持。一旦价格开始下跌，那么投机性的活动就会朝着相反的方向蔓延，在出现反转之前，这个过程可能会持续好几年。

凯恩斯主义阵营的代表人物是保罗·克鲁格曼。他是普林斯顿大学的经济学教授，同时也是《纽约时报》（*New York Times*）的撰稿人。克鲁格曼并没有预测到房地产泡沫，但他最后还是意识到我们已经身处泡沫之中，且此次泡沫会给美国经济带来巨大问题。在谈到如火如荼的住房建设以及荒谬的住房价格时，克鲁格曼类比了之前出现的投资狂潮，他说："这个国家的部分地区存在着投机热。那些根本不该成为投机者的人都涉足投机活动。这种现象在过去的泡沫中也非常常见。例如，20世纪20年代，就连擦皮鞋的小男孩都在关注股票指南；20世纪90年代，供应啤酒和比萨的娱乐场所播放的不是娱乐体育节目，而是财经信息。"①

把20世纪90年代末的科技股当日交易现象与房地产泡沫中的二手房倒卖联系起来是非常正确的。背后的真实问题是，到底是什么因素导致人们产生这种非理性的行为？克鲁格曼认为，房

---

① Paul Krugman, "Running Out of Bubbles," *New York Times*, May 27, 2005.

地产泡沫的产生建立在人们对资本利得的预期之上：

> 比如说，因为抵押贷款的利率降低，所以人们愿意在住房上花更多的钱。虽然人们建造了一些新的住房，但是目前的住房价格还是在上升。人们如果认为住房价格会继续上涨，就会愿意在住房上花更多的钱，从而拉动住房价格朝更高的水平增长……房价会继续保持快速增长的势头，从而产生一大笔资本利得。这基本上就是房地产泡沫的定义了。①

我们发现，克鲁格曼将自己的分析重点放在了偏好或需求的改变这个毫无根据的变化上（愿意在住房上花更多的钱），而淡化了住房需求变化的真正原因（比如说抵押贷款的利率降低），似乎任何事情都能引起一场泡沫。克鲁格曼越是想从经济学的逻辑出发解释这场泡沫的原因，就越接近奥地利学派经济学家的观点。后者是我们要介绍的第三种，也是最后一种关于经济泡沫的解释。和克鲁格曼类似的另一个例子是迪恩·贝克和戴维·罗斯尼克（David Rosnick）②，他们以与奥派经济学家相似的方式论证了房地产市场存在泡沫。不过，他们虽然将泡沫开始的时间追溯到了1997年，但是忽视了一个实际因素，那就是当年的税法改

---

① Paul Krugman, "That Hissing Sound," *New York Times*, August 8, 2005.
② Dean Baker and David Rosnick, *Will a Bursting Bubble Trouble Bernanke? Evidence for a Housing Bubble* (Washington, DC: Center for Economic and Policy Research, November, 2005).

革助长了房地产泡沫，是房价上升的催化剂。实际上，同为凯恩斯主义经济学家的保罗·麦卡利（Paul McCulley）以非常典型的奥派经济学家的方式正确预测了房地产泡沫，并认为低利率导致房价上涨以及消费者支出的大规模增长，催生住房建设，而支撑这一切的基础在于人们可以获得更多的贷款。麦卡利非常明确地将过错归咎于美联储，而克鲁格曼曾引用过麦卡利的观点。克鲁格曼以及麦卡利等凯恩斯主义者提倡的自由裁量的货币和财政政策通常会让情况变得更加糟糕。即便这些政策能够完美地发挥作用，它也会给凯恩斯主义者带来一个难题。因为一个高度稳定的经济体会降低投资者对风险的敏感度，使他们进入"非理性繁荣"，从而为泡沫的产生提供先决条件。就连艾伦·格林斯潘[1]都警告说："历史上，我们从没有妥善应对长期风险溢价所带来的后果。"

由此可见，第一种观点试图消除心理因素对泡沫的影响，仅仅关注实际因素。而第二种观点则对实际因素轻描淡写，只把重点放在心理因素上。第三种观点认为，在一场泡沫中，商业发生周期性变动的原因是，美联储的货币管制政策促使实际因素和市场心理发生变化。只有奥派经济学家以及一部分奥派经济学的同行者[2]支持这种观点。

---

[1] Alan Greenspan, "Reflections on Central Banking," speech given at a symposium sponsored by the Federal Reserve Bank of Kansas City, Jackson Hole, WY, August 26, 2005.

[2] 同行者是指支持奥派经济学的观点但并不是这个学派的代表人物，以及那些并不完全接受所有奥派经济学理论的人。

根据奥派商业周期理论，如果美联储没有实行宽松的货币政策，那么20世纪90年代的技术股泡沫以及2008年的房地产泡沫就不会出现。一旦美联储实行宽松的货币政策，经济泡沫就会在郁金香、股市或者房地产等领域催生。大量资源被分配到住房建设行业，制造业等其他行业的资源就会减少，从而引起后一类行业中劳动力和原材料等投入品价格的上涨，并使其产出降低。不同产业和部门之间的资源错配会在必然到来的经济衰退中得到纠正，但这个过程非常痛苦。

在房地产泡沫中，房价上涨，从而激励人们建造新的房屋。同时，建筑工人的工资上涨，资源会流向建筑业及相关行业。所以，房地产泡沫会让建材以及土地价格上升。但在此后的经济衰退中，建筑业及相关行业的失业率是最高的，其产品价格与工资的跌幅也是最严重的。奥地利学派的研究范式还有一个与众不同的地方：奥派经济学家认为，泡沫并不意味着所有的市场价格都会整齐划一地上涨，或者所有市场中的价格都上涨到非常极端的程度。正如一些质疑房地产泡沫是否存在的人指出，相比美国沿海地区的房价，中部地区的住房价格只上升了一点儿。价格只是一方面，也有可能是商品的数量出现了实质性的增长。实际上，人们可以想象到在一场泡沫中，商品价格保持不变而其数量出现变动。如果房屋的数量翻了一番而其价格几乎没有什么变化，那么相对于人口而言住房就显得太多了。此时，大量劳动力和原材料进入这些商品（住房）的生产过程中。当泡沫破裂，没有那么多的劳动力和原材料可用于生产更加紧急的商品时，人们才发现那些过剩的住房原来是非常糟糕的投资项目。

弗兰克·肖斯塔克就是一位成功识别房地产泡沫的奥派经济学家。他认为："房地产泡沫就是一种从宽松货币政策中涌现出来的现象。换句话说，如果不往经济中注入货币，就不会出现房地产泡沫。"正是因为大量货币被注入经济体，资源的错误配置越来越严重，相对于生产性的活动，非生产性的活动不断增加。2003年，当肖斯塔克写下这段话时，美国的经济恰好表现出这样的特征："我们可以看到房地产泡沫的规模了……将新建住房的中位价格与1963—1979年的历史趋势进行对比。从这个数据来看，2002年12月，新建住房的中位价格已经高出历史纪录73%。"[1]

肖斯塔克的预测存在的唯一"问题"是它应验的速度太快了。仅过了一年，肖斯塔克发出警告：美国房地产泡沫极有可能已经达到了非常危险的程度。[2]对投资住房建筑类股票的投资者而言，要想在一开始预见泡沫并不容易；对预测市场的人员来说，准确预测泡沫和商业周期的时间节点及其程度是非常困难的。肖斯塔克发出的警告主要针对的是公共政策。实际上，他一直注意到政策制定者已经犯了一个必须及时纠正的错误，他认为不能再让房地产市场的情况变得更加糟糕。

---

[1] Frank Shostak, "Housing Bubble: Myth or Reality?" *Mises Daily*, March 4, 2003.

[2] Frank Shostak, "Who Made the Fannie and Freddie Threat?" *Mises Daily*, March 5, 2004.

另一位成功预测房地产泡沫的奥派经济学家是克里斯托弗·迈耶。他注意到，在一个实行部分准备金制度与法币制度的世界里，泡沫是避免不了的，而美国的房地产市场常常受到泡沫的影响。2003年夏天，迈耶意识到当时的房地产市场存在泡沫：

强劲的房地产市场已经具备了形成下一次泡沫的所有条件，尤其是高杠杆率以及不可持续的价格增长。尽管总体经济在飞速发展，但房地产市场仍然维持着激烈的竞争。根据《华尔街日报》的报道，低利率刺激了人们的再融资活动，仅去年一年市场就释放出1 000亿美元。这样看来就不奇怪了，低利率提高了人们的购买力，也支撑着房价。①

早在2004年年初，我就向投资者指出："房地产泡沫在不断酝酿，此时不应该增加自己的抵押贷款。现在不是获取房屋净值贷款并将其投资于那些热门科技股的好时候，我们正在经历一场房地产泡沫。"② 同年，我继续关注并仔细研究了房地产泡沫，结果发现：

各地的房地产市场都沉浸在"新时代"的氛围中。住房建设速度正在不断打破纪录。美国各地，尤其是东部和西部沿海地

---

① Christopher Mayer, "The Housing Bubble," *Free Market* 23, no. 8（August 1, 2003）.

② Mark Thornton, "Surviving GreenSpam."

区，都创下了房地产价格的新纪录。不断上涨的房价和突破历史新低的利率水平让房主可以用自己的抵押贷款进行再融资。他们提取房屋净值以提高支出水平，这样还能减少每个月的月供！正如一位负责贷款业务的官员向我解释的那样："这一切美好得令人难以置信。"实际上，我们面前的一切的确美得像幻境。①

认为房地产市场已经进入"新时代"是一种错误的认识，因为它忽略了一个历史事实：房地产市场以及住房建设行业总体上经历着规律性的繁荣和萧条周期，民用、商用、工业与农业用房的价格有升也有降。同样，房屋入住率和出租率、新房建设率以及建筑公司与土地投机者的命运也让我们看到了房地产泡沫的历史。实际上，从统计学上看，房屋开工率是衡量商业周期的首要指标，新房建设是顺应周期变动的（房屋建设与总体经济变化呈正相关，但是波动性很大）。而根据摩天大楼指标来看，历史上那些破纪录的摩天大楼的出现都预示着即将到来的严重的经济衰退。②

## 如今的增长

奥派商业周期理论认为，货币扩张会产生不同的影响，这主要取决于哪些人最先获得新货币以及他们如何花这笔钱。新注入

---

① Mark Thornton, "Housing: Too Good to Be True."
② Mark Thornton, "Skyscrapers and Business Cycles," *Quarterly Journal of Austrian Economics* 8, no. 1（Spring 2005）: 51–74.

的货币是先进入银行和投资领域,还是先进入消费者贷款领域,或是直接流向消费者和生产者的手中?获得新货币的人是选择存钱还是花钱?如果他们选择存钱,那么这会使利率降低;如果他们选择花钱,那么为了增加生产,企业家的贷款数额将会增加,从而推动利率上升。如果新货币被花掉了,那么其影响还取决于谁花了这笔钱。把钱交给受救济者还是把钱交给军事将领,这会对经济产生不同的影响。同样,把钱存起来或者把钱用于股票投资也会对经济产生不同的影响。重点在于,货币扩张政策会使最先获得新货币的领域产生泡沫与繁荣。奥派商业周期理论的奠基者是理查德·坎蒂隆。18世纪20年代,在密西西比泡沫产生之后,坎蒂隆写下了相关理论。追踪新货币在经济体中的流动过程是非常困难的。大部分主流经济学家为了方便,直接假定货币对经济的影响是中性的。

18世纪末,世界各国开始抛弃自由银行制度,转为中央银行制度。1913年,作为世界主要大国之一的美国也建立了中央银行。在第一篇论述现代货币理论的论文中,路德维希·冯·米塞斯[1]建立起了奥派商业周期理论的基础。随着各国建立起中央银行并推行货币扩张政策,米塞斯可以构建一个一般性的商业周期理论,而不是像坎蒂隆那样只对不同的个案进行研究。通过整合卡尔·门格尔、欧根·冯·庞巴维克以及克努特·维克赛尔

---

[1] Ludwig von Mises, *The Theory of Money and Credit* ( Indianapolis, IN: Liberty Classics [1908] 1981 ).

（Knut Wicksell）的理论，米塞斯证明了当中央银行增加货币供给时，市场利率会下降到没有货币扩张政策时的自然利率之下。这会诱导投资者增加借贷，扩大自己的投资项目，承担更多的项目风险，从而进入更加迂回的生产过程。当借款者对资产、资源以及商品进行竞争时，市场不可避免地会出现价格上涨的局面，这将对经济产生负面影响。很多迂回的、高风险的投资项目其实都是不良投资。当经济出现衰退迹象时，破产项目也会对正在进行中的投资和生产活动产生影响。后来，米塞斯的学生哈耶克对奥派商业周期理论进行了扩展，不仅融合了资本理论，还把奥派商业周期理论与生产结构理论结合在一起。

根据奥派商业周期理论，央行向其他银行提供贷款或从它们手中购买政府债券，就是在向经济体注入银行储备。其他银行就拥有了超过它们自身储备的借贷能力。但是，可贷资金的增加意味着银行必须降低自己的贷款利率，或者降低贷款人的信用评定标准，有时这两种情况都会出现。结果就是，产生了大量借贷和投资行为，那些需要花很久的时间才会得到回报的项目尤其受到青睐。利率的降低对储蓄是一种打击，因为居民从储蓄活动中获得的收益减少。美联储正是以这种方式将市场利率降低到没有美联储干预时的自然利率之下。

自从1980年存款机构放松管制、货币控制法案通过以及20世纪80年代初保罗·沃尔克（1979—1987年担任美联储主席）向通货膨胀宣战，利率一直呈现下跌趋势。而"9·11"恐怖袭击之后，美国联邦基金利率更是出现了大幅度的下降。当艾伦·格林斯潘担任美联储主席时,美国联邦基金利率已从2000年11月的6.5%降至2003年7月的1%。美国联邦基金利率一直徘徊在1%附近,这种情况直到2004年6月才结束,正好赶上房地产泡沫的最后阶段。2005年8月底,费城房地产行业指数达到了最高值。如果把通货膨胀因素考虑进去,那么这段时间的利率其实是负值。

联邦基金利率是指银行之间相互借款以达到美联储制定的准备金要求的利率。美联储主要盯住这个短期利率,通过从其他银行手中购买政府债券来达到向市场注入准备金的目的。本质上,这个过程就是通货膨胀产生的根源,因为美联储只需要在其他银行的账户上增加一项联邦储备条目,而现代通货膨胀在本质上就是从这项条目中产生的。20世纪60年代的低利率并没有引起美国经济衰退,而是造就了经济繁荣。但它导致美国在20世纪70年代出现滞胀,通货膨胀和失业率双双抬高,并在20世纪80年代初期达到顶峰。20世纪80年代至90年代,通过大幅度降低预期通货膨胀以及放松对银行系统的管制,美联储再次削减利率,在金融和资产市场催生出一场巨大的经济繁荣。同时,美联储为了应对通货膨胀,甚至将利率调整为负值。房地产市场也出现了泡沫。

因为其他银行能以非常低的利率从美联储手中获得银行储备,所以它们能向自己的客户提供低息贷款。联邦基金利率的变动直接影响抵押贷款利率。20世纪70年代,原本不断上升的抵押贷款利率在沃尔克与通胀宣战时达到了18%的峰值。在整个

20世纪80年代和90年代，抵押贷款利率逐渐降低。21世纪初，其达到历史最低点。在房地产经历泡沫的时期，美国三十年期常规抵押贷款利率出现了自取消金本位制度以来的最低值。如果利率降低，资产价格和房地产价格就有上升的倾向，反之亦然。

住房抵押贷款利率的降低必然会刺激人们贷款投资房地产。1995年年初，房地产贷款额首次超过了1万亿美元，2002年年末达到2万亿美元，2006年年初达到3万亿美元，2009年年中达到了最高值3.8万亿美元。除了美联储，还有其他一些因素将这些注入市场的信用货币引向房地产市场。首先，1997年，如果房屋所有者从出售自己的房产中获得资本利得，那么他可以获得25万美元（夫妻二人则共计50万美元）的税收减免优惠。这对房屋所有者而言是一项巨大的利好政策。可以说，这项税收减免政策点燃了房地产泡沫的导火索。其次，房利美和房地美等受政府扶持的信贷公司得到了政府补贴，能够以优惠的利率获得资金。因为联邦政府会保释它们，所以它们大规模提供住房抵押贷款，让那些放贷者能够快速轻松地将自己放出去的贷款进行再次出售。这些受到政府扶持的机构帮助扩张的信用流向高风险的借款人。在正常情况下，他们本不可能获得这些贷款。因此，贷款机构的信用评级也被降低。这些机构存在非常严重的问题，所以就连艾伦·格林斯潘都对它们进行了公开斥责。[①]实际上，整个

---

① Kathleen Hays, "Greenspan Steps Up Criticism of Fannie: Fed Chief Says Company and Freddie Mac Have Exploited Their Relationship with the Treasury," CNN.com, May 19, 2005.

错误的源头就是艾伦·格林斯潘，而不是房利美或者房地美。

美联储人为地降低利率会抑制人们的储蓄行为，鼓励他们借更多的钱进行消费和投机活动。20世纪80年代至90年代，美联储的经济注水政策导致美国个人储蓄率不断走低。21世纪初，美国个人储蓄率达到了0甚至负值，这表明人们花的钱多于赚的钱。助长人们减少储蓄的另一个因素是虚高的资产和房地产价格。这些虚假的价格让人们误认为自己非常富有，因而大胆地从自己的房屋净值中"提现"，通过住房抵押贷款再融资。在房地产泡沫期间，许多美国人都把自己的房子当成巨额提款机，不断从房屋净值中提取现金。另一些人把二次抵押当成一张神奇的支票，不断从房屋净值中提取消费资金。①

此时，也许有人会觉得奇怪：为什么借款量上升，而储蓄量降低？其中一个原因是美国通过贸易赤字的形式从海外借得大量资金。但最主要的原因是，美联储向经济体注入了大量货币。通过增加货币而人为降低利率的方式，美联储让借款和储蓄之间出现了巨大的不平衡。零期限货币（MZM）是一种相对较新的衡量货币供给的指标，也是最接近奥派经济学意义上的货币。它的特点是能够按照票面价格立刻进行兑付。零期限货币包括流通中的现金、活期存款（也就是支票账户）、旅行支票、储蓄存款以及留在互惠基金账户中的存款。1959年1月至1971年8月（约

---

① Carol Lloyd, "Home Sweet Cash Cow: How Our Houses Are Financing Our Lives." SF-Gate.com, March 10, 2006.

12年的时间），当尼克松总统宣布美国废除金本位制度之后，美国的货币供给以平均每年5.26%的增长率增长了82.2%。1971年至1984年（13年的时间），随着存款机构放松管制与货币控制法案的通过，美国的货币供给以平均每年8.25%的增长率增长了180.4%。自1984年以来，以零期限货币指标衡量的货币供给增长了390.1%，年平均增长率为10%。这些新货币最先进入纽约交易所，尤其是在20世纪80年代，这种情况最为突出。20世纪90年代末，新货币又最先进入纳斯达克股票市场，最后在2000年互联网泡沫破裂后进入房地产市场。

很大一部分新注入的货币流入住房抵押贷款市场。自2001年出现经济衰退以来，美国住房抵押贷款的增长速度和零期限货币的增长速度持平。这也许最能说明房地产泡沫的成因。另一个测算房地产泡沫的工具是实际私人住宅固定投资。在大萧条和第二次世界大战期间，美国的住房投资水平非常低。但从20世纪40年代中期开始，为了调节价格通胀，其住房投资水平随着这段时期的经济和人口增长呈现上涨趋势。在美国脱离金本位制度之前，房地产投资领域的商业周期现象并不严重；而到了法币时代，房地产投资领域经历了非常剧烈的商业周期。1980年，随着货币管制的放松，情况变得更加糟糕。值得一提的是，在20世纪90年代的互联网泡沫期间，美国住房投资水平达到了峰值，却在2001年的经济衰退中"没有按照历史趋势运行"。因为按照历史趋势，美国住房投资水平将会下跌并进入衰退阶段。由此可以明显地看出，就投资价值而言，至少在2001年经济衰退期间，美国就已经出现了房地产泡沫。

虽然奥派商业周期理论的产生并不依赖于对经济周期和泡沫的测算,但是实证性的测量手段经常能够帮助解释奥派商业周期理论。其中一个测算指标就是房屋建造数量(出租公寓以及其他复合型建筑不算)。新房开工率的锐减往往预示着经济衰退的开始,且新房开工率的缩减越严重,经济衰退的时间也越久。比如,20世纪70年代末,美国新建住房数量从每年150万间快速降至20世纪80年代初的每年50万间,这段时期也出现了非常严重的经济衰退。但从1991年的经济衰退开始,新房开工数量直线上升。我们也没有在2001年的经济衰退中看到新房开工数量的明显减少,相反,新房开工数量继续增长,并在过去几年内数次刷新历史纪录。如果从新房开工的数量看,美国在21世纪初就已经出现了房地产泡沫。

我们要介绍的最后一个测算房地产泡沫的指标是房价。许多质疑房地产泡沫的人认为,在美国的东部和西部沿海地区,房价一直在上涨。但在美国的中部地区,房价并没有像东西沿海地区那样增长,房地产市场没有表现出泡沫迹象。与中部和南部地区相比,美国西部和东北部地区的房价当然增长得更快。如果美国各地房价整齐划一地上涨,那么这才会让奥派商业周期理论家感到震惊。毕竟奥派商业周期理论强调相对价格的不断改变,而不是价格一同上升或下降。加利福尼亚州的房价为何要比亚拉巴马州的房价上涨得更加夸张,前者的价格水平为何也更高?这其中既有微观经济的原因,也有公共政策的原因。鲍威尔和霍尔库姆①在许多著作中对这些问题进行了深入探讨。同样的现象也出现在股票市场：那些供给紧俏的稀有股票（比如互联网公司股票）的价格涨幅要比常见的普通股票（比如道琼斯工业平均指数所包含的股票）的价格涨幅更大。我们同样可以在17世纪的荷兰郁金香泡沫中看到类似的现象，虽然所有的郁金香价格都在疯涨，但和普通郁金香相比，那些稀有的郁金香品种受货币供给的影响更大。②

奥派商业周期理论说明了价格会普遍出现增长，但并没有说明价格会以同样的步调增长。价格增长的程度既取决于新货币最先注入什么领域，也取决于该领域的产品供应弹性。1998—2005年，美国的"1996年建造的典型独户住宅"价格指数上涨了45%，比其消费者价格指数多增长了125%。根据美国人口调查局的数据，普通住宅（不是典型住宅）价格的增长幅度更大，这表明消费者出现了购买更大更昂贵住宅的消费倾向。虽然房屋供给量的增加抵销了一部分价格的上涨，但是我们从房屋价格的变化上还是能够看出房地产市场的实际价值出现了大幅增长。我们必须明白，新建住房通常建立在廉价的土地上，并且如今的房屋建筑技术已经降低了建造成本，来自墨西哥的大批劳动人口也会让建造成本降低。③

---

① Holcombe and Powell, *Housing America: Building Out of a Crisis*.
② Douglas E. French, "The Dutch Monetary Environment during Tulipmania," *Quarterly Journal of Austrian Economics* 9（Spring 2006）: 3-14.
③ 这说明新建住房的价格不降反升是非常反常的。——译者注

## 未来的陨落

奥派商业周期理论认为，房地产市场的泡沫最初是由政府一手造成的。因为资源配置在一开始就是错误的、不可持续的。在房地产泡沫期间，人们建造了太多的房屋。在美联储货币扩张政策的刺激下，经济基本面和人们对住房的实际需求发生改变，从而导致错误的房屋类型、房屋选址大量出现。虽然大部分人在繁荣期感到非常快乐，但是奥派经济学家认为当前的繁荣才是真正的问题所在。正是在这个时期，资源出现了错误配置，人们开始扩大自己的财务支出，狂热地进行奢侈品消费。[①]同时，富人会变得更富有，穷人则变得更贫穷。

正是因为美联储误导性的利率政策引起了不合理的资源配置，所以泡沫的破灭是必然的。如果将扩张性的货币政策和资产泡沫联系在一起，人们从一开始就很难通过消费者价格指数发现泡沫。不过，如果新注入的货币被用于购买股票、债券、住房等资产，那么通货膨胀会在这些资产的价格上表现出来。因为即便这些资产在本质上没有任何增益，但是它们的价格仍然会上涨。当新货币从资产泡沫流入消费领域时，消费者价格指数中的那些商品的价格才会出现上涨。这时候，如果市场为了提高贷款的通货膨胀溢价而增加利率，或者美联储因试图阻止消费者价格指数的增长而增加利率，资产泡沫就会开始破灭。

---

[①] Thomas Kostigen, "Skewed Views: If the Rich Are Doing So Well, How Much Worse Off Are the Rest of Us?" *MarketWatch*, May 23, 2006.

资产泡沫的破灭能够揭示房地产以及相关产业内部的各种错误，之后市场会通过价格、买卖活动以及破产和失业等方式重新进行资源配置，从而将资源引导到最合适的用途上。泡沫对宏观经济的影响在于，它会使整个经济体进入衰退或者萧条期。随着泡沫的破灭，这个影响也会更加强劲。比如1997年建筑行业出现泡沫，美国就业率增长到历史趋势线以上的水平，之后退回到第二次世界大战末的水平。在经济衰退时期（甚至包括2001年的衰退时期），建筑行业的就业率一直呈现负增长。即使人们认为经济已经走出了衰退期，建筑行业负就业增长率的趋势仍然没有发生改变。鉴于在泡沫时期，建筑行业的就业率一直保持强势增长态势，所以在泡沫破灭之后，建筑行业的就业率和支出水平同样长期保持着强势的负值。当然，这种影响会扩散开来，传递到建材行业、抵押借贷行业、房地产销售行业、家具行业、家用电器行业以及家庭日用品生产行业。

面对房地产泡沫的破灭，人们自然会产生另一个层面的忧虑，那就是美国人的平均负债水平。正如我们之前提到的，美国的个人储蓄率已经持续下跌了许多年。这是因为房地产价格的上涨让民众误以为自己非常富有，从而导致美国家庭的平均负债率上升。1971年美国废除金本位制度的时候，美国家庭的总负债额不到5 000亿美元，1996年首次超过5万亿美元，2004年首次超过10万亿美元，2005年超过11.5万亿美元。当然，这些数据会根据通货膨胀、人口和经济增长再做调整。但不能否认的是，美国人已经积累起非常庞大的负债，并且没有同等数量的储蓄来偿还这部分负债，他们无法免于经济困境的干扰。

随着经济步入衰退期，美国失业率不断攀升，背负大量抵押贷款的家庭的生活将变得非常困难。这些家庭很难偿还每个月的月供，并面临破产的危险。这种"夹缝中生存"的状况会因为住房所有者近年来不断提取房屋净值而变得雪上加霜，其抵押贷款数额也在增加。更艰难的是，相当比例的借款人当初签订的是浮动利率抵押贷款而不是固定利率抵押贷款，这意味着随着利率的上升，这些人实际需要偿还的抵押贷款出现了很大程度的上涨。当然也有还款额保持不变的浮动利率抵押贷款，但前提是，借款人必须在利率上升时增加首付的金额。借款人会发现自己竟然在做一件"本末倒置"的荒唐事。因为他们偿还的抵押贷款数额已经远远超过了房子本身的价值。许多贷方以非常低的首付额向借方提供贷款，有些贷方提供的贷款金额甚至超过了住房本身的价格。这些因素都很有可能让借款人陷入破产或者丧失住房赎回权的境地。我们从中也能看到稳定的银行业与抵押贷款行业的重要性。同时我们也能预想到，纳税人将不得不为银行和房地美等政府扶持企业支付费用。

## 概述与结论

在房地产泡沫问题上，存在三种不同的观点。主流观点并不承认泡沫的存在，而是把经济体出现的类似变化归结于技术股票等实际因素，并认为政府对这类现实问题毫无办法。凯恩斯主义认为，泡沫的存在是因为人们有不稳定的心理状态，而不是因为实际因素，政府应该用逆周期的政策措施来缓解商业的周期性波动。奥派商业周期理论认为是美联储的货币政策导致泡沫产生，其中既包括实际因素，也包括心理因素。

始于20世纪90年代末的房地产泡沫是政府失灵的经典案例。扩张性货币政策以及美联储的廉价信贷政策引起了一场前所未有的借款狂潮与房屋建设大狂欢。从新建住房的数量、新旧住房的价格以及房地产投资总量上，我们都能发现美联储的刺激政策，加上相关税收政策以及依靠纳税人买单的贷款政策，房地产泡沫产生了。

这场泡沫并不是子虚乌有，它涉及真实的资源配置。这些资源在泡沫产生期间被引导至错误的领域，而随着泡沫的破灭，经济体开始了非常痛苦的调整过程，建筑及相关行业的人员将面临更严重的失业、住房赎回权丧失以及破产问题，宏观经济将陷入衰退或萧条。股票能在一个交易日内出现非常大的价值变动，但是住房市场的价值变动要缓慢得多，所以衰退和萧条也会持续更长的时间。

这场房地产泡沫给了我们一个教训。政府原本想要改善美国人的住房水平，到头来却发生了巨大的政府失灵并且产生了意想不到的结果。这对住房所有者造成了巨大的打击，尤其是那些在泡沫鼎盛时期购买了房屋的人，他们受到的影响更为严重。另外一些人受到欺骗，从自己的房屋净值中提取现金，或者增加自己的抵押贷款，接受浮动利率贷款，因为他们相信有必要在房价上升的时候购买房子。在世界其他国家，只要该国的中央银行实行扩张性的货币政策，将新货币注入房地产市场，其宏观经济也会经历类似的变化。

正如奥派商业周期理论所阐释的，我们从房地产泡沫中得到的政策教训是：美联储就是房地产泡沫产生以及经济发生周期性变动的罪魁祸首。美联储必须停止对利率的控制（这在本质上是一种价格管制），同时也必须停止对货币供给的控制。此外，美联储对房地产行业所实施的政策必须是中性的、自由放任的，不应该对它造成伤害。

后记：2009年8月8日

本章所讨论的房地产和金融危机已经出现并很有可能扩散成一场这个时期最严重的全球性经济危机。至于如何解决这些问题，相关的经济政策已经出台，美联储和美国财政部也制定了空前激进的措施。这些应对政策表面上似乎是想阻止金融市场彻底崩溃，但实际上是想挽救那些大型金融机构。这不仅对房地产市场的恢复毫无作用，甚至进一步加重了房地产泡沫对整体经济的冲击。

随着经济危机的恶化，美国会继续出台激进的政策措施吗，会不会朝着政府统一管制与权力集中的方向发展？这些问题比任何经济上的灾难都要严重，因为这将引起社会的根本性变革。当然，也有可能出现正确的经济改革措施，比如废除美联储、回归金本位制度、取消联邦政府对房地产的补贴政策。但当我在2006年7月撰写本章的初稿时，编辑要求我把这些内容删除，因为：

那些身处泡沫之中的人原本是那样自信满满，因为他们觉得自己显然做出了非常成功的决策。但是在泡沫破裂之后，他们信心全无，陷入了绝望的境地，再也不敢自信于自己的决策。实际上，他们已经对整个"系统"丧失了信心，也不再相信资本主义。他们非常容易接受新"改革"的诱惑，愿意用自主权和自由换取生活保障。

在这种情况下，这个伟大国家的人民为了换取生活保障而放弃了自己的自由。20世纪，经济危机或者说普遍的恐惧让美国可以"名正言顺"地实行中央银行制度（美联储）、罗斯福新政、冷战以及20世纪70年代初的法币制度等各项"改革措施"。[1]

"9·11"恐怖袭击之后，以个人自由的丧失为代价，政府集中了大量的权力。[2] 以个人自由和自治权利换取安全保障以及

---

[1] 罗伯特·希格斯在《危机与利维坦：美国政府成长的关键时期》(Crisis and Leviathan: Critical Episodes in the Growth of American Government, New York: Oxford University Press, 1987) 中解释了各种危机（比如战争和经济萧条）会导致政府规模的扩大。而在危机结束之后，政府规模只会得到部分削减。在该书的最后一页，希格斯做出了正确的预测，他认为这些危机除了战争和经济萧条，还包括恐怖主义。

[2] 罗伯特·希格斯在《战争国家的复苏："9·11"以来的危机》(Resurgence of the Warfare State: The Crisis Since 9/11, Oakland, CA: Independent Institute, 2005) 中正确预测了恐怖主义以及其他事件会让政府大规模扩张自身的权力，从而使其能够凌驾于普通国民之上。

"更优质的商品"意味着人们已经选择了黑暗的一面。[①]

经济危机之所以会制造出恐惧,让人们心甘情愿地交出自由权利,是因为大部分人都不知道是什么原因导致的经济崩溃和经济危机,甚至在一开始的时候都不曾意识到泡沫的出现。实际上,随着泡沫开始破灭,仍然有很多人否认存在泡沫问题,并且相信目前的情况很快会得到改善,最终步入正轨。普通民众很少会去思考经济是如何运行的,他们只是简单地接受经济系统的现状,并尽可能地从中获得最大收益。

政府干预房地产市场,扶持企业(比如房利美),其实是一种计划经济制度。同时,抵押贷款允许证券中蕴藏风险。这些状况都表明危险趋势会持续下去。

---

[①] 一场危机就是一个转折点或十字路口。决策者既可以做出错误的决定,也可以做出正确的决定。那些受恐惧驱使的错误选择往往被戏称是选择了"黑暗面",这个表述来自《星球大战》(*Star Wars*)。参考马克·桑顿的《什么是"黑暗面",人们为何选择它》(What Is the "Dark Side" and Why Do Some People Choose It? Mises Daily, 2005年5月13日)。

# 第 21 章
# 房地产泡沫在破裂吗

2005年8月5日星期五,这一天是房地产股票市场的噩梦,也预示着房地产泡沫开始出现破灭迹象。我们可以看到费城股票交易所住房板块指数这一周的状态——仅一周的时间它便损失了5%的市值(见图21-1)。

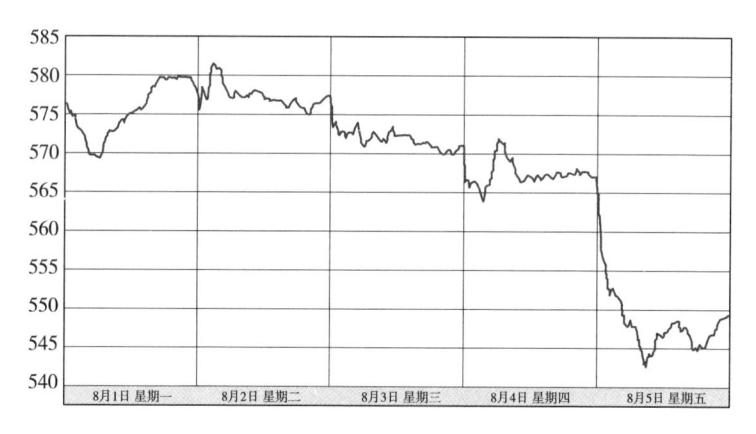

图21-1 费城股票交易所住房板块指数

自从我第一次提示存在房地产泡沫[①],投资者已经让自己手

---

① Mark Thornton, "Housing: Too Good to Be True," *Mises Daily*, June 4, 2004.

中的钱增加了50%，房地产泡沫会变得越来越严重。野心勃勃的托尔兄弟（Toll Brothers）是美国最大的房地产商之一。2004年，它的股票价格增长了50%以上（见图21-2）。许多乐观人士指着托尔兄弟的价格收益率说："才50%！这已经低于市场平均水平了。"

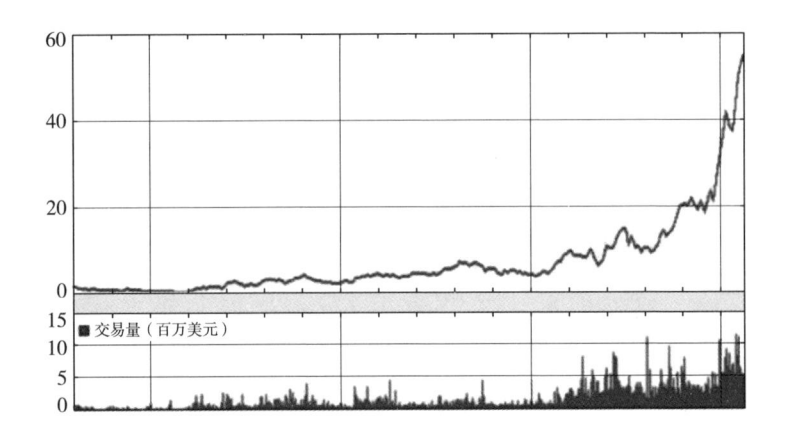

图21-2 托尔兄弟股票走势及交易量（截至2005年8月4日）

悲观者非常担心房地产泡沫的破裂，因为他们看到利率正在上升。艾伦·格林斯潘提高短期利率的举措对于那些背负短期浮动抵押贷款的人来说是个不小的冲击。能源价格降低以及经济发展速度放缓都有可能给房地产市场浇上一盆凉水。

而更大的问题可能在长期利率上，因为长期利率是固定抵押贷款利率的基础。当艾伦·格林斯潘提高短期利率时，人们认为他这样做的目的是降低民众对通货膨胀的预期，从而降低提高长期利率的可能性。但是，如果长期利率最终上升了，这就意味着短期利率的提高已经不足以缓解价格通胀的压力。

长期利率的确在不断上升，随着房地产建筑商股价的下跌，美国十年期国债利率也在2005年8月5日大幅上涨。2004年夏天，美国十年期国债利率出现了"双底形态"，达到了3.9%，这可能是美国十年期国债利率有史以来的最低水平。2005年它已经上涨到了4.4%，并有可能继续上涨（一年以后涨到了5.25%）。

"双底形态"本身是一个股票技术分析中的术语，它预示着股票上涨，而在此处则表明长期利率将会上涨到更高的水平。利率提高对房地产建筑商来说是一个致命打击，也在一定程度上预示着房地产泡沫很有可能来到了破灭的境地。

真希望艾伦·格林斯潘能像他在20世纪60年代那样[1]，选择正确的应对措施。

## 后记

查看费城股票交易所住房板块指数的长期曲线图（见图21-3），你会发现房地产行业的股票指数在当时的确已经来到了转折点。股票市场的转折点通常要比房地产市场的转折点来得更早。指导货币政策的泰勒规则也能预测房地产泡沫或金融危机。在房地产

---

[1] Ron Paul, "Ron Paul vs. Alan Greenspan." Testimony before the House Financial Affairs Committee, July 20, 2005.

泡沫、金融危机和应对政策等问题上,伍兹[1]为我们提供了非常有价值的分析。

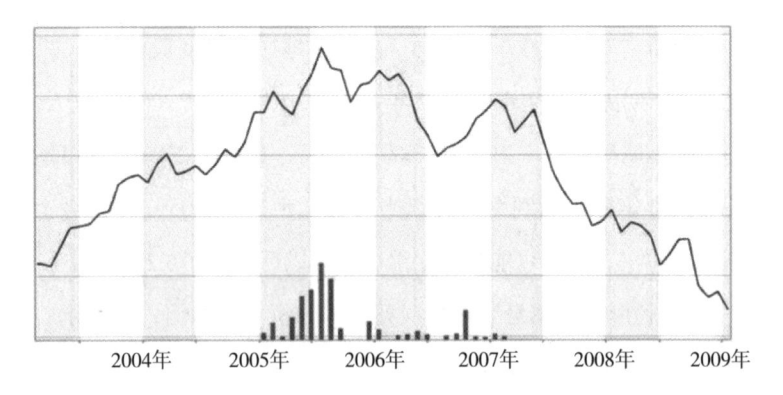

图21-3 费城股票交易所住房板块指数

---

[1] Thomas E. Woods, *Meltdown: A Free-Market Look at Why the Stock Market Collapsed, the Economy Tanked, and Government Bailouts Will Make Things Worse*（Washington, DC: Regnery Publishing, 2009）.

# 第 22 章
# 重返经济大萧条

2010年，我在《第二次美国大萧条》（America's Second Great Depression）[①]一文中指出，美国经济已经陷入了萧条，除非实行与现阶段相反的经济政策，否则经济萧条很有可能持续一段时间。这是我为参加2009年的美国南方经济学会（Southern Economic Association）会议而撰写的缅怀拉里·西科莱斯特（Larry Sechrest）的专题报告。虽然我的观点存在争议，但许多重量级的主流经济学家都认为当时的经济状态更像是一场衰退，而不是正常的增长。

经济萧条就是指经济活动低迷且显著处于正常经济潜能之下的状态。而经济大萧条持续的时间更长，情况更严重，包含了多个阶段的经济萎缩和扩张。没有经济理论可以断定某个经济体是处于衰退、萧条，还是大萧条。这些标签通常会随着分析方法、观点与专业标准的不同而不同。

本章主要分析不同的商业周期理论，并根据2007年以来美

---

[①] Mark Thornton, "America's Second Great Depression: A Symposium in Memory of Larry Sechrest," *Quarterly Journal of Austrian Economics* 13, no. 3 ( Fall 2010 ): 3–6.

国和世界其他国家的经济政策来分析不同的商业周期理论是否有出色的表现。

从经历时长以及严重程度来说，美国大萧条的确是一次非常严重的经济萧条。此外，这是一种全球现象。正如希格斯教授[①]所阐述的那样，美国从未真正从20世纪30年代的大萧条中恢复过来。这种状况一直持续到第二次世界大战结束。从扣除通胀因素后的人均消费水平来看，经济状况出现了好转。

我也强调了美国20世纪70年代的经济滞胀其实就是一场经济萧条。它的持续时间非常长，并蔓延到了世界其他国家。从统计数据看，它和美国20世纪30年代的大萧条一样严重。这段时间出现了数次经济扩张，但是经济并没有持续的发展动力。不过，和过去的历史相比，美国在这段时间第一次发生了高通货膨胀与高失业率同时出现的情况。

如果有人对你说经济大萧条并不全然是一种货币现象，那么你有可能会感到非常惊讶，因为我在这本书中一直强调是中央银行人为降低利率的货币政策引起了商业的周期性变化。但是，和一场经济大萧条相比，商业的周期性萎缩和扩张所花费的时间要短暂得多。

经济萧条最初是由扩张性货币政策引起的，这种政策往往会引起经济危机。罗斯巴德[②]指出，美国在1929年股市繁荣之前

---

① Robert Higgs, "Wartime Prosperity? A Reassessment of the U.S. Economy in the 1940s," *Journal of Economy History* 52, no. 1 ( March 1992 ): 41–60.
② Murray N. Rothbard, *America's Great Depression*, 5th ed.( Auburn, AL: Mises Institute [1963] 2000. )

已经实行了相当长一段时间的货币扩张政策。理查德·汀布莱克（Richard Timberlake）[1]反对罗斯巴德对美国20世纪20年代货币供给的测算。不过萨勒诺[2]认为，即便你在计算货币供给时把人寿保险单中的现金价值等"会让结果不太好看的"项目删去，你也会发现美国在20世纪20年代实行的确实是扩张性货币政策。

如果政府坚持使用各种政策手段，试图阻止或者逆转市场（这种纠错过程就是经济危机），这就会让经济危机转变成一场经济萧条或者经济大萧条。换句话说，当前主流的意识形态其实是一种凯恩斯主义的变体，它要求政府利用扩张性的货币政策和财政政策以及其他手段来应对经济危机。罗斯巴德[3]认为，胡佛总统的政策试图让工资和商品价格维持在高水平，这反而将一场普通的经济危机转变成大萧条。胡佛总统实行过与罗斯福新政类似的经济政策，包括维持商品价格和工资的高水平，依靠公共建设项目、政府贷款、政府救市计划、保护主义与货币贬值等手段来刺激经济。杰弗里·赫贝纳（Jeffrey Herbener）[4]认为美联储其实是一个干预主义机构，它从1937年以来一直实行低利率货币政

---

[1] Richard Timberlake, "Money in the 1920s and 1930s," *Freeman*（April 1999）: 37–42.

[2] Joseph T. Salerno, "Money and Gold in the 1920s and 1930s: An Austrian View," *Freeman*（October 1999）: 31–40. Reprinted in Joseph T. Salerno, *Money Sound and Unsound*（Auburn, AL: Mises Institute, 2010）, pp. 431–449.

[3] Murray N. Rothbard, *America's Great Depression*.

[4] Jeffrey Herbener, "Fed Policy Errors of the Great Depression," in *The Fed at One Hundred: A Critical Review on the Federal Reserve System*, edited by David Howden and Joseph T. Salerno（Springer, 2014）, pp. 43–45.

策。李·E. 奥海宁（Lee E. Ohanian）和哈罗德·科勒（Harold Cole）①②从实证角度验证了罗斯巴德的观点。胡佛的政策和罗斯福新政就是后来凯恩斯主义经济学的雏形。③美国在20世纪70年代经济滞胀时期的政策以及日本自1989年以来的政策都受凯恩斯主义的影响。

与之不同的另一种商业周期理论是由古典经济学家、奥派经济学家以及实际经济周期理论家提出来的。这种"政府不作为"的理论要求政府缩减规模，平衡预算，让私有部门分配资源，不实行扩张性货币政策。在1920—1921年持续15个月的经济萧条中，两任美国总统都采用了这样的经济政策。这是美国历史上最严重的经济萎缩时期之一，但很少有教科书会提到这段历史。

詹姆斯·格兰特④发现，1920—1921年经济萧条持续的时间之所以非常短暂，是因为政府还没有开始干预，它就基本上完成了自我治愈。伍兹⑤认为哈定总统其实是一个想要有所作为的清

---

① Lee E. Ohanian and Harold Cole, "New Deal Policies and the Persistence of the Great Depression: A General Equilibrium Analysis," *Journal of Political Economy* 112, no. 4 (August 2004): 779–816.

② Lee E. Ohanian, "What—or Who—Started the Great Depression?" *Journal of Economic Theory* 144 (October 2009): 2310–2335.

③ Arthur Okun, *The Political Economy of Prosperity* (Washington, DC: Brookings Institution, 1970).

④ James Grant, *The Forgotten Depression: 1921: The Crash That Cured Itself* (New York: Simon & Schuster, 2014).

⑤ Thomas E. Woods, "Warren Harding and the Forgotten Depression of 1920," *Intercollegiate Review* (Fall 2009): 22–29.

算主义者（liquidationist）。因为他想要削减政府规模，积极解决一战以来的通货膨胀问题。有人辩称这段时间还有其他不同的政策以及政策变化，但是帕特里克·纽曼①在他的文章中明确指出，在经济开始恢复之前，清算主义占据了主导地位。

下一章我将为大家简要介绍各种商业周期理论以及不同的商业周期理论在面对经济危机时会提出什么样的应对政策，这些政策在经济危机真正爆发前是否能够发挥作用。大家可以参考菲利普·巴古斯（Philipp Bagus）②从奥地利学派的视角对现代主流商业周期理论进行的深入批判。

---

① Patrick Newman, "The Depression of 1920–1921: A Credit Induced Boom and a Market Based Recovery?" *Review of Austrian Economics* ( January 2016 ): 1–28.
② Philipp Bagus, "Modern Business Cycle Theories in Light of ABCT," in *Theory of Money and Fiduciary Media*: *Essays in Celebration of the Centennial*, edited by Jörg Guido Hülsmann ( Auburn, AL: Mises Institute, 2012 ), pp. 229–246.

# 第 23 章
# 摆动模型

1993年，米尔顿·弗里德曼提出了著名的商业周期"摆动模型"（plucking model）[①]。他想象图上有一条线（或者简化成一条向上延伸的直线），这条线代表了潜在的经济增长；图上的另一条线则代表实际经济增长。虽然这条代表实际经济增长的线与代表潜在经济增长的线保持一致的运行方向，但由于错误政策或者外部因素的影响，它会被扯到潜在经济增长线以下。在弗里德曼的模型中，当实际经济增长线"被拉扯到"潜在经济增长线以下后，前者会迅速回升，直至潜在经济增长线附近。对于弗里德曼而言，这个模型是解释经济波动与衰退的重要工具，但无法解释经济繁荣。因为在这个模型中，繁荣只是一种正常的经济状态。

在政策方面，弗里德曼并不建议采用特殊的政策手段来应对商业周期，只是希望政府能避免做出错误的决策。如果货币政策过紧，政府就应将其放松一些。对于弗里德曼和其他货币主义

---

[①] Milton Friedman, "The 'Plucking Model' of Business Cycle Fluctuations Revisited," *Economic Inquiry* 31, no. 2（1993）: 171–177.

者来说，货币是非常重要的工具。弗里德曼认为，限制性过大的货币政策和过高的实际利率是美国大萧条的主要成因。但罗杰·W. 加里森①对弗里德曼的摆动模型提出了实质性的批评。

在弗里德曼看来，金融危机是因政策制定者犯了错误而引发的。但是，这种解释和弗里德曼②自己的观点相互冲突。弗里德曼曾在2005年12月29日的《查理·罗斯访谈录》（Interview on Charlie Rose）上就美国经济（当时美国正值房地产泡沫的顶峰）概述了自己的观点："我们目前的经济比历史上任何一个时期都更加稳定，它正处于非常棒的状态。这真是了不起。"

弗里德曼还表扬了艾伦·格林斯潘以及美联储所做的工作。弗里德曼不仅没有预测到房地产泡沫的来临，就连他所推崇的宽松的货币供给与信贷政策也没有解决当时的经济问题。实际上，零利率货币政策以及量化宽松政策至今都没能把实际经济增长线拉回到潜在经济增长线之上。③

另一位推崇摆动模型的人是本·伯南克。这位曾经的美联储主席非常了解美国大萧条以及弗里德曼关于这个问题的观点。人们通常认为他属于新凯恩斯主义学派，即假定人们对未来拥有非常理性的预期，但是其预期被各种不完美和市场失灵包围。在弗

---

① Roger W. Garrison, "Friedman's 'Plucking Model': Comment," *Economic Inquiry* 34, no. 4（1996）: 799-802.

② Milton Friedman, *Interview on Charlie Rose*, December 29, 2005.

③ Ryan Murphy, "The Plucking Model, the Great Recession, and Austrian Business Cycle Theory," *Quarterly Journal of Austrian Economics* 18, no. 1（Spring 2015）: 40-44.

里德曼的基础上，伯南克在他的研究中发现1933年银行业的崩溃是大萧条之"大"的主要原因。股票市场的暴跌以及接踵而来的经济危机削弱了银行业的实力，许多银行宣布破产。1933年3月美联储公假结束之后，正常的信贷渠道变成了一次市场失灵，这让经济低迷数年才恢复过来。银行业的失败就像一个悬挂在实际经济增长线上的秤砣，阻止其向潜在经济增长线靠拢。所以，伯南克花了很大的精力来保护那些对整个体系而言举足轻重的大型银行以及信贷机构。他也相信宽松的货币和财政政策是控制商业周期的必要手段。

在米尔顿·弗里德曼迎来90岁生日之际，伯南克针对弗里德曼和施瓦茨关于美国大萧条的研究[1]发表了长篇评论，并给予高度肯定，即使他的一些结论与弗里德曼和施瓦茨的并不相同。伯南克[2]在评论最后表达了自己的歉意并承诺："虽然这会稍稍有损自己美联储官员的身份，但还是容许我对米尔顿和安娜表示肯定。就美国大萧条而言，你们是对的，我们没有及时阻止它，我们感到非常抱歉。不过，我们要感谢你们，我们不会让它再发生了。"

当美国经历房地产泡沫时，伯南克先后担任了美联储的副主

---

[1] Milton Friedman, and Anna J. Schwartz, *A Monetary History of the United States*, *1867–1960*（Princeton, NJ: Princeton University Press, 1963）.

[2] Ben S. Bernanke, "Remarks by Governor Ben S. Bernanke," Speech at the Conference to Honor Milton Friedman, University of Chicago, November 8, 2002.

席和主席。他曾多次否认房地产市场存在泡沫，并且表示如果房地产泡沫真的存在并且破裂了，他只需要再降低利率就可以了。随着房地产市场的问题越来越明显，伯南克非常激进地动用了货币政策。他不仅实行降低联邦基金利率等传统货币政策，而且大胆启用了量化宽松和零利率等从未实行过的非常规政策。伯南克的政策总体上可以归结为激进地降低利率，激进地增加银行流动性，以拯救对整个系统而言举足轻重的银行业。大规模的财政刺激政策让美国陷入万亿美元赤字陷阱。很快，伯南克信誓旦旦地表示他已经看到了经济的"绿芽"正在萌发。然后，若干年过去了，实际经济增长线仍然远远落后于潜在经济增长线。

保罗·克鲁格曼是凯恩斯学派的代表人物。在凯恩斯学派看来，商业周期的出现源于社会心理。狂热的投资时期最终会演变成民众恐慌、经济缩减与萧条。如果实际经济增长线偏离潜在经济增长线，那么即使偏离的程度非常小，也会让民众对未来产生悲观的预期，从而使经济和投资活动减少、企业大规模解雇员工、失业率上升以及消费总需求迅速降低。用凯恩斯自己的话来说，这种悲观情绪是由人的"动物精神"导致的，动物精神就是在投资活动中产生的非理性恐惧。

如果总需求远远小于总供给，经济体就会出现价格下跌或者通货紧缩现象。克鲁格曼认为，这会将经济体拖入一个经济"黑洞"，并且永远不可能恢复过来。正因如此，凯恩斯主义者和主流经济学家对通货紧缩有着强烈的恐惧感，或者说对价格紧缩有一种非理性恐慌。但是，很多经济学家①已经解释了为什么我们不需要担心通货紧缩。

自从2008年金融危机出现，我们时常能听到克鲁格曼呼吁政府实行积极的财政政策。他希望政府能够暂时从居民手中借来不打算使用的存款，然后将它们花出去。至于政府在什么地方花钱则是一个无关紧要的问题，因为真正重要的是政府总共能够花多少钱。政府必须要让消费者的口袋里有钱，企业重新投入生产，政府支出对总需求的增加尽可能地产生最大影响。有必要的话，政府必须挽救那些重要产业，在经济危机非常严重的地区开展公共设施建设。为了对抗通货紧缩，克鲁格曼还建议动用刺激性的货币政策。他甚至认为制造一场"火星人入侵地球"的骗局，欺骗民众接受激进的货币和财政政策就可以挽救经济：

我们如果发现宇宙中的外星人正准备攻打地球，就需要建造大规模的防御系统来抵御外星人的入侵。此时，人们对通货膨胀和财政赤字的担忧已经退居次要位置。这种不景气的状况会在

---

① Philipp Bagus, *In Defense of Deflation* (New York: Springer, 2015); Jörg Guido Hülsmann, *Deflation and Liberty* (Auburn, AL: Mises Institute, 2008); Greg Kaza, "Deflation and Economic Growth," *Quarterly Journal of Austrian Economics* 9, no. 2 (Summer 2006): 95-97; Mark Thornton, "Apoplithorismosphobia," *Quarterly Journal of Austrian Economics* 6, no. 4 (Winter 2003): 5-18; Joseph T. Salerno, "An Austrian Taxonomy of Deflation—with Applications to the U.S." *Quarterly Journal of Austrian Economics* 6, no. 4 (Winter 2003): 81-109, and "Deflation and Depression: Where's the Link?" Mises.org, August 6, 2004.

18个月内结束。之后我们发现，天哪！我们竟然搞错了，根本没有外星人攻打地球。但这时，我们的经济情况将得到改善。[①]

之后，克鲁格曼[②]甚至对日本实行"安倍经济学"（激进的货币和财政政策）一事表示祝贺，称赞这和自己所说的"外星人骗局有很大的相似性"，并反对"正统的财政紧缩理论"（也就是平衡政府预算）。

通过制造类似于火星人入侵的虚假预期，从2008年开始，克鲁格曼的建议就以前所未有的程度在美国推行开来。在日本，这些政策的实施力度更大，持续时间更久，却完全没有起到任何好的效果。当然，克鲁格曼也许会说，这之所以会失败，是因为政策力度不够大，反应速度不够快。这种说法只会让他的理论更加站不住脚。凯恩斯主义者不可能在危机到来之前做出准确的预测，因为他们分析经济危机的起点是社会心理的突发性变化，而这本身是不可预测的。类似地，实际商业周期理论在分析经济危机时也是从不可预知的技术冲击和其他一些外生性的变化开始的。

上述这些商业周期理论都在描述一些商业周期的既定事实。从这些既定的事实出发，经济学家提出一个有关商业周期成因的

---

[①] Paul Krugman, "Krugman Calls for Space Aliens to Fix U.S. Economy?" *Global Public Square*, August 12. 2011.

[②] Paul Krugman, "The Moral Equivalent of Space Aliens," *New York Times*, May 9, 2013.

假说，然后通过这个假说提出符合自己理论观点的政策建议。以芝加哥学派为代表的保守主义经济学家在面对经济危机时，通常不会仅仅提出有限的经济修复政策。而那些来自常春藤大学的自由派[①]经济学家在面临危机时更倾向于鼓吹大规模的政府干预。他们的理论普遍面临着危机，因为政府在经济危机初期就已经采纳了所有的建议，但是没有一个手段是成功的。

---

[①] 自20世纪以来，"自由主义"一词的含义已经出现了巨大改变。保护主义、干预主义、国家主义运动和政策等都被冠以自由主义，所以许多人（尤其是奥派经济学家）抛弃"liberal"（自由派）一词，代之以"libertarian"（自由至上主义），以示区分。——译者注

# 第24章
# 奥派商业周期理论错了吗

奥派商业周期理论认为，人为降低利率会使经济发生系统性扭曲。其中最严重的扭曲是，它会诱导企业家投资于周期更长的项目，从而进入更加迂回的生产结构。这些生产结构还需要用到更加高级或者尚未成熟的技术。正是在这段"繁荣时期"，各种决策失误与不当投资集中出现。当所有错误暴露出来之后，经济衰退或者经济危机就出现了。虽然奥地利经济学派内部仍然对奥派商业周期理论存在争论和探讨[1]，但是越来越多的人[2]发现奥派

---

[1] See Jeffrey Rogers Hummel, "Problems with Austrian Business Cycle Theory," *Reason Papers* 5 (Winter 1979): 41–53, and Jörg Guido Hülsmann, "Towards a General Theory of Error Cycles," *Quarterly Journal of Austrian Economics* 1, no. 4 (1997): 1–23.

[2] Joseph T. Salerno, "Comment on Gordon Tullock, 'Why Austrians are Wrong About Depressions'," *Review of Austrian Economics* 3 (1988): 141–145; Reprinted in Joseph T. Salerno, *Money Sound and Unsound* (Auburn, AL: Mises Institute, 2010), pp. 325–331; William Barnett and Walter Block, "On Hummel on Austrian Business Cycle Theory," *Reason Papers* 30 (Fall 2008): 59–90; Mihai Macovei, "The Austrian Business Cycle Theory: A Defense of Its General Validity," *Quarterly Journal of Austrian Economics* 18, no. 4 (2015): 409–435.

商业周期理论具有"普遍的解释力"。

尽管我们很难从实证角度为奥派商业周期理论构建模型,但仍然有一些学者对此进行了实证研究,并得到了一些支持性的结论。① 这些学者发现奥派商业周期理论也可以用于解释历史上曾经发生过的商业周期现象。②

在应对经济危机方面,奥派商业周期理论和实际商业周期

---

① C. Wainhouse, "Empirical Evidence for Hayek's Theory of Economic Fluctuations," in *Money in Crisis*, edited by B. Siegel, (San Francisco: Pacific Institute for Public Policy Research, 1984), pp. 37–71; P. le Roux, and M. Levin, "The Capital Structure and the Business Cycle: Some Tests of the Validity of the Austrian Business Cycle in South Africa," *Journal for Studies in Economics and Econometrics* 22, no. 3 (1998): 91–109; James P. Keeler, "Empirical Evidence on the Austrian Business Cycle Theory," *Review of Austrian Economics* 14, no. 4 (2001): 331–351; Robert F. Mulligan, "A Hayekian Analysis of the Term Structure of Production," *Quarterly Journal of Austrian Economics* 5, no. 2 (2002): 17–33, and "An Empirical Investigation of the Austrian Business Cycle Theory," *Quarterly Journal of Austrian Economics* 9, no. 2 (2006): 69–93.

② A.M. Hughes, "The Recession of 1990: An Austrian Explanation," *Review of Austrian Economics* 10, no. 1 (1997): 107–123; Jeffrey M. Herbener, "The Rise and Fall of the Japanese Miracle," *Mises Daily*, September 20, 1999; Benjamin Powell, "Explaining Japan's Recession," *Quarterly Journal of Austrian Economics* 5, no. 2 (2002): 35–50; Gene Callahan, and Roger W. Garrison, "Does Austrian Business Cycle Theory Help Explain the Dot-Com Boom and Bust?" *Quarterly Journal of Austrian Economics* 6, no. 2 (Summer 2003): 67–98; Patrick Newman, "The Depression of 1873–1879: An Austrian Perspective," *Quarterly Journal of Austrian Economics* 17, no. 4 (Winter 2014): 474–509, and "The Depression of 1920–1921: A Credit Induced Boom and a Market Based Recovery?" *Review of Austrian Economics* (January 2016): 1–28.

理论都认为财政和货币刺激政策起不到恢复经济的作用。但奥派商业周期理论同时认为政府应该"有所作为"。总的来说，政府应该奉行自由放任政策。首先，它必须停止通货膨胀，将利率提高到由市场决定的利率水平之上；其次，不要推行任何试图挽救破产和失业的政策；最后，不要试图干预价格、工资、消费和储蓄。

政府这样做能让市场发挥纠错功能，以最快的速度结束经济危机。政府要积极行动，削减自己的支出和税收水平，放宽各类管制和限制措施，让私有部门能够将更多的资源投入高效多产的行业。经济危机的确会让人们非常痛苦，但如果采取这些政策建议，经济危机就会变得非常短暂。

自由放任政策的对立面就是各种保释政策、货币和财政刺激政策，这会让经济危机变得更加令人难以忍受，并且持续更长的时间。具有代表性的案例是美国大萧条、20世纪70年代的经济滞胀、日本数十年的经济低迷以及2008年的金融危机。相比穷人和中产阶级，奥地利经济学派所倡导的政策会对富人造成更严重的伤害；而主流经济学所推崇的政策伤害的是中产阶级和低收入群体，拯救的则是富人。

当房地产泡沫破裂后，普通人对奥派商业周期理论越来越感兴趣，而主流经济学家却对此视而不见，一些经济学家甚至开始对奥地利经济学派提出批评。与其说是批评，不如说是插科打诨的讥讽。例如，诺贝尔经济学奖得主保罗·克鲁格曼就为奥派商业周期理论贴上了"宿醉理论"（hangover theory）的标签。圣雄甘地曾说过一句话："他们先无视你，然后嘲讽你，接着攻击你，最后你便迎来胜利。"如果你相信这句话，那你会觉得这其实是一个好现象。

## 对其中一种指责的批评

"液压理论"来自戈特弗里德·哈伯勒（Gottfried Haberler）[1]对奥派商业周期理论的描述，它可以被视为主流经济学对奥派商业周期理论的解读版本。奥派商业周期理论由米塞斯、哈耶克和罗斯巴德发展而来，其本身包含几个不同的重要理论版本。但是"液压理论"这一版本却意外地被主流经济学家抓住不放，以此批评奥派商业周期理论。[2]

他们的基本观点在于，如果投资活动在经济繁荣时期增加，那么消费活动应该会减少；而在经济衰退时期，当投资活动减少时，消费活动必然会增加。但实际上，消费活动并没有在经济衰退时期增加，而是显著减少。

实际上，这类批评者反对的并不是奥派商业周期理论，而

---

[1] Gottfried Haberler, *Prosperity and Depression: A Theoretical Analysis of Cyclical Movements* (Lake Success, NY: United Nations, 1937).

[2] Tyler Cowen, "Paul Krugman on Austrian Trade Cycle Theory," *Marginal Revolution*, October 14, 2008; Bradford DeLong, "I Accept Larry White's Correction..." *Cato Unbound*, December 11, 2008; John Quiggin, "Austrian Business Cycle Theory," *Commentary on Australian & World Events from a Social Democratic Perspective*, May 3, 2009; Bryan Caplan, "What's Wrong with Austrian Business Cycle Theory?" *EconLog*, January 2, 2008.

仅仅是主流经济学针对商业周期所提出的一个过度投资理论。但是，奥派经济学家并不认同过度投资理论，他们所说的是错误投资或投资不当。在经济繁荣时期，有两个原因使消费活动不减反增：第一，人为制造的低利率阻止人们储蓄，鼓励人们消费；第二，工资、资产价格、股票价格和房地产价格的上涨会产生财富效应或者净值效应，从而鼓励人们更多地消费。人们挥霍着自己虚幻的财富，因为从名义上看，他们认为自己负担得起这些消费活动。

如果考虑人们真实的财富水平，那么他们实际上正在消耗自己的储蓄和财富。这意味着经济繁荣时期的总投资活动并没有增加，而是在减少。到了经济衰退阶段，与资本投资相比，消费活动变得非常强劲。但由于失业、低工资和负财富效应的影响以及企业家群体的普遍消沉，欣欣向荣的消费景象不可能出现。一些主流经济学家很可能带着恶意，在对奥派商业周期理论的理解本身模糊不清甚至错误的情况下对它进行批评。萨勒诺曾对各种批评进行过深入的剖析。①

**理性预期学派的指责——企业家难道不会学乖吗**

奥派商业周期理论一直受到理性预期学派的批评。理性预期学派认为，理性的企业家不可能一直受到人为低利率的误导。在

---

① Joseph T. Salerno, "A Reformulation of Austrian Business Cycle Theory in Light of the Financial Crisis," *Quarterly Journal of Austrian Economics* 15, no. 1 (Spring 2012): 3–44.

对企业家过去的经历以及当前的市场状况进行分析之后,理性预期学派感到非常疑惑:为什么企业家群体会系统性地受到中央银行的蒙骗?[1]

我在这本书中一直强调人为制造的低利率让信贷市场产生了扭曲,而这种扭曲并不是随随便便就能观察到的。实际上,根本没有人能够了解市场利率和自然利率之间到底有多大的差异。但可以确定的是,你如果走出学术象牙塔,到真实的市场中调查一下,就会发现一部分企业家、银行家和市场分析师的确有过发觉市场扭曲的经历。

这些人本来可以保持更高的警惕,从市场中退出来,或者对自己的交易索取更高的风险溢价。但问题就在于,他们的竞争对手沉浸在市场繁荣之中,每个人似乎都获得了巨大的资本收益,

---

[1] 一些经济学家已经对相关批评做出了解释。例如:Lucas Engelhardt, "Expansionary Monetary Policy and Decreasing Entrepreneurial Quality," *Quarterly Journal of Austrian Economics* 15 no. 2(Summer 2012): 172–194; Anthony J. Evans and Toby Baxendale, "Austrian Business Cycle Theory in Light of Rational Expectations: The Role of Heterogeneity, the Monetary Footprint, and Adverse Selection in Monetary Expansion," *Quarterly Journal of Austrian Economics* 11, no. 2: 81–93(2008); William Barnett II and Walter Block, "Professor Tullock on Austrian Business Cycle Theory," *Advances in Austrian Economics* 8(2005): 431–443; Anthony M. Carilli and Gregory M. Dempster, "Expectations in Austrian Business Cycle Theory: An Application of the Prisoner's Dilemma," *Review of Austrian Economics* 14, no. 4(2001): 319–330. 关于这些论文的回顾,可参照:Nicolás Cachanosky, "Expectation in Austrian Business Cycle Theory: Market Share Matters," *Review of Austrian Economics* 28, no. 2(2015): 151–165。

赚得盆满钵满。你要么加入他们，要么被踢出这场游戏。我在建筑行业和银行业亲眼见过这种替代效应，甚至连美国广播公司财经频道都报道过它。

奥派商业周期理论告诉我们，当可贷资金的数量增加时，市场中信用良好的借款人越来越少。许多经济学家[①]对这种逆向选择现象进行了详尽的讨论。奥派经济学家认为企业家是理性的，但企业家同时也知道一项商业计划的成功与否取决于许多因素，企业家不可能在事前就对这些因素了如指掌。宽松的信贷政策让更多企业家从事冒险活动，但他们并不会立刻知道商业冒险的结果。最终的结果只会在长期资本项目即将完成或已经完成之后才会揭晓。

### 19世纪的经济恐慌是怎么回事

奥派商业周期理论招致批评的另一个原因在于，奥派经济学家一贯将商业的周期性波动归咎于美联储。但在19世纪的商业周期中，美联储尚未诞生。我已经在本书第2章针对这种批评做出了解释。实际上，奥派商业周期理论认为中央银行以及部分准备金制度是商业周期的罪魁祸首。就连主流经济学家都认为美国从南北战争至第一次世界大战期间的经济恐慌是由美国《国家银行法》造成的。这项法案中的条款让银行储备结构变得非常不稳

---

[①] Evans and Baxendale, "Austrian Business Cycle Theory in Light of Rational Expectations"; and Engelhardt, "Expansionary Monetary Policy and Decreasing Entrepreneurial Quality."

定。很多人认为，美国南北战争之前的商业周期则是由美国第一银行和第二银行造成的，这两者本身充当着中央银行的角色。

### 罗斯巴德关于两位数通胀率的预测

对奥派商业周期理论的批评一直集中在穆雷·N.罗斯巴德等几位奥派经济学家的身上。批评者认为经济体中的通货膨胀并没有罗斯巴德所说的那么高。这是因为他们所说的价格水平是通过消费者价格指数测算出来的，这是主流经济学对价格水平的认知。

我们先不要管价格水平的概念应该是什么样的，也不要管消费者价格指数到底存在什么技术问题。尽管批评者一直提到消费者价格指数，但它实际上和奥派商业周期理论没有任何关系。货币量越多（通货膨胀），价格就越高（物价上涨），这是一个基本的认知，也是一个非常古老且被专业经济学家普遍接受的观点，而不是奥地利经济学派特有的。我读过的每一本经济学教科书都是这样介绍的。

这种被广为接受的观点通常还有另一个名称——货币数量理论。只有重商主义者或者凯恩斯主义者才会否定这个观点。不过，只有奥派经济学家能够解释当前的困扰：为什么世界各国的中央银行印了那么多货币，而没有导致价格飞涨？

米塞斯、本杰明·安德森以及哈耶克等奥派经济学家发现，虽然20世纪20年代的商品价格比较稳定，但生产结构中的其他价格却揭露了美联储货币政策所产生的问题。尤其是米塞斯曾经发出警告：美联储采纳费雪的"稳定的美元"政策将会导致严重的经济恶果。如果美联储没有在20世纪20年代实行宽松的货币政策，那么各类价格很有可能在那十年内出现下跌。[①]

让我们一起看一下我们所找到的价格信息，这些信息被大部分经济学家忽视了。包括油价在内，其实有很多明显值得我们关注的价格。但是主流经济学家真的不喜欢油价，他们非常希望能把油价和食物价格从消费者价格指数中剔除。本·伯南克就认为油价和货币政策没有任何关系，油价是由其他因素决定的。

作为一名奥派经济学家，我猜测在一个没有中央银行干预的自由市场经济中，油价是趋于稳定的。我进一步猜测，在一个存在中央银行的真实经济体中，油价会变得非常不稳定，而且油价会像奥派商业周期理论中所描述的那样反映出货币政策。

也就是说，美联储人为制造的低利率会鼓励企业家投资新项目。这些投资活动反过来会增加人们对石油的需求（石油供给在短期内是相对缺乏弹性的），从而导致油价上升。当这些企业家不得不为石油或能源支付更高的费用时，当他们的消费者不得不为更高的油价削减产品消费时，一些企业家所投资的新项目就会从盈利变成亏损。正因如此，你会看到油价在经济繁荣时期上涨，在经济衰退时期下跌，这就是油价对货币政策的反应（见图24-1）。

---

① 之所以可能出现价格下跌，是因为上涨的趋势被原本下跌的趋势中和了。——译者注

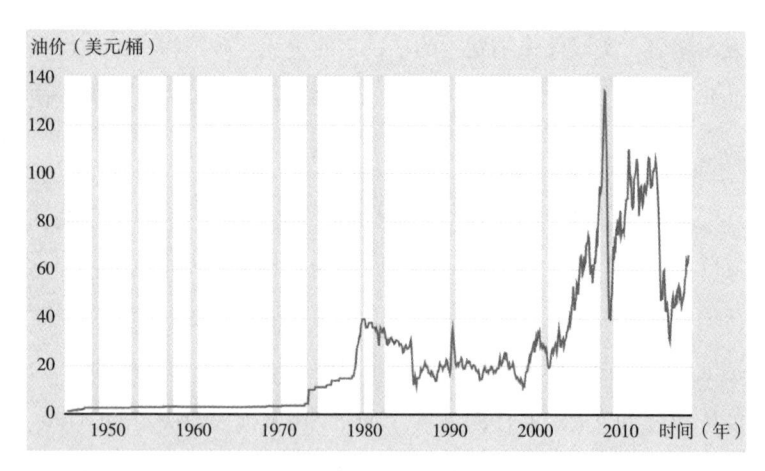

注：阴影部分表示美国经历过的经济衰退。
数据来源：美国经济分析局。

图24-1　原油现货价格：西得克萨斯中间基原油（WTI）

你可以看到，当我们保留一些残存的金本位制度时，油价是非常稳定的。同时你也会发现，从1971年实行法币制度（美元）开始，油价就变得极其不稳定。另外，虽然货币政策并不是影响油价的唯一因素，而且两者之间并不存在稳定的数量关系，但从总体上看，油价的波动非常剧烈，这和奥派经济学家所论述的完全一致。

另一个因为自身高昂的价格而值得我们注意的商品是黄金。金价和油价一样，在经济繁荣时期上涨，在经济衰退时期下跌。但是，自2009年官方认为最新一轮的经济衰退已经结束以来，金价已经涨了两倍。美联储的零利率政策让投资黄金的机会成本变得非常低。随着美联储不断向经济体中注入新货币，黄金价格也屡创新高，这一点也不足为奇。

实际上，所有商品的价格都会上涨。生产者价格指数表现出同油价和金价类似的运行模式。当还有一些残存的金本位制度时，生产者价格指数变得更加稳定了，而在1971年实行法币制度之后，该指数出现剧烈波动。通常在经济衰退之前，生产者价格指数会出现一次高峰，然后在经济衰退期间以及之后不断下降。

高涨的价格似乎成了标配。2018年，美国股票和债券市场正处于或接近历史最高值，美国农业用地价格达到历史峰值，纽约的现当代艺术品市场如火如荼，销量和售价双双破纪录。同时，曼哈顿和华盛顿特区的房地产市场也和奥派经济学家预测的一样，迎来了历史新高。新的货币被创造出来，并流入了这些领域。

我们甚至不需要考虑就能知道，如果没有美联储和各国的中央银行，那么房屋价格、商品价格会变得更低，消费者价格指数和生产者价格指数会下降，低收入家庭的生活水平会显著提升，储户会从自己的储蓄中获得一笔可观的报酬。

当然，股票市场和债券市场的价格也会显著降低，银行股票会出现崩溃，运转不良的银行将被迫关门停业，金融机构、对冲基金和投资银行会面临清算，曼哈顿的房地产价格将出现跳水，大量基金经理、对冲基金操作员和银行家将退出金融行业。

换句话说，美联储所做的一切就是让富者更富、贫者更贫。如果美联储没有实行这些荒谬的货币政策，那么相比现在的状况，低收入者的生活水平会得到提高，而高收入者的生活水平会相对降低。

当然还有其他因素导致商品价格没有像石油、黄金、股票和债券价格一样随着货币供给的增加而出现大幅度的上涨。美国、欧洲各国和日本奉行的扩张性货币政策和凯恩斯主义政策造就了这样一个经济和金融环境：银行家不敢借贷，企业家不敢投资，每个人都对自己手中贬值的货币感到担忧，却只能被迫忍受痛苦。

换句话说，商品价格没有像预期的那样出现飞涨是因为救市计划、刺激政策以及大规模货币超发等凯恩斯主义的政策措施并没有起到作用。相反，它们对经济造成了巨大的破坏。

# 第 25 章
# 终结美联储

我想通过这本书向大家传达的观点是：中央银行制造了一连串的经济问题，而奥派商业周期理论为我们提供了科学的方法，使我们能够简洁明了地理解这个原本非常复杂的问题。我也提到了，在过去的一个世纪中，摩天大楼指数成功预测了大部分严重的经济危机。除此之外，我还介绍了奥派经济学家如何利用奥派商业周期理论来预测这些危机。

由此产生的问题是：中央银行制造的经济问题有哪些？我们对此应该做些什么？中央银行和它所推行的扩张性货币政策会产生两个非常明显的问题：一是经济出现繁荣和萧条的周期性波动；二是不可避免地产生物价通胀问题。随着扩张性货币政策的实施和物价通胀的出现，我们正经历着越来越严重的经济不平等。约尔格·吉多·许尔斯曼[1]对经济不平等的产生途径及其影响进行了深入细致的描述。

---

[1] Jörg Guido Hülsmann, "Fiat Money and the Distribution of Incomes and Wealth," in *The Fed at One Hundred: A Critical Review on the Federal Reserve System*, edited by David Howden and Joseph T. Salerno, (New York: Springer, 2014), pp. 127–138.

扩张性货币政策所产生的影响取决于谁最早获得新创造的货币和信用，而谁又最晚获得它们。当中央银行印发了新货币时，各个私有银行就有能力扩大自己的贷款数额。而富人和这些银行的关系更为密切，并且他们手握房地产和其他资产，这些资产能够充当银行贷款的抵押品。与小企业和平均收入以下的普通人相比，大公司、老牌企业和富人处于更加有利的位置。大企业和富人利用手中的贷款，在经济处于繁荣阶段时对资本品进行投资。也就是说，中央银行人为地制造出不平等与贫困问题。这和克林顿总统的财富再分配手段具有相同的效果。

在货币和银行业，美国从来没有真正实现过"自由市场"。美国在南北战争前夕就因为美国第一银行和第二银行而经历了数次商业的周期性波动。这两家银行在本质上是一种非常原始的中央银行。从美国第二银行被废除到建立全国银行制度的这段时期是所谓的"自由银行"阶段。这也是美国货币和银行业最自由的时期。因为当时的货币是黄金与白银，银行业的进入门槛相对较低，与活期存款相比，银行准备金的数量也维持在较高的水平。同时，政府支出与政府干预都处于历史最低水平，这也是美国历史上经济增长最快的时期。但这并不表示当时的制度是完美的，因为美国许多州的自由银行法规中包含了有害的条款，它们正在慢慢破坏银行业的稳定。

在美国南北战争期间，美国通过了《国家银行法》，以此对货币和银行业进行"管理"。这种状况一直持续到1913年美国通过《联邦储备法》。美联储的诞生和第一次世界大战的爆发彻底摧毁了传统的金本位制度，代之以金汇兑本位制。1933年，联邦政府没收了所有私人持有的黄金，黄金的名义账面价值从每盎司20.67美元变为每盎司35美元。第二次世界大战之后所建立的布雷顿森林体系允许其他中央银行以每盎司35美元的价格换取黄金，但这在本质上也让美国获得了"印刷黄金"的能力。当其他国家的中央银行开始用美元兑换黄金时，布雷顿森林体系变得不稳定。1971年8月15日，尼克松总统宣布关闭其他国家的黄金兑换窗口。

自那时起，世界进入法币体系。流通中的纸币不再具有兑换黄金的能力，并且不同国家的纸币之间的兑换率是浮动的。各国中央银行的权力和地位都在不断扩张。因而中央银行持续增加货币供给，流通中的纸币的价值骤减。例如，2008年年中，美联储的总资产不足9 000亿美元，而到了2014年年中，美联储的总资产为44 000亿美元。通过印钞的方式，美联储购买了大量政府债券和抵押贷款证券。如果将其折算成黄金，那么和美联储成立之前相比，当前的1美元仅仅抵得上那时候的2美分。日本、欧洲各国以及其他国家的中央银行都在推行类似的政策，这实则是在发动一场纸币战争。

罗伯特·墨菲（Robert Murphy）[①]向我们展示了美联储如何以不可阻挡之势推行史无前例的应对措施，而这些措施的合法性

---

[①] Robert Murphy, "Ben Bernanke, the FDR of Central Bankers," in *The Fed at One Hundred*, edited by Howden and Salerno, pp. 31–42.

令人怀疑。这些政策产生了恶劣的影响，所以墨菲把本·伯南克称为"货币政策领域的富兰克林·罗斯福"。墨菲总结道，费尽心机的美联储没有取得任何进展。欧洲中央银行也在应对欧债危机的时候僭越了欧盟所赋予的法定权力，并且没有收到任何效果。

这些政策有效果吗？自2008年以来，人们一直在争论经济已经得到复苏并出现增长，还是仍陷在持久的衰退中。两种观点都不乏来自政界和经济学界的支持者。真正的分歧在于提出观点的人和权力当局之间的关系。权力当局的支持者自然认为经济已经从危机中复苏，而权力当局的反对者则普遍认为经济受到破坏并持续衰退。

这两种观点之间的争论通常围绕GDP、失业率和物价等统计数据展开。奥派经济学家则通过政府支出的大幅度增加、赤字型财政支出政策以及2008年以来人为降低的利率和由此产生的可疑的投资价值等来论述这个问题。奥派经济学家认为，政府的财政支出和错误投资的真实市场价值远远低于它花费的美元价值。所以，GDP等统计数据是非常不可靠的。奥派经济学家的分析表明，美国的经济正处于长期衰退阶段，并在债务泥潭中越陷越深。

实际上，卢卡斯·恩格哈特[①]和其他经济学家已经说明了中央银行为赤字型财政政策和不断增加的国家债务提供了方便之

---

[①] Lucas Engelhardt, "Unholy Matrimony: Monetary Expansion and Deficit Spending," in *The Fed at One Hundred*, edited by Howden and Salerno, pp. 139–148.

门。中央银行可以通过印钞的方式来填补国家债务，或者用印钞的方式来购买国债。而美联储目前的各种量化宽松政策其实就是在做这件事情。20世纪70年代，美国的国家债务大约是3 700万美元。2007年年末，美国的国家债务达到93亿美元。而截至2015年年末，美国的国家债务比2007年的增加了一倍多，达到189亿美元并仍在增加。1970年，美国的国家债务占其GDP的34%，而到了2015年，美国的国家债务超过了其GDP。巨额的国家债务严重拖垮了经济发展，甚至会造成恶性通货膨胀。萨勒诺[1]表明，中央银行也为美国发动许多不必要且昂贵的战争提供了便利。因为中央银行可以让所有国民为战争承担后果，从而隐藏了战争的真实成本。

　　让我们还是幻想一个最美好的场景，假定所有的政府支出都真正起到了作用，也就是说政府每多花1美元，就能增加1美元的消费者价值，同时假设2008年至今的所有投资项目都是盈利的。如果使用政府的经济测算指标（比如GDP），在对政府测算价格上涨的方法（GDP平减指数）进行调整后，再根据人口的增量对该数据进行调整，我们就会发现从2008年至2016年年中，美国在这一时期的经济增长率不到4%。在美国实行自由银行制度的时期，如果去除通货膨胀的因素，其每年的人均GDP增长

---

[1] Joseph T. Salerno, "War and the Money Machine: Concealing the Costs of War beneath the Veil of Inflation," *Journal des Economistes et des Etudes Humaines* 6 (March 1995): 153-173; Reprinted in Joseph T. Salerno, *Money Sound and Unsound* (Auburn, AL: Mises Institute, 2010).

率在3%及以上。

想必大家已经对美国经济衰退的成因心知肚明。我在此要说三个重要的因素。第一个因素是美国的政府债务已经积累到了非常可怕的地步。政府债务、企业债务和消费者债务的总量已经在过去的几十年里快速增长。这显然源自美联储人为抑制利率的政策以及纸币的贬值。从历史传统上看，美国的所有债务总量一直维持在GDP的1.5倍以下，而如今它已经达到了GDP的3.5倍。换句话说，美国经济承受着沉重的债务压力。第二个因素是美国的个人储蓄率出现了惊人的下滑。1971年之前，美国政府公布的个人储蓄率在10%以上。自1971年以来，美国的个人储蓄率一直下跌，在房地产泡沫期间降至2%左右。2008年金融危机之后，美国的个人储蓄率稍稍恢复到5%以上。美联储的低利率政策以及纸币的贬值是最主要的原因，但并不是个人储蓄率下降的全部原因。第三个因素是在过去半个世纪，美国的管制措施让美国经济不堪重负。然而，自2008年金融危机爆发以来，美国的管制措施变本加厉，《多德-弗兰克法案》（Dodd-Frank Act）和《平价医疗法案》（Affordable Care Act）等管制政策相继出台。

储蓄的减少和管制措施的增加阻碍了生产力的提升。生产力不足导致居民工资水平停滞，同时经济体也不能产生高工资的工作岗位。政府的债务压力越来越大，为了偿还债务，政府不得不提高税收，而政府又要求企业提供强制性的工作待遇，为员工缴纳医疗保险，这使得任何形式的收入增长都被抵销。这些因素使得美国家庭收入自21世纪以来一直处于停滞或下降状态。与此同时，亿万富翁层出不穷。

2014年，美联储迎来了自己的100周年。许多人回顾这个机构为大家带来的价值，也有很多来自美联储内部的人发表了积极的、鼓舞人心的观点。但绝大部分机构之外的人对美联储的存在持反对意见，认为一个健康自由的社会不应该出现中央银行。

比如，劳伦斯·H. 怀特（Lawrence H. White）[①]质疑美联储的公平性及其是否产生了积极的影响。美联储在经济政策研究，尤其在货币、银行制度和宏观经济政策研究方面耗费了大量资源。美联储对研究的扶持是一种胡萝卜加大棒的策略，这毫无疑问让学术研究者在有关美联储的问题上不敢对这个机构提出挑战。怀特认为：

> 2002年，美联储雇用了大约495名全职经济学家。同年，美联储聘用120多位知名经济学家充当它的顾问和访问学者，并组织举办了30多场会议，又为自己笼络了300多名学术研究者。美联储在自己创办的研究期刊上发表了230多篇文章。从摘要来看，在2002年12月《经济文献杂志》（*Journal of Economic Literature*）的"宏观经济学与货币经济学"项目下收录的关于货币政策的文章中，大约有74%的文章最初来自美联储的期刊，或者由美联储的职员担任合作者。[②]

---

[①] Lawrence H. White, "The Federal Reserve System's Influence on Research in Monetary Economics," *Econ Journal Watch* 2, no. 2 (August 2005): 325–354.
[②] 同上，p. 235。

怀特指出，2002年美联储雇用的经济学家人数比美国排名前50且拥有博士点的经济系所聘用的货币与银行业专家人数还多27%，美联储研究团队的规模之大可见一斑。同时，美联储控制多个期刊，发表的文章更是数不胜数。但是，所有文章都由各个地方储备银行以及华盛顿联邦储备局的内部员工审核。难怪在批评美联储的问题上产生了如此严重的偏差，因为它不可能允许出现批评自己的声音。

怀特还发现，在涉及货币、银行和宏观经济研究的核心期刊中，美联储的工作人员是这些期刊编委会的主要成员。在调查期间，他发现美国《货币经济学期刊》(Journal of Monetary Economics)的2位主编中的1位和9位副主编中的8位（占82%）与美联储保持亲密联系。而《货币、信贷和银行学报》(Journal of Money, Credit, and Banking)的3位主编和43位副主编中的37位（占87%）与美联储联系密切。如此一来，美联储不仅能够主导期刊领域，实行胡萝卜加大棒政策，而且无论那些涉及货币、银行和宏观经济研究的期刊是不是美联储发行的，它们都会受到美联储的监视。美联储不单在政治上巩固自己的权力，正如托马斯·狄罗伦佐（Thomas DiLorenzo）[1]所说的，美联储"独立于"政治决策根本就是自欺欺人。

乔治·塞尔金（George Selgin）、威廉·D.拉斯特瑞普斯

---

[1] Thomas DiLorenzo, "A Fraudulent Legend," in *The Fed at One Hundred*, edited by Howden and Salerno, pp. 65–74.

（William D. Lastrapes）和怀特[1]通过追踪美联储过去的记录，发现它作为国家银行体系的一部分，存在很大的缺陷。除了在银行管制方面的作用，他们通过研究还发现美联储在操控通货膨胀与通货紧缩、引起产出与就业率剧烈波动、实行"大稳健"（the Great Moderation）政策、使经济衰退频繁出现、造成银行业恐慌和充当最后贷款人等方面都是恶果累累。他们利用标准实证分析手段以及现存的研究成果，将评估结果与历史记录进行了对比。

他们发现在美联储成立之前，美元的购买力在很长一段时间内具有稳定性。相反，自美联储诞生之后，美元出现通货膨胀和通货紧缩的周期性波动。从长期来看，美元的价值出现极大的萎缩。同时，美元仍然处于不断贬值的状态中，而且人们越来越难预测美元的购买力到底会如何变化。这就让人们制订长期计划或合约变得更加困难。塞尔金等人发现，"大稳健"时期通货膨胀率的下降得益于其他因素，而不是美联储货币政策的结果。最后，他们还发现美联储充当最后贷款人的身份并没有减少经济恐慌，也没有改善自身的功能。换句话说，美联储并没有实现最初的承诺，甚至破坏了之前所规定的货币制度。历史学家托马斯·E. 伍兹[2]证实了在美联储成立之前，政府各种干预措施使货

---

[1] George Selgin, William D. Lastrapes, and Lawrence H. White, "Has the Fed Been a Failure?" *Journal of Macroeconomics* 34, no. 3（September 2012）: 569–596.

[2] Thomas E. Woods, "Does U.S. History Vindicate Central Banking?" in *The Fed at One Hundred*, edited by Howden and Salerno, pp. 23–30.

币和银行体系出现了很多问题，但也比美联储诞生以后的情况好得多。克莱因[1]和伊瑟雷尔[2]证明了中央银行的制度特征决定了它天然带有不稳定性。

马克·桑顿调查了美联储货币政策的透明度。所谓的政策透明度是指，中央银行向民众、市场专业人士以及其他中央银行表达自己的担忧、意图以及政策信息，以免在无意中产生负面新闻并引起社会恐慌。总的来说，中央银行的透明度自21世纪以来有所提高。关于透明度的研究表明，中央银行不断提高的透明度会对股票价格或者利率等可以量化测算的数据产生积极的细微影响。桑顿没有进行数据统计，但他回顾了2007年（房地产泡沫和金融危机爆发前一年）美联储重要官员对市场专业人士发表的公开声明。他发现在这些知名的公开声明中，美联储官员不断发表误导性的言论，这些言论往往近乎谎言。经济学家肖恩·里特诺尔[3]证实了美联储一直在用修饰性的花言巧语让人们相信一个错误的观念——美联储并没有制造经济问题，它是在解决经济问题。

---

[1] Peter G. Klein, "Information, Incentives, and Organization: The Microfoundations of Central Banking," in *The Fed at One Hundred*, edited by Howden and Salerno, pp. 149–162.

[2] Karl-Friedrich Israel. "The Costs and Benefits of Central Banking," PhD dissertation, Department of Law, Economics, and Business Administration, University of Angers, France, 2017.

[3] Shawn Ritenour, "The Federal Reserve: Reality Trumps Rhetoric," in *The Fed at One Hundred*, edited by Howden and Salerno, pp. 55–64.

面对这些景象以及上文的分析，我们要做出什么样的改变才能重新创造一个稳定的经济环境，让人们的财富不会被人为地再分配呢？目前的经济似乎是一团乱麻，各种问题交织在一起，庞大复杂且难以解决。但事实并非如此。

我们先来思考一下终极目标是什么。根据本书从经济学和历史学的角度所进行的分析，我们的最终目标显然是重新建立一个真正的货币和银行体系，它不受政府特权和管制的影响，只受市场力量本身的影响，它和阿司匹林、鞋子或者手机市场没什么两样。基于这一点，我们接下来提出的建议就不只是一种观点。

市场的重建似乎是一项艰巨的任务，但我们可以慢慢实现。我们首先要做的是解散联邦公开市场委员会，让市场决定联邦基金市场的利率，也就是联邦基金利率或者不同银行之间的短期贷款利率。联邦公开市场委员会由华盛顿特区联邦储备局的7名执行委员（政治任命）、纽约联邦储备银行行长以及来自各地区12家储备银行的4名轮值行长组成。即使是在最美好的假设下，他们的工作仍然是多此一举。这个中央计划型委员会是本书所阐述的各类问题的根源所在，它应该被解散，且其利率制定权理应被剥夺。

整个美联储机制都不应该存在，它的支票结算等合法职能都应该交给私有部门。美联储资产负债表上的黄金应当表示为可兑换一定重量黄金的"金元"（gold dollar），而不是联邦储备券。美联储不应再继续持有美国政府债券，其他类型的资产也应当交由财政部管理。霍登和萨勒诺[①]提出过一个类似的计划。同时，萨勒诺[②]发现大部分试图回归金本位制度的办法都是没有作用的，所谓的"镀金制品本位"制度也不能起到稳定美元或者经济的作用。

应该取消黄金和白银的资本利得税，同时也不能对任何新货币（比如比特币或铜币）征税。废除法币法，不应强制规定人们使用某种特定的货币。在目前的状态下，人们可以将美元存入银行，也可以用支票、信用卡等各种媒介进行交易。但只要你的某项支付活动产生了资本利得，你就必须缴纳资本利得税。

应当取消活期存款的联邦保险，取而代之的是各个银行必须遵守其他有关存款吸收的制度（比如粮仓计划）。各个银行必须利用自有资金或通过出售债券的方式来获得资本或货币，为借款人提供贷款。通过对活期存款收取费用并为长期债券提供利息，银行能够减少活期存款的数量而增加长期债券的数量。这就能解决银行业长期存在的"短期借入，长期贷出"的问题。银行会变成实行100%储备金制度的机构，因为此时，储备黄金的人没有任何理由将黄金放在自己身边。他更有可能通过购买黄金债券来赚取利息，而不是单纯地囤积黄金。所以，银行很可能因此出售大量债券，从而获得丰厚的黄金储备。此时，个人储蓄

---

① David Howden, and Joseph T. Salerno, "A Stocktaking and Plan for a Fed-less Future," in *The Fed at One Hundred*, edited by Howden and Salerno, pp. 163–169.
② Joseph T. Salerno, "Will Gold Plating the Fed Provide a Sound Dollar?" in *The Fed at One Hundred*, edited by Howden and Salerno, pp. 75–90.

率必然会上升。我们可以参考乔治华盛顿大学的侯赛因·阿斯卡里（Hossein Askari）和国际货币基金组织的努尔丁·克里钦（Noureddine Krichene）[①]的研究，他们详细解释了100%储备金制度和金本位制的本质及其历史发展过程。他们的研究受到一系列知名经济学家的支持。

　　实行这些措施或者彻底废除政府干预是非常困难的。一个高度杠杆化的经济体必然需要经历一次痛苦的去杠杆化过程，而我们最应当关注的是那些从中央银行的法币制度中获得最大收益的产业。在法律层面和企业家层面，我们可能会经历大范围的破产、抵押品赎回权丧失、违约等状况，这都是应对危机的反应。国家债务会面临非常危险的状况，我们应当对此进行公开的否定，而不是利用通货膨胀来继续遮遮掩掩地违约。我们可以将国家债务交给一个合法的托管人进行控制，托管人会通过出售政府资产的方式来清偿债务。如果对奥巴马医改、医疗补助、医疗保险和社会保障等措施进行大刀阔斧的改革，代之以市场化的机构，联邦政府就会有足够的资金来偿还债务或履行其他义务。虽然联邦政府很可能仍然无力偿还额外的信贷，但是强迫下一代人为过去的错误买单是一种邪恶的做法。联邦政府必须大规模削减开支，重新构建没有政府干预的市场经济，这样才能平衡预算。联邦政府的干预措施越少，经济调整的过程就越有利，经济的调

---

[①] Hossein Askari, and Noureddine Krichene, "100 Percent Reserve Banking and the Path to a Single-Country Gold Standard," *Quarterly Journal of Austrian Economics* 19, no. 1（Spring 2016）: 29–64.

整和发展速度也会更快。

经济发展的过程可能会伴随通货紧缩与价格下降。主流经济学家对通货紧缩有一种莫名的恐惧感，他们认为通货紧缩会把经济带入一个再也无法脱离的经济危机之中。奥派经济学家已经说明了通货紧缩实际上是一个纠正过程。相对于消费商品而言，资产价格和工资的下降会产生更多的获利机会，从而让企业家发现机会并合理使用各类资源。

如果美国实行100%储备金制度和金本位制度，"金元"的价值就会和固定重量的黄金挂钩。相对于其他国家的纸币，"金元"的价值会上升，美国人的收入和储蓄可以购买更多的商品，因而美国人也将变得更加富有。其他国家进口美国商品将变得越来越困难，这就给其他国家施加了压力，让它们也跟随美国实行金本位制度以及其他的货币改革措施。如果美国同时削减巨额的军事和管制支出，向私有部门出售大量资源，那么美国人的生活水平将迅速恢复，经济将高速发展。

大多数人并不愿意承担这些建议背后所包含的风险，政客也知道如何利用这一点。他们和主流经济学家讲述了许多可怕的故事来吓唬每个人。但萨勒诺[①]已经说明，人们对金本位制度的批评本身是毫无根据的。

事实上，如果不改革当前的制度，那么最后的结果会更加糟

---

① Joseph T. Salerno, "The 100 Percent Gold Standard: A Proposal for Monetary Reform," in Salerno, *Money Sound and Unsound* (Auburn, AL: Mises Institute, 2014), pp. 333–363.

糕。随着美元在其他国家的中央银行充当储备货币的地位不断减弱，这些中央银行采取改革措施的可能性将不断增加。政府规模太大、国家背负巨额债务而个人储蓄明显不足、货币供给过度扩张以及人为制造的不平等状态威胁到了社会合作网络。随着时间的推移，这些问题会变得越来越严重，最后演变为一场恶性通货膨胀。这张社会合作网络会在由一文不值的钞票与政府债务搭建起来的篝火上燃烧殆尽。

2018年，在华盛顿特区所发生的各类事件暴露了联邦政府和当前制度之间的僵化关系。左翼和右翼阵营都咆哮着发出非常激进的声音，这种僵局仍然持续着。虽然联邦政府采取了一些边缘性的税收和管制改革，美联储也宣布调整自己的政策，但我们并没有看到进一步的长远计划，以应对横亘在我们面前的也是我在本书中一直讨论的大灾难。

# 参考书目

[1] Abraham, Jesse M., and Patric H. Hendershott. 1994. "Bubbles in Metropolitan Housing Prices." NBER Working Paper 4774. National Bureau of Economic Research. Cambridge, MA.

[2] Ali, M., and Kyoung Sun Moon. 2007. "Structural Developments in Tall Building: Current Trends and Future Prospects." *Architectural Science Review* 50, no. 3.

[3] Alonzo, William. 1964. *Location and Land Use: Toward a General Theory of Land Rent*. Cambridge, MA: Harvard University Press.

[4] Ames, Nick. 2015. "Elevator Installation Prep Begins at Kingdom Tower." ConstructionWeekOnline.com. May 10. http://www.constructionweekonline.com/article-33617-elevator-installation-prepbegins-at-kingdom-tower.

[ 5 ] Anderson, William. 2000. "New Economy, Old Delusion." *Free Market* 18, no. 8.

[ 6 ] Angly, Edward. 1931. *Oh Yeah?* New York: Viking Press.

[ 7 ] Arrison, Thomas S., C. Fred Bergsten, Edward M. Graham, and Martha Caldwell Harris, eds. 1992. *Japan's Growing Technological Capability: Implications for the U.S. Economy.* Washington, DC: National Academies Press.

[ 8 ] Askari, Hossein, and Noureddine Krichene. 2016. "100 Percent Reserve Banking and the Path to a Single-Country Gold Standard." *Quarterly Journal of Austrian Economics* 19, no. 1.

[ 9 ] Atack, Jeremy, and Robert A. Margo. 1996. "'Location, Location, Location!' The Market for Vacant Urban Land: New York 1835–1900." NBER Historical Paper 91. National Bureau of Economic Research. Cambridge, MA.

[ 10 ] Bagus, Philipp. 2012. "Modern Business Cycle Theories in Light of ABCT." In *Theory of Money and Fiduciary Media: Essays in Celebration of the Centennial.* Edited by Jörg Guido Hülsmann. Auburn, AL: Mises Institute.

[ 11 ] Bagus, Philipp. 2015. *In Defense of Deflation.* New York: Springer.

[ 12 ] Baker, Dean. 2002. *Dangerous Minds? The Track Record of Economic and Financial Analysts.* Washington, DC: Center for Economic and Policy Research.

[ 13 ] Baker, Dean, and David Rosnick. 2005. *Will a Bursting Bubble Trouble Bernanke? Evidence for a Housing Bubble*. Washington, DC: Center for Economic and Policy Research. November.http://www.cepr.net/publications/housing_bubble_2005_11.pdf.

[ 14 ] Barnett, William II, and Walter Block. 2005. "Professor Tullock on Austrian Business Cycle Theory." *Advances in Austrian Economics* 8.

[ 15 ] Barnett, William II, and Walter Block. 2008. "On Hummel on Austrian Business Cycle Theory." *Reason Papers* 30.

[ 16 ] Barr, Jason. 2010. "Skyscrapers and the Skyline: Manhattan, 1865-2004." *Real Estate Economics* 38, no. 3.

[ 17 ] Barr, Jason.2012. "Skyscraper Height." *Journal of Real Estate Finance and Economics* 45, no. 3.

[ 18 ] Barr, Jason. 2013. "Skyscrapers and Skylines: New York and Chicago, 1885-2007." *Journal of Regional Science* 53, no. 3.

[ 19 ] Barr, Jason, Bruce Mizrach, and Kusam Mundra. 2015. "Skyscraper Height and the Business Cycle: Separating Myth from Reality." *Applied Economics* 47, no. 2. http://www.tandfonline.com/doi/abs/10.1080/00036846.2014.967380?journalCode=raec20.

[ 20 ] Bernanke, Ben S. 2002. "Remarks by Governor Ben S. Bernanke." Speech at the Conference to Honor Milton Friedman. University

of Chicago, Chicago, IL. November 8. http://www.federalreserve.gov/boarddocs/Speeches/2002/20021108/default.htm.

[21] Bernanke, Ben S. 2004. *Essays on the Great Depression.* Princeton, NJ: Princeton University Press.

[22] Bernanke, Ben S. 2006. Speech to the Independent Community Bankers of America National Convention and Techworld. Las Vegas, NV. March 8. https://www.federalreserve.gov/newsevents/speech/bernanke20060308a.htm

[23] Bernanke, Ben S. 2006. "Reflections on the Yield Curve and Monetary Policy." Remarks before the Economic Club of New York. March 20. https://www.federalreserve.gov/newsevents/speech/bernanke20060320a.htm.

[24] Bhatia, Neha. 2015. "Soaring Upwards." ConstructionWeekOnline.com, May 16. Accessed May, 26, 2015. http://www.construction-weekonline.com/article-33675-soaring-upwards.

[25] Block, Walter E. 2010. "Who Predicted the Housing Bubble?" LewRockwell.com, December 22. https://www.lewrockwell.com/2010/12/walter-e-block/whopredicted-the-housing-bubble.

[26] Bloom, J. L. 1990. *Japan as a Scientific and Technological Superpower.* Springfield, VA: National Technical Information Service.

[27] Bordo, Michael D. 1992. "The Limits of Economic Forecasting."

*Cato Journal* 12.Bordo, Michael D., Peter Rappoport, and Anna J. Schwartz. 1992. "Money versus Credit Rationing: Evidence for the National Banking Era, 1880-1914." In *Strategic Factors in Nineteenth-Century American Economic Growth*. Edited by Claudia Goldin and Hugh Rockoff. Chicago: University of Chicago Press.

[28] Boyle, Elizabeth, Lucas Engelhardt, and Mark Thornton, "Is There Such a Thing As a Skyscraper Curse?" *Quarterly Journal of Austrian Economics* 19, no. 2 (Summer 2016): 149-168.

[29] Brady, Nicholas F. 2002. "Every Market Collapse Is Different." *New York Times*, August 11.

[30] Brooks, John. 1973. *The Go-Go Years: The Drama and Crashing Finale of Wall Street's Bullish 60s*. New York: Allworth Press.

[31] Bruno, Joe B. 2006. "Former Fed Chair Says Housing Boom Over." Associated Press, May 19.

[32] Bureau of the Census. "Price Indexes of New One-Family Houses Sold." http://www.census.gov/const/price_sold.pdf.

[33] Caballero, Ricardo J. 2010. "Macroeconomics after the Crisis: Time to Deal with the Pretense-of-Knowledge-Syndrome." *Journal of Economic Perspectives* 24, no. 4.

[34] Cachanosky, Nicolás. 2015. "Expectation in Austrian Business

Cycle Theory: Market Share Matters." *Review of Austrian Economics* 28, no. 2.

[35] Cachanosky, Nicolás, and Alexander W. Salter. 2017. "The View from Vienna: An Analysis of the Renewed Interest in the Mises-Hayek Theory of the Business Cycle." *Review of Austrian Economics* 30, no. 2.

[36] Callahan, Gene, and Roger W. Garrison. 2003. "Does Austrian Business Cycle Theory Help Explain the Dot-Com Boom and Bust?" *Quarterly Journal of Austrian Economics* 6, no. 2.

[37] Cantillon, Richard. [1755] 1931. *Essai sur la Nature du Commerce en Général*, translated and edited by Henry Higgs. London: Cass.

[38] Caplan, Bryan. 2008. "What's Wrong with Austrian Business Cycle Theory?" *EconLog*, January 2. http://http://econlog.econlib.org/archives/2008/01/whats_wrong_wit_6.html.

[39] Capozza, Dennis, and Yuming Li. 1994. "The Intensity and Timing of Investment: The Case of Land." *American Economic Review* 84, no. 4.

[40] Carilli, Anthony M., and Gregory M. Dempster. 2001. "Expectations in Austrian Business Cycle Theory: An Application of the Prisoner's Dilemma." *Review of Austrian Economics* 14, no. 4.

[41] Chau, K. W., S. K Wong, Y. Yau, and A. K. C. Cheung. 2006.

"Determining Optimal Building Height." *Urban Studies* 44, no. 12.

[42] Cheney, David W., and William W. Grimes. 1991. *Japanese Technology Policy: What's the Secret?* Washington, DC: Council on Competitiveness.

[43] Clark, Lindley H., Jr. 1990. "Housing May Be in for a Long Dry Spell." *Wall Street Journal*, January 19.

[44] Clash, The. *Should I Stay or Should I Go.* 1982. Combat Rock. Epic/Sony Records.

[45] Colwell, Peter F., and Roger E. Cannaday. 1988. "Trade-Offs in the Office Market." In *Real Estate Market Analysis: Methods and Applications*. Edited by John M. Clapp and Stephen D. Messner. New York: Praeger.

[46] Corrigan, Sean. 1999. "Will the Bubble Pop?" *Mises Daily*, October 18.

[47] Cowen, Tyler. 2008. "Paul Krugman on Austrian Trade Cycle Theory." *Marginal Revolution*, October 14. http://www.marginalrevolution.com/marginalrevolution/2008/10/paul-krugman-on.html.

[48] Cwik, Paul. 2005. "The Inverted Yield Curve and the Economic Downturn." *New Perspectives on Political Economy: A Bilingual Interdisciplinary Journal* 1, no. 1.

[49] Cwik, Paul. 2008. "Austrian Business Cycle Theory: Corporate

Finance Point of View." *Quarterly Journal of Austrian Economics* 11, no. 1.

[ 50 ] DeBenedictis, Luca, and Michele DiMaio. 2016. "Schools of Economic Thought and Economists' Opinions on Economic Policy." *Eastern Economic Journal* 42, no. 3

[ 51 ] Deden, Anthony. 1999. "Reflections on Prosperity." *Sage Chronicle*, December 29.

[ 52 ] DeLong, Bradford. 2008. "I Accept Larry White's Correction…" *Cato Unbound*. December 11. http://www.cato-unbound.org/2008/12/11/j-bradforddelong/i-accept-larry-whites-correction.

[ 53 ] Diamond, Douglas W., and Raghuram G. Rajan. 2009. "The Credit Crisis: Conjectures about Causes and Remedies." *American Economic Review* 99, no. 2.

[ 54 ] DiLorenzo, Thomas. 2014. "A Fraudulent Legend: The Myth of the Independent Fed." In *The Fed at One Hundred: A Critical Review on the Federal Reserve System*. Edited by David Howden and Joseph T. Salerno. New York: Springer.

[ 55 ] Drabenstott, Mark. 1983. "The 1980s: A Turning Point for U.S. Agricultural Exports?" *Economic Review*, Federal Reserve Bank of Kansas City, April. http://www.kansascityfed.org/publicat/econrev/ econrevarchive/1983/2q83drab.pdf.

[ 56 ] *Economist*. 2000. "Bubble, Bubble." March 25.

[ 57 ] *Economist*. 2015. "Towers of Babel: Is There Such a Thing as the Skyscraper Curse?" March 28. http://www.economist.com/news/finance-andeconomics/21647289-there-such-thing-skyscraper-curse-towers-babel.

[ 58 ] Ekelund, Robert B., George Ford, and Mark Thornton, 2001. "The Measurement of Merger Delay in Regulated and Restructuring Industries." *Applied Economics Letters* 8, no. 8.

[ 59 ] Ekelund, Robert B., Jr., and Mark Thornton. 1986. "Schumpeterian Analysis, Supply-Side Economics, and Macroeconomic Policy in the 1920s." *Review of Social Economy* 44, no. 3.

[ 60 ] Engelhardt, Lucas. 2012. "Expansionary Monetary Policy and Decreasing Entrepreneurial Quality." *Quarterly Journal of Austrian Economics* 15 no. 2.

[ 61 ] Engelhardt, Lucas.2014. "Unholy Matrimony: Monetary Expansion and Deficit Spending." In *The Fed at One Hundred: A Critical Review on the Federal Reserve System*. Edited by David Howden and Joseph T. Salerno. New York: Springer.

[ 62 ] Engelhardt, Lucas. 2015. "Why Skyscrapers? A Spatial Economic Approach." Unpublished manuscript.

[ 63 ] Engelhardt, Lucas, and Mark Thornton. 2015. "Skyscraper Height and the Business Cycle: Separating Myth from Reality, a Comment." Working paper at the Mises Institute.

[ 64 ] Evans, Anthony J., and Toby Baxendale. 2008. "Austrian Business Cycle Theory in Light of Rational Expectations: The Role of Heterogeneity, the Monetary Footprint, and Adverse Selection in Monetary Expansion." *Quarterly Journal of Austrian Economics* 11, no. 2.

[ 65 ] Farrell, Chris. 2005. *Deflation: What Happens When Prices Fall.* New York.

[ 66 ] Fisher, Irving. 1932. *Booms and Depressions: Some First Principles.* New York: Adelphi Company.

[ 67 ] French, Doug. 2006. "The Dutch Monetary Environment during Tulipmania." *Quarterly Journal of Austrian Economics* 9.

[ 68 ] French, Doug. 2014. "Arthur Burns: The Ph.D. Standard Begins and the End of Independence." In *The Fed at One Hundred: A Critical Review on the Federal Reserve System.* Edited by David Howden and Joseph T. Salerno. New York: Springer.

[ 69 ] Friedman, Milton. 1993. "The 'Plucking Model' of Business Cycle Fluctuations Revisited." *Economic Inquiry* 31, no. 2.

[ 70 ] Friedman, Milton. 2005. Interview on *Charlie Rose*. December 29.

[ 71 ] Friedman, Milton, and Anna J. Schwartz. 1963. *A Monetary History of the United States, 1867-1960.* Princeton, NJ:

Princeton University Press.

[ 72 ] Friedman, Milton, and Anna J. Schwartz. 1965. *The Great Contraction, 1929-1933*. Princeton, NJ: Princeton University Press.

[ 73 ] Garrison, Roger W. 1996. "Friedman's 'Plucking Model': Comment." *Economic Inquiry* 34, no. 4.

[ 74 ] Garrison, Roger W. 2001. *Time and Money: The Macroeconomics of Capital Structure*. London: Routledge.

[ 75 ] Garrison, Roger W. 2005. "The Austrian School: Capital-Based Macroeconomics." In *Modern Macroeconomics: Its Origins, Development and Current State*. Edited by Brian Snowden and Howard R. Vane. Aldershot: Edward Elgar.

[ 76 ] Glaeser, Edward. 2013. "A Nation of Gamblers: Real Estate Speculation and American History." National Bureau of Economic Research. Cambridge, MA.

[ 77 ] Glaeser, Edward L., and Jesse M. Shapiro. 2001. "Cities and Welfare: The Impact of Terrorism on Urban Form." NBER Working Paper 8696. National Bureau of Economic Research. Cambridge, MA.

[ 78 ] Glassman, James K., and Kevin A. Hassett. 1999. *Dow 36000: The New Strategy for Profiting from the Coming Rise in the Stock Market*. New York: Random House.

[ 79 ] Glassman, James K., and Kevin A. Hassett. 2002. "Dow 36000

Revisited—Hey, Be Patient." *Wall Street Journal*, August 1.

[80] Goldman, David. 2016. "Amazon Shares Plummet as Profit Disappoints." CNN.com, January 28. http://money.cnn.com/2016/01/28/technology/amazon-earnings.

[81] Goodhart, Charles A. E. 1981. "Problems of Monetary Management: The U.K. Experience." In Inflation, *Depression, and Economic Policy in the West*. Edited by Anthony S. Courakis. Lanham, MD: Rowman & Littlefield.

[82] Granitsas, Alkman. 1999. "The Height of Hubris: Skyscrapers Mark Economic Bust." *Far Eastern Economic Review* 162, no. 6.

[83] Grant, James. 1996. The Trouble with Prosperity: The Loss of Fear, the Rise of Speculation, and the Risk to American Savings. New York: Random House.

[84] Grant, James. 1996. "The Trouble with Prosperity: An Interview with James Grant." *Austrian Economics Newsletter* 16.

[85] Grant, James. 2014. *The Forgotten Depression: 1921: The Crash That Cured Itself*. New York: Simon & Schuster.

[86] Greenspan, Alan. 1996. Meeting of the Federal Open Market Committee. September 24.

[87] Greenspan, Alan. 2002. "Monetary Policy and the Economic Outlook." Testimony before the Joint Economic Committee

of the US Congress, April 17. http://www.federalreserve.gov/boarddocs/testimony/2002/20020417/default.htm

[ 88 ] Greenspan, Alan.2003. "Testimony of Chairman Alan Greenspan." Federal Reserve Board's semiannual monetary-policy report to the Committee on Banking, Housing, and Urban Affairs. US Senate. February 12. https://www.federalreserve.gov/boarddocs/hh/2003/february/testimony.htm

[ 89 ] Greenspan, Alan.2003. "Testimony of Chairman Alan Greenspan: Aging Global Population." Testimony before the Special Committee on Aging. US Senate. February 27.

[ 90 ] Greenspan, Alan. 2005. "Reflections on Central Banking." Speech given at a symposium sponsored by the Federal Reserve Bank of Kansas City, Jackson Hole, WY. August 26. http://www.federalreserve.gov/Boarddocs/Speeches/2005/20050826/default.htm.

[ 91 ] Greenspan, Alan. 2005. "Mortgage Banking." Speech to the American Bankers Association Annual Convention, Palm Desert, CA. September 26. http://www.federalreserve.gov/boarddocs/speeches/2005/200509262/default.htm

[ 92 ] Haberler, Gottfried. 1937. *Prosperity and Depression: A Theoretical Analysis of Cyclical Movements.* Lake Success, NY: United Nations.

[ 93 ] Halcomb, Darrin R., and Syed Shah Saeed Hussain. 2002.

"Asset Price Bubbles: Implications for Monetary, Regulatory, and International Policies." *Chicago Fed Letter* 1816.

[ 94 ] Harford, Jarrad. 2005. "What Drives Merger Waves." *Journal of Financial Economics* 77, no. 3.

[ 95 ] Hassett, Kevin. 2002. *Bubbleology: The New Science of Stock Market Winners and Losers*. New York: Crown Business.

[ 96 ] Hayek, F. A. 1972. "The Outlook for the 1970s: Open or Repressed Inflation?" In *Tiger by the Tail: The Keynesian Legacy of Inflation*. Edited by Sudha R. Shenoy. Washington, DC: Cato Institute.

[ 97 ] Hayek, F. A. 1976. *Choice in Currency: A Way to Stop Inflation*. London: Institute for Economic Affairs.

[ 98 ] Hayek, F. A. 1977. *Denationalization of Money: The Argument Refined*. London: Institute for Economic Affairs.

[ 99 ] Hayek, F. A. 1979. *Unemployment and Monetary Policy: Government as Generator of the "Business Cycle."* Washington, DC: Cato Institute.

[ 100 ] Hays, Kathleen. 2005. "Greenspan Steps Up Criticism of Fannie: Fed Chief Says Company and Freddie Mac Have Exploited Their Relationship with the Treasury." CNN.com. May 19. http://money.cnn.com/2005/05/19/news/economy/greenspan_fannie Helsley, Robert, and William Strange. 2008. "A Game-Theoretic Analysis of Skyscrapers." *Journal*

*of Urban Economics* 64, no. 1.

[101] Hendershott, Patric H., and Edward J. Kane. 1992. "Causes and Consequences of the 1980s Commercial Construction Boom." *Journal of Applied Corporate Finance* 5, no. 1.

[102] Henderson, Jason, Brent Gloy, and Michael Boehlje. 2011. "Agriculture's Boom-Bust Cycles: Is This Time Different?" *Economic Review* (4th quart.).

[103] Herbener, Jeffrey M. 1999. "The Rise and Fall of the Japanese Miracle." *Mises Daily*. September 20. https://mises.org/library/rise-and-fall-japanesemiracle.

[104] Herbener, Jeffrey M. 2014. "Fed Policy Errors of the Great Depression." In *The Fed at One Hundred: A Critical Review on the Federal Reserve System*. Edited by David Howden and Joseph T. Salerno. New York: Springer.

[105] Hershey, Robert D., Jr. 1995. "U.S. Farms Out Compiling of Leading Indicators." *New York Times*, September 8.

[106] Higgs, Robert. 1987. *Crisis and Leviathan: Critical Episodes in the Growth of American Government*. New York: Oxford University Press.

[107] Higgs, Robert. 1992. "Wartime Prosperity? A Reassessment of the U.S. Economy in the 1940s." *Journal of Economy History* 52, no. 1.

[108] Higgs, Robert. 2005. *Resurgence of the Warfare State: The*

*Crisis Since 9/11*. Oakland, CA: Independent Institute.

[ 109 ] Holcombe, Randall G. 1995. *Public Policy and the Quality of Life: Market Incentives versus Government Planning*. Westport, CT: Greenwood Press.

[ 110 ] Holcombe, Randall G., and Benjamin Powell, eds. 2009. *Housing America: Building Out of a Crisis*. New Brunswick, NJ: Transactions Publishers.

[ 111 ] Howden, David. 2014. "A Pre-History of the Federal Reserve." In *The Fed at One Hundred: A Critical Review on the Federal Reserve System*. Edited by David Howden and Joseph T. Salerno. New York: Springer.

[ 112 ] Howden, David, and Joseph T. Salerno. 2014. *The Fed at One Hundred: A Critical Review on the Federal Reserve System*. Edited by David Howden and Joseph T. Salerno. New York: Springer.

[ 113 ] Howden, David, and Joseph T. Salerno. 2014. "A Stocktaking and Plan for a Fed-less Future." In *The Fed at One Hundred: A Critical Review on the Federal Reserve System*. Edited by David Howden and Joseph T. Salerno. New York: Springer.

[ 114 ] Hoyt, Homer. 1933. *One Hundred Years of Land Values in Chicago: The Relationship of the Growth of Chicago to the Rise in Its Land Values, 1830-1933*. Chicago: University of Chicago Press.

[ 115 ] Hughes, A. M. 1997. "The Recession of 1990: An Austrian Explanation." *Review of Austrian Economics* 10, no. 1.

[ 116 ] Hülsmann, Jörg, Guido. 1999. *Scöne neue Zeichengeldwelt* (Brave New World of Fiat Monies). Postface to Murray Rothbard, *Das Schein-Geld-System* (Gräfelfing) Resch.

[ 117 ] Hülsmann, Jörg, Guido. 1997. "Towards a General Theory of Error Cycles." *Quarterly Journal of Austrian Economics* 1, no. 4.

[ 118 ] Hülsmann, Jörg, Guido. 2000. "Scöne neue Zeichengeldwelt [Brave new world of fi at monies]." 2000. In Murray Rothbard, *Das Schein-Geld-System* (Gräfelfi ng) Resch.

[ 119 ] Hülsmann, Jörg, Guido. 2008. *Deflation and Liberty*. Auburn, AL: Mises Institute.

[ 120 ] Hülsmann, Jörg, Guido. 2012. *Theory of Money and Fiduciary Media: Essays in Celebration of the Centennial*. Auburn, AL: Mises Institute.

[ 121 ] 2014. "Fiat Money and the Distribution of Incomes and Wealth." In *The Fed at One Hundred: A Critical Review on the Federal Reserve System*. Edited by David Howden and Joseph T. Salerno. New York: Springer.

[ 122 ] Hummel, Jeffrey R. 1979. "Problems with Austrian Business Cycle Theory." *Reason Papers* 5.

[ 123 ] Hunter, William C., George G. Kaufman, and Michael

Pomerleano, eds. 2003. *Asset Price Bubbles: The Implications for Monetary, Regulatory, and International Policies*. Cambridge, MA: MIT Press.

[124] Huxtable, Ada Louise. 1992. *The Tall Building Artistically Reconsidered: The Search for a Skyscraper Style*. Berkeley: University of California Press. *Investors' Business Daily*. 1999. "Edifice Complex." May 6.

[125] Israel, Karl-Friedrich. 2017. "The Costs and Benefits of Central Banking." PhD Dissertation, Department of Law, Economics, and Business Administration, University of Angers, France.

[126] Jenkins, Holman W., Jr. 1999-2000. "Of Bulls and Bubbles." *Policy Review* 98.

[127] Johnson, Chalmers, Laura D'Andrea Tyson, and John Zysman, eds. 1989. *Politics and Productivity: The Real Story of Why Japan Works*. Cambridge, MA: Ballinger.

[128] Jordan, Jerry L. 1997. Minutes to the Federal Open Market Committee Meeting. November 12.

[129] Kaza, Greg. 1999. "Downsizing Detroit: Motown's Lament." *Chronicles: A Magazine of American Culture*, November 20.

[130] Kaza, Greg. 2006. "Deflation and Economic Growth." *Quarterly Journal of Austrian Economics* 9, no. 2.

[131] Kaza, Greg. 2010. "Note: Wolverines, Razorbacks, and

Skyscrapers." *Quarterly Journal of Austrian Economics* 13, no. 4.

[132] Keeler, James P. 2001. "Empirical Evidence on the Austrian Business Cycle Theory." *Review of Austrian Economics* 14, no. 4.

[133] Kennedy, Robert C. 1869. "Gold at 160, Gold at 130." *Harper's Weekly*. October 16. https://www.nytimes.com/learning/general/onthisday/harp/1016.html.

[134] Kim, Sukkoo. 2002. "The Reconstruction of the American Urban Landscape in the Twentieth Century." NBER Working Paper 8857. National Bureau of Economic Research. Cambridge, MA.

[135] Klein, Peter G. 2008. "The Mundane Economics of the Austrian School." *Quarterly Journal of Austrian Economics* 11, nos. 3–4.

[136] Klein, Peter G. 2014. "Information, Incentives, and Organization: The Microfoundations of Central Banking." In *The Fed at One Hundred: A Critical Review on the Federal Reserve System*. Edited by David Howden and Joseph T. Salerno. New York: Springer.

[137] Kodama, Fumio. 1991. *Analyzing Japanese High Technologies: The Techno-Paradigm Shift*. London: Pinter Publisher.

[138] Koretz, Gene. 1999. "Do Towers Rise before a Crash?"

*Business Week*, May 17.

[139] Kostigen, Thomas. 2006. "Skewed Views: If the Rich Are Doing So Well, How Much Worse Off Are the Rest of Us?" *MarketWatch*. May 23.

[140] Krugman, Paul, 2005. "Running Out of Bubbles." *New York Times*. May 27. http://www.nytimes.com/2005/05/27/opinion/27krugman.html.

[141] Krugman, Paul, 2005. "That Hissing Sound." *New York Times*. August 8. http://www.nytimes.com/2005/08/08/opinion/08krugman.html?.

[142] Krugman, Paul, 2011. "Krugman Calls for Space Aliens to Fix U.S. Economy?" *Global Public Square*. August 12. http://globalpublicsquare.blogs.cnn.com/2011/08/12/gps-this-sunday-krugman-calls-for-space-aliens-to-fix-us-economy.

[143] Krugman, Paul, 2013. "The Moral Equivalent of Space Aliens." *New York Times*. May 9.http://krugman.blogs.nytimes.com/2013/05/09/the-moral-equivalent-ofspace-aliens.

[144] Landau, Sarah Bradford, and Carl W. Condit. 1996. *Rise of the New York Skyscraper*: 1865-1913. New Haven, CT: Yale University Press.

[145] Lawrence, Andrew. 1999. "The Skyscraper Index: Faulty

Towers!" *Property Report*, January 15.

[146] Lawrence, Andrew. 1999. "The Curse Bites: Skyscraper Index Strikes." *Property Report*, March 3.

[147] Le Roux, P., and Levin, M. 1998 "The Capital Structure and the Business Cycle: Some Tests of the Validity of the Austrian Business Cycle in South Africa." *Journal for Studies in Economics and Econometrics* 22, no. 3.

[148] Lereah, David, Inman News. 2004. "Real Estate Prices Post Double Digit Gains." *Ocala Star-Banner*. May 22.

[149] Liebowitz, Stan J. 2002. *Rethinking the Network Economy: The Real Forces That Drive the Digital Marketplace*. New York: Amacom.

[150] Liebowitz, Stan J., and Stephen Margolis. 1999. *Winners, Losers, & Microsoft: Competition and Antitrust in High Technology*. Oakland, CA: Independent Institute.

[151] Lloyd, Carol. 2006. "Home Sweet Cash Cow: How Our Houses Are Financing Our Lives." SFGate.com. March 10. http://www.sfgate.com/cgi-bin/article.cgi?file=/gate/archive/2006/03/10/carollloyd.DTL.

[152] Loeffler, Gunter. 2013. "Tower Building and Stock Market Returns." *Journal of Financial Research* 36.

[153] Lucas, Robert E., Jr. 1987. *Models of Business Cycles*. New York: Basil Blackwell.

[ 154 ] McCarthy, Jonathan, and Richard W. Peach. 2004. "Are Home Prices the Next 'Bubble'?" *FRBNY Economic Policy Review* (December).

[ 155 ] McCloskey, Donald. 1992. "The Art of Forecasting: From Ancient to Modern Times." *Cato Journal* 12.

[ 156 ] McCulloch, J. H. 1981. "Misintermediation and Macroeconomic Fluctuations." *Journal of Monetary Economics* 8.

[ 157 ] Macovei, Mihai. 2015. "The Austrian Business Cycle Theory: A Defense of Its General Validity." *Quarterly Journal of Austrian Economics* 18, no. 4.

[ 158 ] Mayer, Christopher. 2000. "The Meaning of Over-valued." *Mises Daily*. March 30.

[ 159 ] Mayer, Christopher. 2003. "The Housing Bubble." *Free Market* 23, no. 8.

[ 160 ] Mises, Ludwig von. [1908] 1981. *The Theory of Money and Credit*. Indianapolis, IN: Liberty Classics.

[ 161 ] Mises, Ludwig von. 2016. "The Economist Eugen v. Böhm-Bawerk, on the Occasion of the Tenth Anniversary of His Death." (In *Neue Freie Presse*, Vienna, August 27, 1924). Karl Friedrich Israel, trans. *Quarterly Journal of Austrian Economics* 19, no. 2.

[ 162 ] Mises, Ludwig von. [1928] 2006. "Monetary Stabilization and Cyclical Policy [Geldwertstabilisierung und Konjun-

kturpolitik]." In *The Causes of the Economic Crisis: And Other Essays before and after the Great Depression*. Edited by Percy L. Greaves. Auburn, AL: Mises Institute.

[163] Mises, Ludwig von. 1962. *The Ultimate Foundations of Economic Science: An Essay on Method*. Princeton, NJ: D. Van Nostrand.

[164] Mises, Ludwig von. 1968-1970. Lecture. The Problems of Inflation. Mises Institute. Auburn, AL. https://mises.org/library/problems-inflation

[165] Mishkin, Frederic S., and Eugene N. White. 2003. "Stock Market Bubbles: When Does Intervention Work?" *Milken Institute Review: A Journal of Economic Policy* 5 (2nd quart.).

[166] Mulligan, Robert F. 2002. "A Hayekian Analysis of the Term Structure of Production." *Quarterly Journal of Austrian Economics* 5, no. 2.

[167] Mulligan, Robert F. 2006. "An Empirical Investigation of the Austrian Business Cycle Theory." *Quarterly Journal of Austrian Economics* 9, no. 2.

[168] Murphy, Robert P. 2014. "Ben Bernanke, the FDR of Central Bankers." In *The Fed at One Hundred: A Critical Review on the Federal Reserve System*. Edited by David Howden and Joseph T. Salerno. New York: Springer.

[169] Murphy, Ryan H. 2015. "The Plucking Model, the Great Recession, and Austrian Business Cycle Theory." *Quarterly Journal of Austrian Economics* 18, no. 1.

[170] Murray, Charles. 2000. "Bubble Trouble." *Research Reports* 67, no. 11.

[171] Newman, Patrick. 2014. "The Depression of 1873-1879: An Austrian Perspective." *Quarterly Journal of Austrian Economics* 17, no. 4.

[172] Newman, Patrick. 2016. "The Depression of 1920-1921: A Credit Induced Boom and a Market Based Recovery?" *Review of Austrian Economics* (January). http://link.springer.com/article/10.1007/s11138-015-0337-5.

[173] Norman, Mike. 2003. "Dismal Science May Get a Little Sunnier." *Special to the Street*. April 21.

[174] Ohanian, Lee E. 2009. "What—or Who—Started the Great Depression?" *Journal of Economic Theory* 144 (October).

[175] Ohanian, Lee E., and Harold Cole. 2004. "New Deal Policies and the Persistence of the Great Depression: A General Equilibrium Analysis." *Journal of Political Economy* 112, no. 4.

[176] Okun, Arthur. 1970. *The Political Economy of Prosperity*. Washington, DC: Brookings Institution.

[177] Papadakis, Maria. 1988. *The Science and Technology Resources*

*of Japan: A Comparison with the United States*. Washington, DC: National Science Foundation.

[ 178 ] Patrick, Hugh. 1986. *Japan's High Technology Industries: Lessons and Limitations of Industrial Policy*. Seattle: University of Washington Press.

[ 179 ] Paul, Ron. 2005. "Ron Paul vs. Alan Greenspan." Testimony before the House Financial Affairs Committee, July 20.

[ 180 ] Paul, Ron, Lewis Lehrman, and Murray N. Rothbard. 1982. *The Case for Gold: A Minority Report of the U.S. Gold Commission*. Washington, DC: Cato Institute.

[ 181 ] Pesek, William, Jr. 1999. "Want to Know Where the Next Disaster Will Hit? Look Where the World's Biggest Skyscraper's Going Up." *Barron's*, May 17.

[ 182 ] Pesek, William, Jr. 1999. "To the Sky: Does Chicago Skyscraper Augur a U.S. Market Crash?" *Barron's* 79, no. 39.

[ 183 ] Pierre, Andrew J., ed. 1987. *A High Technology Gap?: Europe, America, and Japan*. New York: New York University Press.

[ 184 ] Piketty, Thomas. 2014. *Capital in the Twenty-First Century*. Cambridge, MA: Harvard University Press.

[ 185 ] Powell, Benjamin. 2002. "Explaining Japan's Recession." *Quarterly Journal of Austrian Economics* 5, no. 2.

[ 186 ] Quiggin, John. 2009. "Austrian Business Cycle Theory." *Commentary on Australian & World Events from a Social*

Democratic Perspective. May 3. http://johnquiggin.com/index. php/ archives/2009/05/03/austrian-business-cycletheory.

[ 187 ] Reisman, George. 1999. "When Will the Bubble Burst?" *Mises Daily*. August 18.

[ 188 ] Reisman, George. 2000. "It May Be Bursting Now, and Faulty Economic Analysis May Cost Investors Dearly." Capitalism.net, February 26.

[ 189 ] Reisman, George. Ritenour, Shawn. 2014. "The Federal Reserve: Reality Trumps Rhetoric." In *The Fed at One Hundred: A Critical Review on the Federal Reserve System*. Edited by David Howden and Joseph T. Salerno. New York: Springer.

[ 190 ] Reisman, George. Robbins, Lionel. 1934. *The Great Depression*. London: Macmillan.

[ 191 ] Reisman, George. Rockwell, Llewellyn H., Jr. 1999. "Stock Market Bailout." *Free Market* ( November ) .

[ 192 ] Roll, Richard. 1992. "Volatility in U.S. and Japanese Stock Markets: A Symposium." *Journal of Applied Corporate Finance* 5, no. 1.

[ 193 ] Rothbard, Murray N. 1962. *Man, Economy, and State*. Auburn, AL: Mises Institute.

[ 194 ] Rothbard, Murray N. [1963] 2000. *America's Great Depression*. *5th* ed. Auburn, AL: Mises Institute.

[ 195 ] Rothbard, Murray N. 1969. *Economic Depressions: Their Cause and Cure*. Lansing: Constitutional Alliance of Lansing Michigan.

[ 196 ] Rothbard, Murray N. 1969. "Nixon's Decisions." *Libertarian Forum* 1, no. 8.

[ 197 ] Rothbard, Murray N. 1970. "The Nixon Mess." *Libertarian Forum* 2, no. 12.

[ 198 ] Rothbard, Murray N. 1971. "Nixonite Socialism." *Libertarian Forum* 3, no. 1.

[ 199 ] Rothbard, Murray N. 1984. "The Federal Reserve as a Cartelization Device." In *Money in Crisis: the Federal Reserve, the Economy, and Monetary Reform*. Edited by Barry N. Siegel. San Francisco, CA: Pacific Institute for Public Policy Research.

[ 200 ] Rothbard, Murray N. 1995. *Economic Thought before Adam Smith: An Austrian Perspective on the History of Economic Thought*. Vol. 1. Brookfield, VT: Edward Elgar.

[ 201 ] Rouanet, Louis. 2017. "Monetary Policy, Asset Price Inflation and Inequality." Master's Thesis. School of Public Affairs. Instituted' Etudes Politiques de Paris.

[ 202 ] Rubinstein, Dana. 2015. "Where the Transit-Build Costs Are Unbelievable." *Politico*. March 31.

[ 203 ] Salerno, Joseph T. 1987. "The 100 Percent Gold Standard: A Proposal for Monetary Reform." In *Supply-Side Economics:*

*A Critical Appraisal.* Edited by Richard H. Fink. Frederick, Maryland: University Publications of America.

[204] Salerno, Joseph T. 1988. "Comment on Gordon Tullock, 'Why Austrians are Wrong About Depressions.'" *Review of Austrian Economics* 3. Reprinted in Joseph T. Salerno, *Money Sound and Unsound*. Auburn, AL: Mises Institute. 2010.

[205] Salerno, Joseph T. 1995. "War and the Money Machine: Concealing the Costs of War beneath the Veil of Inflation." *Journal des Economistes et des Etudes Humaines* 6 (March). Reprinted in Joseph T. Salerno, *Money Sound and Unsound*. Auburn, AL: Mises Institute. 2010.

[206] Salerno, Joseph T. 1999. "Money and Gold in the 1920s and 1930s: An Austrian View." *Freeman* (October): 31-40. Reprinted in Joseph T. Salerno, *Money Sound and Unsound*, 431-49. Auburn, AL: Ludwig von Mises Institute, 2010.

[207] Salerno, Joseph T. 2003. "An Austrian Taxonomy of Deflation—with Applications to the U.S." *Quarterly Journal of Austrian Economics* 6, no. 4.

[208] Salerno, Joseph T. 2004. "Deflation and Depression: Where's the Link?" Mises.org. August 6. https://mises.org/library/Deflation-and-depression-wheres-link.

[209] Salerno, Joseph T. 2010. *Money Sound and Unsound*. Auburn, AL: Mises Institute.

[ 210 ] Salerno, Joseph T. 2012. "A Reformulation of Austrian Business Cycle Theory in Light of the Financial Crisis." *Quarterly Journal of Austrian Economics* 15, no. 1 ( Spring ): 3-44.

[ 211 ] Salo, Jackie. 2015. "World's Tallest Skyscraper Is Saudi Arabia's Kingdom Tower? Jeddah Building Projected to Break Height Records." *International Business Times*, December 1. http://www.ibtimes.com/worlds-tallest-skyscrapersaudi-arabias-kingdom-tower-jeddah-building-projected-break-2207083.

[ 212 ] Samuelson, Paul A. 1966. "Science and Stocks." *Newsweek*, September 19.

[ 213 ] Saravia, Jimmy A. 2014. "Merger Waves and the Austrian Business Cycle Theory." *Quarterly Journal of Austrian Economics* 17, no. 2.

[ 214 ] Saucier, Chantel, and Mark Thornton, eds. 2010. Richard Cantillon, *An Essay on Economic Theory*. Auburn, AL: Mises Institute.

[ 215 ] Selgin, George. 1992. "Bank Lending 'Manias' in Theory and History." *Journal of Financial Services Research* 6, no. 2.

[ 216 ] Selgin, George, William D. Lastrapes, and Lawrence H. White. 2012. "Has the Fed Been a Failure?" *Journal of Macroeconomics* 34, no. 3.

[ 217 ] Sennholz, Hans. 2000. "Can the Boom Last?" *Mises Daily*. July 31. https://mises.org/library/can-boom-last.

[ 218 ] Shapiro, Robert. 2004. "Spin Cycle: Why Has the Business Cycle Gone Topsy-Turvy?" Slate.com. April 15.

[ 219 ] Shenoy, Sudha R., ed. 1972. *Tiger by the Tail: The Keynesian Legacy of Inflation*. Washington, DC: Cato Institute.

[ 220 ] Shiller, Robert. 1992. "Volatility in U.S. and Japanese Stock Markets: A Symposium." *Journal of Applied Corporate Finance* 5, no. 1.

[ 221 ] Shiller, Robert. 2000. *Irrational Exuberance*. Princeton, N.J.: Princeton University Press.

[ 222 ] Shiller, Robert. 2004. "Are Housing Prices a House of Cards?" Project-Syndicate.org. September. http://www.project-syndicate.org/commentary/shiller17.

[ 223 ] Shiller, Robert. 2005. *Irrational Exuberance*. 2nd ed. Princeton, NJ: Princeton University Press.

[ 224 ] Shostak, Frank. 1999. "Inflation, Deflation, and the Future." *Mises Daily*. October 5. https://mises.org/library/inflation-Deflation-and-future.

[ 225 ] Shostak, Frank. 2003. "Housing Bubble: Myth or Reality?" *Mises Daily*. March 4. http://www.mises.org/story/1177.

[ 226 ] Shostak, Frank. 2004. "Who Made the Fannie and Freddie Threat?" *Mises Daily*. March 5. http://www.mises.org/story/1463.

[ 227 ] Skousen, Mark. 1991. *Economics on Trial: Lies, Myths, and*

[ 228 ] Siegel, Barry N., ed. *Money in Crisis*. San Francisco: Pacific Institute for Public Policy Research.

[ 229 ] Spiegel, Matthew. 2002. "2000 A Bubble? 2002 A Panic? Maybe Nothing?" Yale School of Management. New Haven, CT. http://faculty.som.yale.edu/MatthewSpiegel/editorial/CrashorPanic.pdf

[ 230 ] Sumner, Scott. 2012. "If I buy T-bond, their price rises. If the Fed buys T-bonds, their price (usually) falls." TheMoneyIllusion blog. December 7. http://www.themoneyillusion.com/?p=18037.

[ 231 ] Tatsuno, Sheridan. 1986. *The Technopolis Strategy: Japan, High Technology, and the Control of the Twenty-First Century*. New York: Prentice Hall Press.

[ 232 ] Tatsuno, Sheridan. 1990. *Created in Japan: From Imitators to World-Class Innovators*. New York: Harper & Row Publishers.

[ 233 ] *Television Post*. 2015. "Prince Alwaleed Sells 5.6% Stake in News Corp for $188 Million." March 2.

[ 234 ] Thornton, Mark. 1998. "Richard Cantillon and the Origins of Economic Theory." *Journal of Economics and Humane Studies* 8, no. 1.

[ 235 ] Thornton, Mark. 1999. "Review of *The Synergy Trap: How

Companies Lose the Acquisition Game, by Mark L. Sirower." *Quarterly Journal of Austrian Economics* 2, no. 1.

[ 236 ] Thornton, Mark. 2003. "Apoplithorismosphobia." *Quarterly Journal of Austrian Economics* 6, no. 4.

[ 237 ] Thornton, Mark. 2004? "The Japanese Bubble Economy." LewRockwell.com. May 23, 2004. http://archive.lewrockwell.com/thornton/thornton24.html.

[ 238 ] Thornton, Mark. 2004. "Bull Market?" LewRockwell.com. February 9. http://archive.lewrockwell.com/thornton/thornton11.html.

[ 239 ] Thornton, Mark. 2004. "Surviving GreenSpam." LewRockwell.com. February 16. https://www.lewrockwell.com/2004/02/mark-thornton/surviving-greenspam/.

[ 240 ] Thornton, Mark. 2004. "Housing: Too Good to Be True." *Mises Daily*. June 4. http://www.mises.org/story/1533.

[ 241 ] Thornton, Mark. 2004. "Who Predicted the Bubble? Who Predicted the Crash?" *Independent Review* 9, no. 1.

[ 242 ] Thornton, Mark. 2005. "Is the Housing Bubble Popping?" LewRockwell.com. August 8. http://archive.lewrockwell.com/thornton/thornton27.html.

[ 243 ] Thornton, Mark. 2005. "Skyscrapers and Business Cycles." *Quarterly Journal of Austrian Economics* 8, no. 1. https://mises.org/library/skyscrapers-and-business-cycles-4.

[ 244 ] Thornton, Mark. 2005. "What Is the 'Dark Side' and Why Do Some People Choose It?" *Mises Daily*. May 13. https://mises.org/library/what-dark-side-and-whydo-some-people-choose-it.

[ 245 ] Thornton, Mark. 2006. "Cantillon on the Cause of the Business Cycle." *Quarterly Journal of Austrian Economics* 9, no. 3.

[ 246 ] Thornton, Mark. 2007. "New Record Skyscraper (and Depression?) in the Making." *Mises. org Blog*. August 7. https://mises.org/blog/new-record-skyscraper-anddepression-making.

[ 247 ] Thornton, Mark. 2009. "The Economics of Housing Bubbles." In *Housing America: Building out of a Crisis*. Edited by Randall G. Holcombe and Benjamin Powell. New Brunswick, NJ: Transactions Publishers.

[ 248 ] Thornton, Mark. 2010. "America's Second Great Depression: A Symposium in Memory of Larry Sechrest." *Quarterly Journal of Austrian Economics* 13, no. 3.

[ 249 ] Thornton, Mark. 2010. "The Austrian School on Business Cycles: 100 Years of Being Right." Lecture. Mises Institute. Auburn, AL. March 12. https://mises.org/library/austrian-school-business-cycles-100-years-being-right.

[ 250 ] Thornton, Mark. 2014. "The Federal Reserve's Housing Bubble and the Skyscraper Curse." In *The Fed at One*

Hundred: *A Critical Review on the Federal Reserve System*. Edited by David Howden and Joseph T. Salerno. New York: Springer.

[ 251 ] Thornton, Mark. 2015. "Where Is the Skyscraper Today?" *Mises Daily*. February 24. https://mises.org/library/where-skyscraper-curse-today.

[ 252 ] Thornton, Mark. 2016. "Transparency or Deception: What the Fed Was Saying in 2007." *Quarterly Journal of Austrian Economics* 19, no. 1.

[ 253 ] Timberlake, Richard. 1999. "Money in the 1920s and 1930s." *Freeman* ( April ).

[ 254 ] Tucker, Jeffrey A. 1994. *Henry Hazlitt: A Giant of Liberty*. Auburn, AL: Mises Institute.

[ 255 ] Tyson, Laura D'Andrea, and John Zysman. 1989. "Preface: The Argument Refined." In *Politics and Productivity: The Real Story of Why Japan Works*. Edited by Chalmers Johnson, Laura D'Andrea Tyson, and John Zysman. Cambridge, MA: Ballinger Publishing Company.

[ 256 ] Tyson, Laura D'Andrea, John Zysman, and Giovanni Dosi. 1989. "Trade, Technologies, and Development: A Framework for Discussing Japan." In *Politics and Productivity: The Real Story of Why Japan Works*. Edited by Chalmers Johnson, Laura D'Andrea Tyson, and John

Zysman. Cambridge, MA: Ballinger Publishing Company.

[257] US Congressional Budget Office. 2003. "CBO's Economic Forecasting Record: An Evaluation of the Economic Forecasts CBO Made from January 1976 through January 2001." Washington, DC: US Congressional Budget Office (October).

[258] Vedder, Richard, and Lowell Gallaway. 2000. "The Austrian Market Share in the Marketplace for Ideas, 1871-2025." *Quarterly Journal of Austrian Economics* 3, no. 1.

[259] Vinzant, Carol. 2002. "Two Schools of Thought on Economics." *Chicago Tribune*. September 3.

[260] Voigt, Kevin. 2010. "As Skyscrapers Rise, Markets Fall." CNN.com. January 8. http://www.cnn.com/2010/WORLD/asiapcf/01/08/skyscrapers.rise.markets.fall

[261] Wanniski, Jude. 2000. "Letters to Clients." March 30 to April 19.

[262] Wainhouse, C. 1984 "Empirical Evidence for Hayek's Theory of Economic Fluctuations." In *Money in Crisis*. Edited by B. Siegel. San Francisco: Pacific Institute for Public Policy Research.

[263] White, Lawrence H. 2005. "The Federal Reserve System's Influence on Research in Monetary Economics." *Econ Journal Watch* 2, no. 2.

[ 264 ] Willis, Carol. 1995. *Form Follows Finance: Skyscrapers and Skylines in New York and Chicago*. New York: Princeton Architectural Press.

[ 265 ] Wilson, David. 2016. "Cisco, Apple Fail to Reach $1 Trillion. Is Amazon Next?" Bloomberg.com. May 9. http://www.bloomberg.com/news/articles/2016-05-09/cisco-apple-fail-to-reach-1-trillion-is-amazon-next-chart.

[ 266 ] Wood, Christopher. 1992. *The Bubble Economy: Japan's Extraordinary Speculative Boom of the '80s and the Dramatic Bust of the '90s*. New York: Atlantic Monthly Press.

[ 267 ] Woods, Thomas E. 2009a. *Meltdown: A Free-Market Look at Why the Stock Market Collapsed, the Economy Tanked, and Government Bailouts Will Make Things Worse*. Washington, DC: Regnery Publishing.

[ 268 ] Woods, Thomas E. 2009b. "Warren Harding and the Forgotten Depression of 1920." *Intercollegiate Review* ( Fall ).

[ 269 ] Woods, Thomas E. 2014. "Does U.S. History Vindicate Central Banking?" In The Fed at One Hundred: A Critical Review on the Federal Reserve System. Edited by David Howden and Joseph T. Salerno. New York: Springer.

[ 270 ] Zarnowitz, Victor. 1992. *Business Cycles: Theory, History, Indicators, and Forecasting*. Chicago: University of Chicago Press.

[271] Zarnowitz, Victor. 1999. "Theory and History Behind Business Cycles: Are the 1990s the Onset of a Golden Age?" NBER Working Paper 7010. National Bureau of Economic Research. Cambridge, MA.

[272] Zijp, Rudy van. 1993. *Austrian and New Classical Business Cycle Theories: A Comparative Study through the Method of Rational Construction*. Brookfield, VT: Edward Elgar.

[273] Zweig, Jason. 2011. "Super Bowl Indicator: The Secret History." *Wall Street Journal*. January 28. http://blogs.wsj.com/marketbeat/2011/01/28/superbowl-indicator-the-secret-history.